U0737343

广电全媒体运营管理系列丛书

广播电视安全播出保障能力评估研究与实践

刘旭东◎编著

中国言实出版社

图书在版编目（CIP）数据

广播电视安全播出保障能力评估研究与实践 / 刘旭
东编著 . -- 北京：中国言实出版社，2017.9

ISBN 978-7-5171-1777-3

Ⅰ．①广… Ⅱ．①刘… Ⅲ．①广播电视－安全管理－
评估－中国 Ⅳ．① G219.2

中国版本图书馆 CIP 数据核字（2017）第 238666 号

出　版　人：王昕朋

总　监　制：朱艳华

责任编辑：严　实

文字编辑：张　强

出版统筹：冯素丽

责任印制：佟贵兆

封面设计：李海晓

出版发行　中国言实出版社

　　地　　址：北京市朝阳区北苑路 180 号加利大厦 5 号楼 105 室

　　邮　　编：100101

　　编辑部：北京市海淀区北太平庄路甲 1 号

　　邮　　编：100088

　　电　　话：64924853（总编室）　64924716（发行部）

　　网　　址：www.zgyscbs.cn

　　E-mail: zgyscbs@263.net

经　　销　新华书店

印　　刷　北京市兆成印刷有限责任公司

版　　次　2017 年 10 月第 1 版　　2017 年 10 月第 1 次印刷

规　　格　787 毫米 ×1092 毫米　1/16　　24.25 印张

字　　数　362 千字

定　　价　79.00 元　　ISBN 978-7-5171-1777-3

序

安全播出是广播电视的生命线，关系到国家的政治、经济和文化安全。确保广播电视安全播出是各安全播出责任单位开展一切工作的基础，是全体广播电视工作者的重要政治任务，一直以来受到各级广播影视行政部门、广播电视监测监管部门和安全播出责任单位高度重视。

广播电视安全播出保障能力反映了一个安全播出责任单位的综合管理水平。对安全播出保障能力的评估一直是各级广播影视行政部门、广播电视监测监管部门和安全播出责任单位共同关注的焦点，通过评估检验安全播出责任单位落实《广播电视安全播出管理规定》及其实施细则的程度，不断促进广播电视安全播出保障能力提升。

《广播电视安全播出保障能力评估研究与实践》一书结合目前广播电视安全播出管理工作涉及的技术系统配置、安全播出保障体系建设、广播电视相关信息系统安全等级保护现状，为评估安全播出保障能力，从"硬件"配置、"软件"管理以及网络安全三个方面设计了总评估模型，明确三者之间的关联，以《广播电视安全播出管理规定》及其实施细则为准绳，确定了单项能力评估和综合能力评估的指标体系。通过评估能够反映安全播出责任单位在贯彻落实相关法律法规及其要求的程度和在安全播出方面的单项能力和综合能力。

《广播电视安全播出保障能力评估研究与实践》一书具有较强的理论性、实践性和应用性，是一部系统研究广播电视安全播出保障能力评估的精品力作，值得在各级广播影视行政部门、广播电视监测监管部门和安全播出责任单位推广使用并付诸实践。

随着广电行业内外部环境的变化，广播电视安全播出保障能力评估模型、指标体系应随着广电行业的发展变化以及安全播出责任单位实际情况进行动态完善，使之更具有生命力，更能真实反映广播电视安全播出保障能力水平。

国家新闻出版广电总局科学技术委员会副主任

原国家新闻出版广电总局副总工程师

副主任：

2017 年 6 月

前　言

广播电视是党和政府的喉舌，是积极重要的宣传思想文化阵地，肩负着传播党的政治主张、宣传国家大政方针、弘扬主流价值、引领社会文化的特殊使命。随着广播电视事业的发展，节目数量、节目质量、节目播出方式、传输方式、覆盖手段等均在不断变化，传统媒体与新兴媒体融合发展、广电系统体制机制改革、制播分离、三网融合、广电转型升级等，处于内外部环境不断变化中的广电系统，在广播电视安全播出管理方面所面对的风险更多、管理难度更大，广播电视的安全播出形势愈加严峻，提升广电单位安全播出保障能力是应对风险的唯一出路。

提升广播电视安全播出保障能力是应对新形势下广播电视安全播出风险的重要举措，而科学地开展广播电视安全播出保障能力评估工作，是促进安全播出责任单位提升安全播出保障能力的有效手段。

广播影视行政部门、安全播出责任单位一直以来高度重视安全播出管理工作，特别是在重要保障期、敏感期，广播影视行政部门组织安全播出责任单位自查、联合大检查，着力排查安全隐患、堵塞漏洞，健全机制、完善制度和应急预案，力求通过安全检查促进各安全播出责任单位将各个环节的保障工作做严、做细、做深、做实。

国家新闻出版广电总局在 2009 年 12 月 16 日发布《广播电视安全播出管理规定》后，相继又发布了 10 个专业实施细则，进一步规范了广播电视安全播出工作。国家针对互联网信息安全，出台了《中华人民共和国网络安全法》《互联网新闻信息服务管理规定》等。但全面检验安全播出责任单位落实一系列法律法规及其相关要求缺乏有效的具体手段；特别是安全播出责任单位在面临不断变化的内外部环境，对预防风险和有效应对风险的能力、水平缺乏科学的评估方法。结合新形势下广播电视安全播出管理要求，迫切需要对安全播出保障评估工作进行深入研究，有利于安全播出责任单位有针对性地改进安全播出保障工作，有效实施风险预防和应对，有利于广播影视行政部门实施科学监管。

北京国睿智鼎信息科学研究院长期从事体系构建、评估理论的研究工作，与广播影视行政部门、广播电视监测机构紧密合作多年，不断加深对广播电视安全保障体系构建与评估的认识，历经 7 年的研究与实践，按照钱学森综合集成思想，应用现代科学技术体系，总结了一套成熟的管理理论和方法，形成了广播电视安全播出保障能力评估体系，并将研究成果应用于广播电视安全播出保障能力评估工作，取得了丰硕成果。

2015 年，受国家新闻出版广电总局科技司的委托，北京国睿智鼎信息科学研究院与国家新闻出版广电总局监管中心、北京市新闻出版广电局、中国传媒大学共同承担了"广播电视安全播出管理体系成熟度评估研究"课题，通过深入研究丰富了广播电视安全播出保障能力评估的内容。

为使研究成果和实践经验更多地惠及全国广播电视监测监管部门、广播电视安全播出保障单位，作者编著了《广播电视安全播出保障能力评估研究与实践》一书。该书根据广播电视安全播出工作的特点，总结提炼了广播电视安全播出保障能力评估研究成果和应用经验，重点阐述了评估的理论方法，并剖析具体案例，为开展广播电视安全播出保障能力评估工作提供了理论支持和实践指导。全书共分五章，第一章阐述广播电视安全播出保障能力评估的意义，介绍目前安全播出责任单位在技术系统配置、安全播出保障体系建设、广播电视相关信息系统安全等级保护等方面的工作现状，分析安全播出面临的新形势、新任务。第二章构建了广播电视安全播出保障能力评估模型，对反映安全播出保障能力的技术系统配置、安全播出保障体系、信息系统安全等级保护等三个方面内容进行说明。第三章解读广播电视安全播出保障体系涉及的各项指标的理解、评估思路、常见问题等。第四章系统介绍评估方法与技巧。第五章根据作者多年从事安全播出保障能力评估实践经历，介绍评估实践经验。书中附有技术系统配置符合评价、安全播出保障体系成熟度评估、信息系统安全等级保护测评等检查用表，可方便广播影视行政部门、广播电视安全播出责任单位直接使用或参考。

为提高广播电视安全播出保障能力评估的工作效率，方便广播影视行政部门组织评估工作，减少评估人员评估工作量，尤其是量化评估涉及的大量数据统计工作，北京国睿智鼎信息科学研究院同期开发完成了"广播电视安全播出保障能力评估系统"，并在2016年底在北京市新闻出版广电局广播电视安全播出保障能力评估项目上初步试用，进一步验证了该系统的各项功能。系统实现了广播影视行政部门实时对安全播出责任单位进行动态监管，方便了安全播出检查工作的指挥与调度。广播影视行政部门可根据所获得的评估数据、评估报告，进行安全播出责任单位之间所有评估指标的横向对比分析，不同时期相同评估指标的纵向对比分析。根据对比分析结果，能够准确判断安全播出责任单位工作中存在的薄弱环节，准确识别各单位在安全播出保障能力方面的差异，了解安全播出保障发展的趋势，实现广播影视行政部门用广播电视安全播出大数据开展科学监管。

本书出版感谢"广播电视安全播出管理体系成熟度评估研究"课题组全体成员贡献的智慧；课题组成员有：国家新闻出版广电总局监管中心周新权总工程师以及郭戈、程露、郑怡洁、张博等；北京市新闻出版广电局杨培丽副局长以及陈煜、邓永斌等；中国传媒大学研究生院史萍副院长以及孟放、张亚娜等。中期专家组成员有：国家新闻出版广电总局信息中心谢东晖主任、广播科学研究院杜国柱副院长、卫星直播中心余英副主任、广播电视规划院无线研究所刘长占教授、北京电视台毕江副总工程师、北京人民广播电台技术中心刘爽副主任等。应用过程中北京市新闻出版广电局陈煜、张春彦、邓永斌、贾宝刚同志及各安全播出责任单位、北京市广播电视监测中心有关人员提供了有力的帮助。在此一并表示感谢。

作者

2017 年 6 月

目 录

第一章

广播电视安全播出保障能力评估概述

广播电视安全播出是广播电视工作的生命线，它关系到国家政治、经济和文化的安全，保障广播电视安全播出不仅是广电工作者的基本职责，也是广播电视工作的一项长期性、基础性、根本性的任务。

第一节 广播电视安全播出保障能力评估理解

广播电视安全播出保障能力评估从广播电视技术系统配置符合性评价、广播电视安全播出保障体系成熟度评估、广播电视相关信息系统安全等级保护测评三个方面综合反映。

一、广播电视安全播出保障能力评估概述

评估，是指评估主体依据价值准则对评估对象进行价值判断的过程，具体是指依据某一评估标准，应用相应的技术或手段，按照一定的程序，以确定的价值准则对评估对象进行分析、研究，判断其效果和价值的一种活动，是对某一对象的价值或状态进行定性、定量的分析和说明的过程。

能力是指应用知识和技能获得预期结果的本领，是实施某项工作和交付某项工作的

结果而必须具备的特定能力。能力是最佳实践的前提条件，每个最佳实践都由至少两个能力构成。最佳实践一般是经实践证明较为成熟的做法。

《广播电视安全播出管理规定》中定义安全播出：是指在广播电视节目播出、传输过程中的节目完整、信号安全和技术安全。其中，节目完整是指安全播出责任单位完整并准确地播出、传输预定的广播电视节目；信号安全指承载广播电视节目的电、光信号不间断、高质量；技术安全指广播电视播出、传输、覆盖及相关活动参与人员的人身安全和广播电视设施安全。

对于广播电视安全播出保障能力来说，具备安全播出基本条件的广播电视安全播出责任单位应满足：一是所从事的广播电视播出、传输、覆盖工作具有合法性，运行合规，资质齐全；二是安全播出保障体系建立完善，涉及的各项业务活动之间相协调，体系运行有效；三是技术系统配置达标，符合安全播出保障等级的规定；四是信息安全管理健全，保障措施完善；五是应急体系运行有效，应急措施完备。

广播电视安全播出保障能力评估，是依据广播电视安全播出保障能力评估标准的要求，应用一定的技术或手段，按照规定的评估程序，对证实安全播出责任单位所具有的安全播出保障能力进行测量和判断的过程。

二、广播电视安全播出保障能力评估的原则

广播电视安全播出保障能力评估工作应坚持以下原则：

1. 科学评估的原则

首先要求评估人员应遵循国家有关政策、法律法规、标准以及安全播出的基本原理、理论和规律。其次要求项目评估人员深入调查，全面系统地掌握可靠的信息资料。深入调查是尊重客观事实、尊重客观规律的具体体现。不进行深入的调查或在调查过程中不下真功夫，就难以认识客观事物及其客观规律，也会落入主观性和片面性的窠臼。深入调查被评估单位，全面系统地掌握评估信息资料，同时，在评估过程中充分集成专家知识，结合广播电视行业的实践检验实施评估。

2. 独立客观性原则

评估人员在评估全过程中应坚持中立立场，保持形式上（评估人员与被评估单位没有任何特殊利益关系）和实质上（执行评估时应当不受外界因素的约束、影响和干扰，保持客观的工作态度）的独立，尊重客观规律，实事求是，不带主观随意性，以客观的

且无偏见的方式实施评估活动。

3. 公正性原则

评估过程中的预测、推算等主观判断建立在利用专业知识对信息与资料的分析基础之上，得出的评估意见与结论应以充分的事实为依据。现场评估前与评估单位进行沟通，明确抽取资料的范围，并要求被评估单位所提供的书面材料应充分、准确，并对其真实性负责。

三、广播电视安全播出保障能力评估体系结构

广播电视安全播出保障能力评估体系是由评估主体为实现评估目的，明确评估思路，构建评估模型（含评估方法、基准、指标、评价数据等），遵循一定的评估程序，运用评估模型，对评估的客体进行评估，最后得出评估结果，形成评估报告。如下图所示：

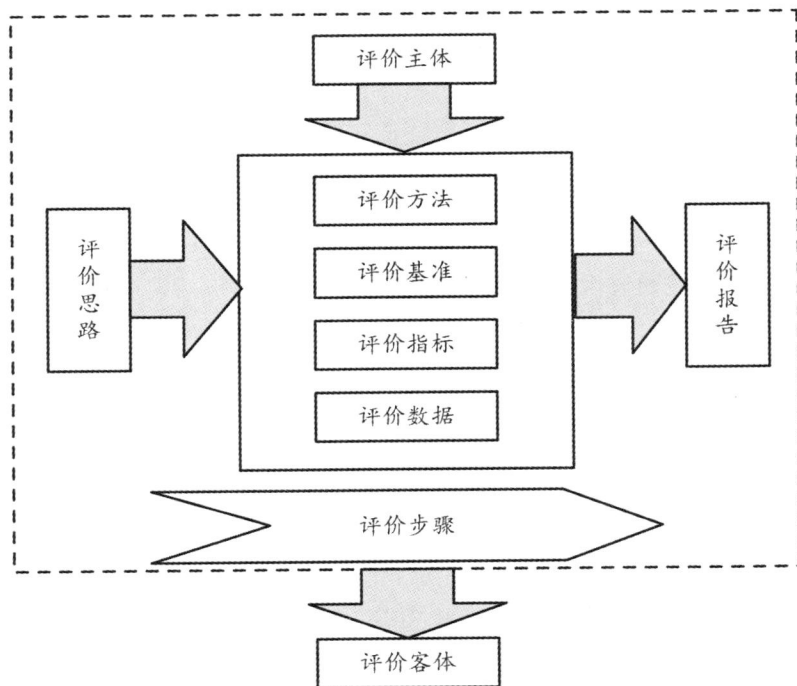

图 1-1 广播电视安全播出保障能力评估体系结构图

1. 评估主体与客体

评估主体主要是接受委托实施评估的组织或评估组。安全播出保障能力评估的主体可划分为两类：外部实体和内部实体。外部实体主要包括广播影视行政部门或者受委托的第三方评估机构，内部实体主要是指安全播出责任单位自身组成的评估组。评估组应遵循基本的工作原则，独立、客观、公正地开展评估工作。

评估客体指的是评估的对象。安全播出保障能力评估的对象主要是安全播出责任单位的技术系统配置、安全播出保障体系建设、广播电视相关信息系统安全等级保护等内容。可采取单项评估，也可采取综合评估。

2. 评估步骤

无论是内部评价还是外部评价，安全播出保障能力评估都要遵循一定的工作程序，工作程序是指从确定评估对象至完成整个评估工作的过程，一般包括如下步骤：

①确定评估对象，组建评估小组。评估工作首先应明确评估的客体，即评估对象。再选择合适的专家组建评估组，同时明确评估组工作分工和职责。

②撰写评估工作方案，收集与被评估单位有关的信息资料。评估工作方案是评估组进行评估活动的工作安排，主要内容包括评估对象、评估目的、评估依据、评估项目负责人、评估组成员、评估时间安排、评估方法、评估标准及有关工作要求等。

③评估组实施评估。一般由安全播出责任单位在评估工作正式开始前根据评估标准组织自测。评估组人员通过现场收集与评估有关的信息，包括现场观察、沟通交流、查阅文件，对照评估依据、标准进行评估，形成与评估结果相关的评估信息。评估组将现场获得的评估信息与安全播出责任单位自测结论进行对比，找出差异原因，与被评估单位沟通，补充评估所需相关内容，最终确定是否需要进行调整。

④评估组形成评估报告并提交。根据评估目的，分析所获得的评估信息，形成评估结果，撰写评估报告并向委托方提交。

3. 评估报告与结果运用

评估组完成安全播出保障能力全部评估工作后，形成评估报告。评估报告一般由正文和附录两部分组成。报告正文的主要内容包括评估对象的基本情况描述、各项评估指标评估结果及其对比分析、评估结论等。报告附录包括与评估工作有关的文件和数据资料。评估报告应客观、公正、准确地对评估对象实际情况，报告由评估管理人员进行符合性审核，涉及对评估工作程序完整性、评估方法适宜性、评估标准准确性、评估报告符合性进行把关。

第二节 广播电视安全播出保障能力评估的意义

广播电视安全播出保障能力评估的目的是准确了解安全播出责任单位的技术系统配置完善程度，所建立的安全播出保障体系成熟度，广播电视相关信息系统安全等级保护情况，通过三个方面综合反映广播电视安全播出保障水平，促进单位安全播出保障能力的提升。广播影视行政部门、广播电视监测机构、安全播出责任单位其工作责任不同，开展安全播出保障能力评估意义不同。

一、广播影视行政部门强化行业监管的需要

1. 科学衡量安全播出责任单位保障能力

根据广播影视"十三五"科技发展规划的总体思路，需要进一步提升广播电视安全播出监测监管能力，加强安全播出保障体系建设，应对广播电视行业变化，逐步提升广播电视安全播出保障能力。

《广播电视安全播出管理规定》第三十五条规定：广播影视行政部门组织安全播出考核，并根据考核结果进行表扬或者惩戒。

科学、客观地对不同地域、不同安全播出保障等级、所从事不同专业的安全播出责任单位安全播出保障能力进行量化评估，实现安全播出大数据管理，确保广播电视安全播出监管工作更精准。

2. 了解区域广播电视安全播出管理水平、行业发展水平

对于整个广播电视系统来说，安全播出保障能力评估是广播影视行政部门了解区域广播电视行业发展现状、发展水平与差距的重要途径，也是有针对性地制定规划、政策及相关法律法规的重要参考，对于提高全国安全播出保障能力有重要作用。

国家新闻出版广电总局和地方广播影视行政部门的决策、法律法规的制定必须建立在对全国、地方广播电视行业发展现状与水平认识的客观基础上来进行。全国各个地区的安全播出责任单位运用统一的评估标准对该地区的安全播出保障能力进行科学测评，得出科学的、客观的结论，把安全播出保障能力评估数据进行汇总、分析。国家新闻出

版广电总局可通过对安全播出大数据的统计分析，客观地了解各个地区的广播电视行业发展现状、发展水平、安全播出保障水平。

二、安全播出监测单位提升监测能力的需要

广播电视监测机构负责区域内安全播出责任单位所开展的广播电视播出、传输、覆盖质量监测工作，实施广播电视安全播出保障能力评估，是深入了解安全播出责任单位实际情况，有重点地开展广播电视监测工作。

1. 动态掌握监测对象业务变化

安全播出责任单位所开展的广播电视制播、传输、覆盖业务是复杂的，影响安全播出的因素也是复杂的，业务活动及其风险始终处于不断发展的动态变化中，作为广播电视监测机构，根据评估结果，时刻把握安全播出责任单位业务的变化，不断提高广播电视监测机构的监测能力。

2. 持续提升广播电视监测能力

广播电视的安全播出需要监测技术作为支撑，尤其是随着现代广播电视的迅速发展，电视内容与业务不断丰富、扩大，传统监测技术已经不能满足现代广播电视安全播出要求，广播电视监测技术必须与时俱进，不断提高监测能力，与现代广播电视安全技术发展积极适应。

安全播出保障能力评估能及时发现广播电视单位的技术系统变化以及可能存在的安全风险，在一定程度上对监测技术的发展起到了规范和指引作用，使广播电视监测技术的发展更具目的性、方向性与针对性。

三、安全播出责任单位提升安全播出保障能力的需要

开展广播电视安全播出保障能力的评估，可以发现自身在技术系统配置、安全播出保障体系建设、信息安全等级保护方面的不足，及时地提醒安全播出责任单位：是否遵守了国家政策、相关法律法规和标准；是否完成了安全播出工作任务和目标等，使安全播出责任单位从软硬件建设方面，采取技术和管理并重原则，促使安全播出责任单位提升安全播出保障能力。

1. 安全播出责任单位合规性管理的需要

安全播出责任单位的运行是否符合国家规定，这是广播影视行政部门、安全播出责任单位、相关方均普遍关心的问题。通过对安全播出责任单位安全播出保障能力的评估，可以确认单位业务是否合规。

2. 开展隐患排查和风险识别，全面预防风险的需要

通过广播电视安全播出保障能力评估，识别自身存在的风险因素，进一步明确安全播出的管理主体和责任主体，理顺安全播出管理关系，优化结构，在思想上、体制上、技术上、制度上健全和完善安全播出保障体系，提高各级安全播出责任单位安全防范能力和应急处置能力。

3. 安全播出责任单位自身发展的需要

我们所处的时代是大变革时代，国家各行各业日新月异。广播电视处在大发展、大变革时期，安全播出责任单位在发展过程中面临新情况、新问题，需要一套方法及时地发现和处理。通过广播电视安全播出保障能力评估，可以使安全播出责任单位结合外部环境变化、行业变化、单位发展变化，详细评价自身的不足，及时改进，提升单位业务管理水平。

第三节 广播电视安全播出保障体系建设情况

《广播电视安全播出管理规定》第七条规定：安全播出责任单位应当加强制度建设，采取多种措施保障广播电视安全播出。这也充分说明了推动安全播出保障体系建设，是提高安全播出保障能力的重要手段。

一、广播电视安全播出保障体系的理解

体系是指相互关联或相互作用的一组要素，是由若干有关事物按一定秩序和联系组合成的有机整体。广播电视安全播出保障体系是安全播出责任单位总的管理体系一部分，用于建立安全播出工作方针和目标，以及为实现这些目标，对影响安全播出的诸多风险因素实施管理的相互关联或相互作用的一组业务活动。

任何体系都具有一定的结构，广播电视安全播出保障体系是由相互作用和相互依赖

的若干部分组成的有机整体，一般包括组织机构及其职责、业务活动及其匹配的资源。该定义中所说的风险，是指某一特定情况发生影响安全播出的可能性与后果的组合。

广播电视安全播出保障体系一般从四个维度分析：一是保障工作的主体。保障工作的主体是从管理的执行者角度进行划分的。二是保障工作涉及的要素。要素是从管理知识领域的角度来划分的。三是保障工作的过程。从安全播出保障工作的闭环程度的角度来划分类型的。四是管理保障。管理保障是从执行管理活动所需的人、机、料、法、环等方面来区分管理实施的基础，对于管理主体、要素与管理过程而言，管理保障的内容是基本相同的。

广播电视安全播出所涉及的风险控制是通过安全播出保障体系建立与有效运行实现的。建立健全广播电视安全播出保障体系是安全播出责任单位的重要工作内容，是为确保广播电视播出满足国家有关法律、法规、强制性标准及单位自身管理的要求，将本单位与广播电视安全播出有关的活动都予以规范，以预控广播电视安全播出风险。这里的风险预控，是指在风险辨识和评价的基础上，预先采取具体的方法、手段消除或控制风险的过程。

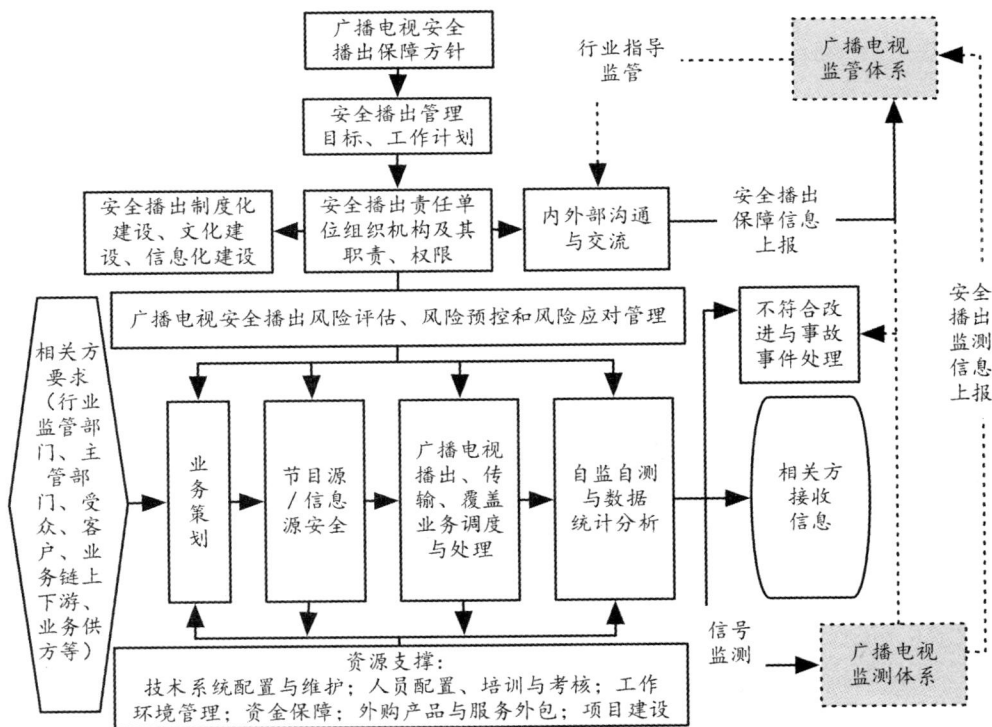

图 1-2 广播电视安全播出保障体系示意图

广播电视安全播出保障体系一般是通过文件的形式来体现的，因此，所建立的安全播出保障体系应是"文件化的安全播出保障体系"。广播电视安全播出保障体系发挥作用是安全播出责任单位所具有的安全播出保障能力的重要体现。

二、广播电视安全播出保障体系建设现状

《广播电视安全播出管理规定》第七条规定：安全播出责任单位的主要负责人应当对本单位的广播电视安全播出工作全面负责。

北京国睿智鼎信息科学研究院在调研部分省市广播电视安全播出保障体系建设情况证实，各安全播出责任单位依据《广播电视安全播出管理规定》和各专业实施细则等文件要求，加强了制度化建设，基本上实现了安全播出工作规范化、制度化、科学化。

安全播出责任单位在开展安全播出保障体系建设方面，总体成效主要有以下几方面：

一是安全播出责任单位的领导对安全播出工作日益重视。

二是对安全播出保障工作明确了工作方向，有目标、有计划、有措施、有落实。

三是安全播出责任单位明确了安全播出领导小组，确定了与安全播出有关的部门并明确了职责，安全播出责任层层分解并得到有效落实。

四是基本建立了基于风险为核心的安全播出保障体系，通过日常风险辨识、隐患排查，把风险管理落实到具体的工作中，风险得到了较好的控制。

五是与安全播出有关的工作流程逐步清晰，实施工作有制度、有记录，通过业务流程的优化提升了工作效率和工作质量，达到了预期管理目标。

六是通过学习实践，提高了从事安全播出相关人员的素质和能力。

在安全播出保障体系建设方面达到上述成效的，其主要的成功因素是：

一是单位各级领导发挥作用。安全播出责任单位"一把手"亲自策划、部署安全播出保障体系建设工作，各相关部门负责人积极参与，借助安全播出保障体系建设的契机进一步夯实单位的基础管理工作，完善单位的各项管理工作。

二是责任到人、工作落实到位。安全播出责任单位部门职责、岗位职责清晰，将职责层层落实，各项工作有计划、有落实、有监督、有考核。

三是具有扎实的工作作风。开展安全播出保障体系建设不搞形式化，在原有文件基础上，不断完善，使安全播出保障体系越来越成熟。

四是严格落实奖惩。在安全播出管理方面有奖有罚，赏罚分明，强化了安全播出各项工作的执行力。

五是单位根据安全播出保障工作的需要，加强资源配置，人员素质和能力较强、资金保障到位、技术系统配置达标、工作环境适宜。

随着安全防范能力的不断提高，非法攻击破坏事件的数量和影响大大降低，广播电视安全播出形势明显好转。但调研时也发现，在思想意识方面，部分安全播出责任单位安全防范意识有所淡化，与相关方关系的沟通、协调逐渐生疏，人员学习能力不强，应急操作不熟练，安全播出意识下降。主要表现以下几个方面：

一是部分单位领导对安全播出工作重视不够，有的口头表示很重视但从实际工作结果来看重视不足，对事故存有侥幸心理，对安全播出工作的看法直接影响到各级人员对此项工作的重视，意识形态领域责任制落实不到位。

二是安全播出工作无牵头部门，安全播出工作未能形成系统的管理模式，管理较分散。

三是安全播出保障体系覆盖范围不清，未能覆盖与安全播出有关的部门工作，使部分工作游离于安全播出保障体系之外，安全播出风险、隐患依然存在且得不到有效控制。有的单位忽视了外部供方的管理。

四是职责不够清晰。单位领导之间分工不明，单位内部各部门之间职责不清，有的职责缺位、越位、履职不到位时有发生。与安全播出有关的岗位识别不准确，岗位职责界定不清。

五是单位原有的制度体系多年欠缺清理，有效、无效文件并存，文件大量重复。应急预案不完善或可操作性差，广播电视安全播出管理体系系统性差、有效性差。

六是资源配置不充分，技术系统配置不符合专业实施细则要求，如：供配电系统问题多，技术系统存在缺陷或安全隐患，人员能力与广播电视行业发展和安全管理要求存在差距，人员能力不足、工作环境较差等因素影响。

七是网络安全软硬件与《网络安全法》的要求存在很大差距，新媒体安全风险识别不充分，管控措施不到位。

新时期广播电视行业面临转型升级、媒体融合、体制机制改革等情况，对原有的安全播出保障体系建设工作提出了新的要求。

第四节 广播电视安全播出技术系统配置情况

广播电视技术系统是一个庞大的系统，包括节目制作、节目播出、节目信号传输、节目信号覆盖、节目信号接收、节目信号监测等部分。做好技术系统配置是保障安全播出的基础。安全播出责任单位应从设备的可靠性、系统安全的科学性、环境安全的重要性、容灾备份的有效性等方面综合考虑配置技术系统。

一、技术系统配置的理解

技术系统，指与广播电视安全播出有关的系统、设备、线路及其附属设施的统称。包括广播电视播出、传输、发射系统以及相关监测、监控系统，相关供配电系统，相关附属设施（含机房以及机房内空调、消防、防雷接地、光电缆所在杆路、管道，天线所在桅塔等）。

从定义上我们认识到技术系统是由相互联系、相互作用、相互依赖和相互制约的若干个子系统或设备设施等组成的具有特定功能的一个整体，具有如下基本特性：

1. 整体性

技术系统是一个整体，系统内的任何一个子系统、设备设施出现变化或出现故障时，都会影响与其相关的子系统、设备设施或整个技术系统的功能发挥。我们根据"木桶理论"认为，在管理技术系统时，应管理好最差的子系统、设备设施，以避免因最差的组成部分来影响整体功能的实现。我们应充分理解一个技术系统包括哪些子系统、设备设施，要了解这些子系统、设备设施可能存在的隐患或风险，更要识别出关键子系统或设备并进行重点管理。

2. 相关性

组成技术系统的各子系统、设备设施之间或技术系统与子系统之间的是相互作用、相互联系、相互影响的。根据这个特性，我们在管理技术系统时，应考虑子系统、设备设施之间的关联和相互作用、相互影响，特别是发生故障、紧急情况时的相互影响。

3. 目的性

技术系统的目的是发挥其特定功能，为实现预期目标应做好技术系统的平衡管理，从整体上发挥最佳效果。

4. 动态性

技术系统是一个动态的系统，是处在运动变化和发展之中的。技术系统及其子系统、设备设施从投入使用时起，会随着使用环境、使用条件而发生变化。在分析技术系统时，不仅要看到它的现在，还要看到它的未来，掌握技术系统的发展规律，从而预测其将来，应做好技术系统的全生命周期管理。

5. 环境适应性

技术系统与其所处的运行环境之间一般是有物质、能量和信息的交换，外界环境的变化会引起技术系统功能和技术系统内各子系统、设备设施的相互关系的变化。这也说明任何事物都是不断变化的规律，技术系统要适应环境的变化而变化，只有对环境的适应能力才能保持其应有的特性。

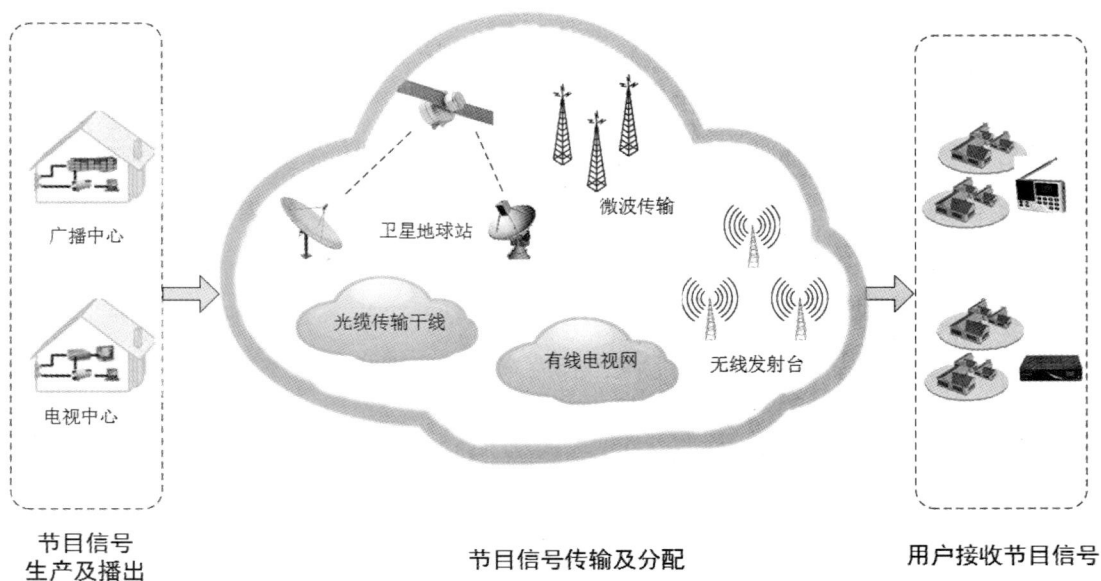

图 1-3 广播电视系统示意图

不同专业技术系统范围及其要求有所不同。

1. 电视中心技术系统

电视中心技术系统是指电视中心与安全播出有关的系统、设备、线路及其附属设施的统称，包括：播出系统、新闻及直转播系统、总控系统、卫星新闻采集系统、节目集成平台以及相关监测、监控系统，相关供配电系统，相关附属设施（含机房以及机房内空调、消防、防雷接地、应急照明等）。

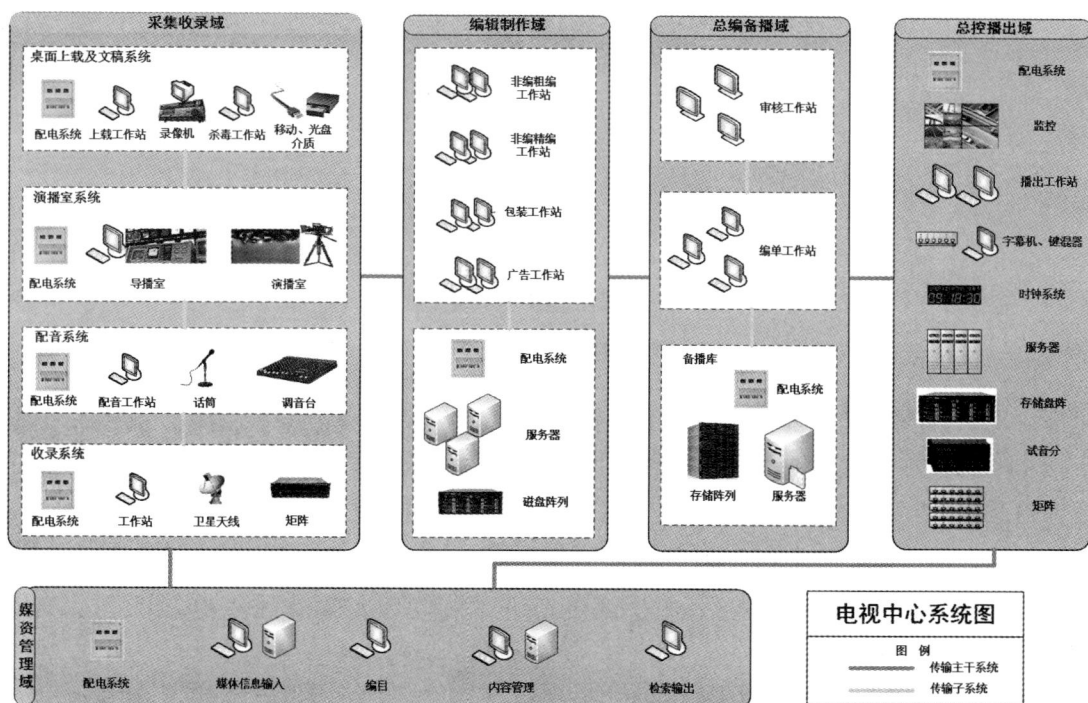

图 1-4 电视中心技术系统示意图

2. 广播中心技术系统

广播中心技术系统是指广播中心与安全播出有关的系统、设备、线路及其附属设施的统称，包括：制播网络系统、直播室系统、总控系统、现场直播系统以及相关监测、监控系统，相关供配电系统，相关附属设施（含机房以及机房内空调、消防、防雷接地、应急照明等）。

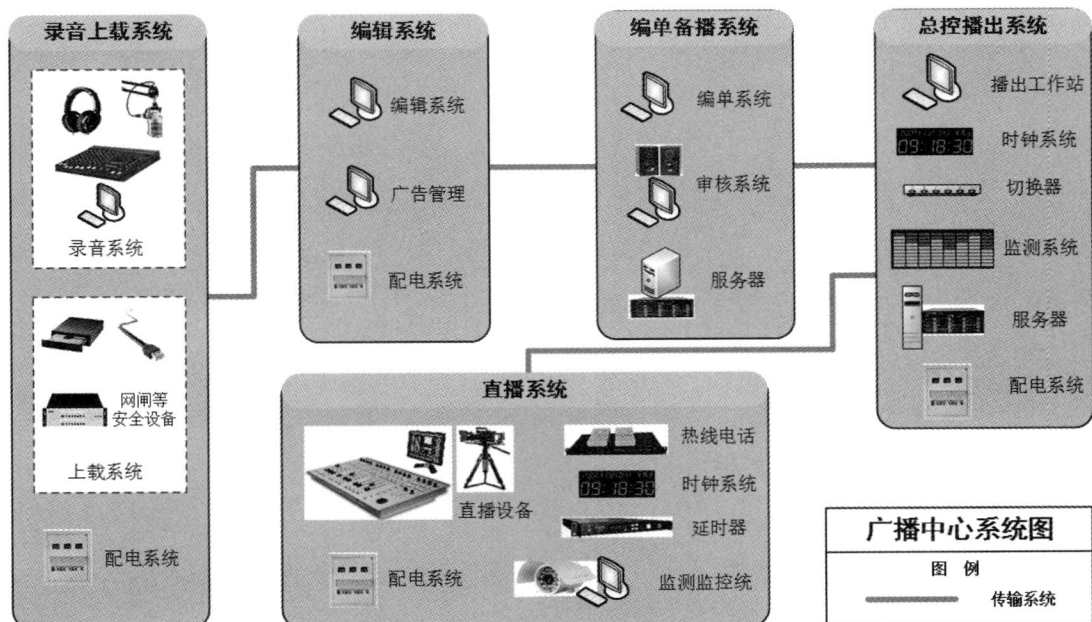

图 1-5 广播中心技术系统示意图

3. 无线发射转播台技术系统

无线发射转播台技术系统是指发射台与安全播出有关的系统、设备、线路及其附属设施的统称，包括：信号源系统、发射系统，以及相关监测、监控系统，相关供配电系统，相关附属设施（含机房以及机房内空调、消防、防雷接地、天线所在塔桅、应急照明等）。

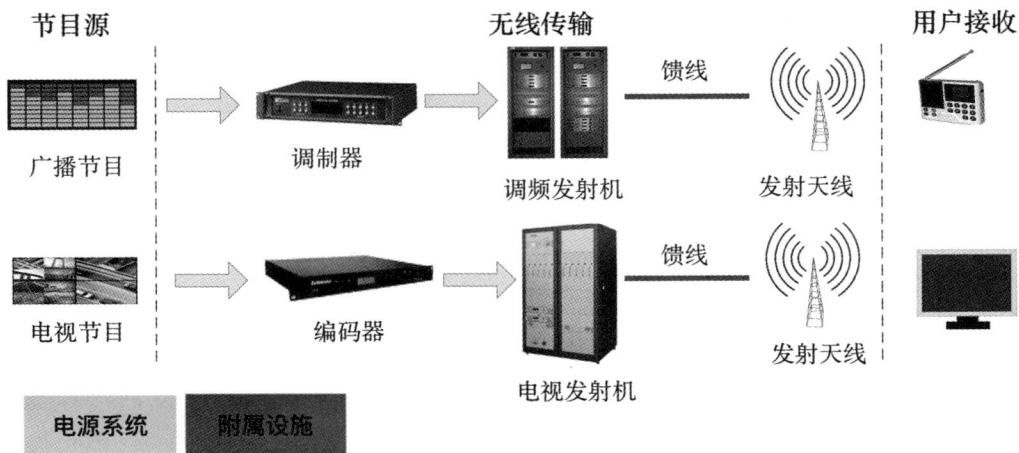

图 1-6 无线发射转播台技术系统示意图

4. 卫星广播电视地球站技术系统

卫星广播电视地球站技术系统是指地球站与安全播出有关的系统、设备、线路及其附属设施的统称，包括：信号源系统、上行系统、天馈线系统以及相关监测、监控系统，相关供配电系统，相关附属设施（含机房以及机房内空调、消防、防雷接地、应急照明等）。

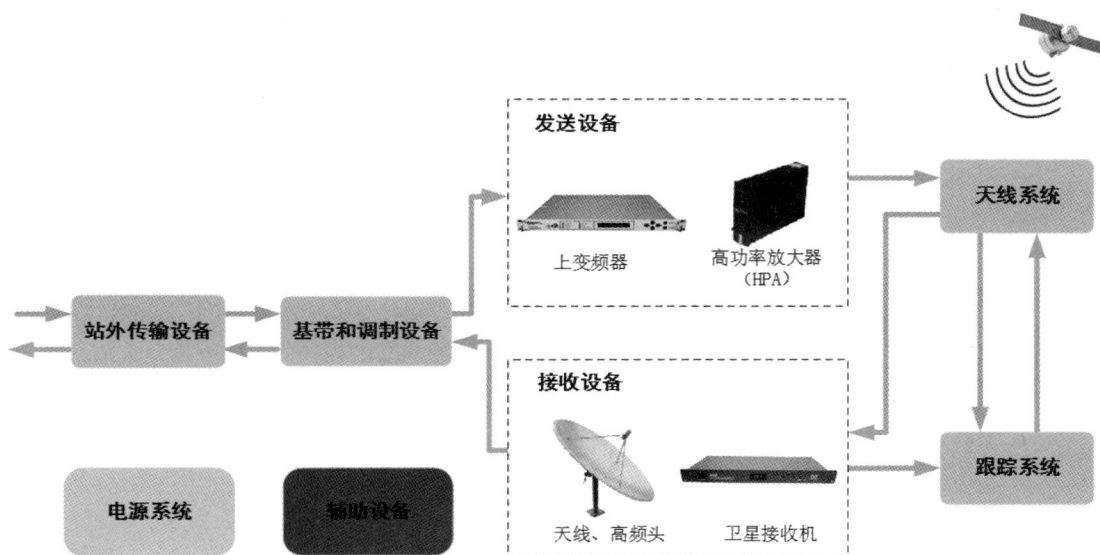

图 1-7 卫星广播电视地球站技术系统示意图

5. 光缆传输干线网技术系统

光缆传输干线网技术系统是指光缆传输干线网与安全播出有关的系统、设备、线路及其附属设施的统称，包括：基础网络系统、广播电视业务系统以及相关监测、监控系统，相关供配电系统，相关附属设施（含机房以及机房内空调、消防、防雷接地、应急照明、光电缆所在杆路、管道等）。

光缆干线网指以光纤为介质，跨区域传输广播电视信号的网络系统，由基础网络系统、广播电视业务系统构成。其中，基础网络系统包括光缆线路、基础传输系统以及供配电系统、配线架等附属设施，广播电视业务系统包括节目信号接入系统和节目信号处理系统以及供配电系统、配线架等附属设施。

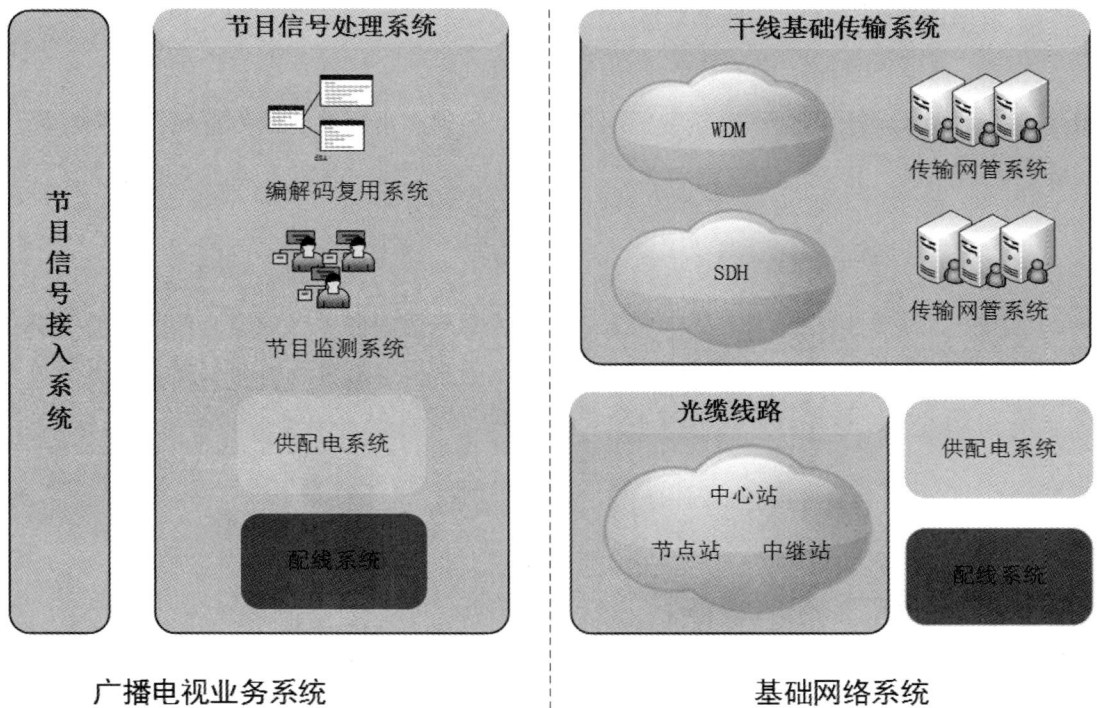

图 1-8 光缆传输干线网技术系统示意图

6. 有线广播电视网技术系统

有线广播电视网技术系统是指有线广播电视网与安全播出有关的系统、设备、线路及其附属设施的统称，包括：前端、有线分配网以及相关监测、监控系统，相关供配电系统，相关附属设施（含机房以及机房内空调、消防、防雷接地、应急照明、光电缆所在杆路、管道等）。

有线广播电视网指用电缆、光缆、多路微波或其组合来传输、分配和交换声音、图像及数据信号的，为终端用户提供广播电视服务的信息系统。有线广播电视网由前端和有线分配网组成，其中，有线分配网包括分前端、光电缆传输系统等。

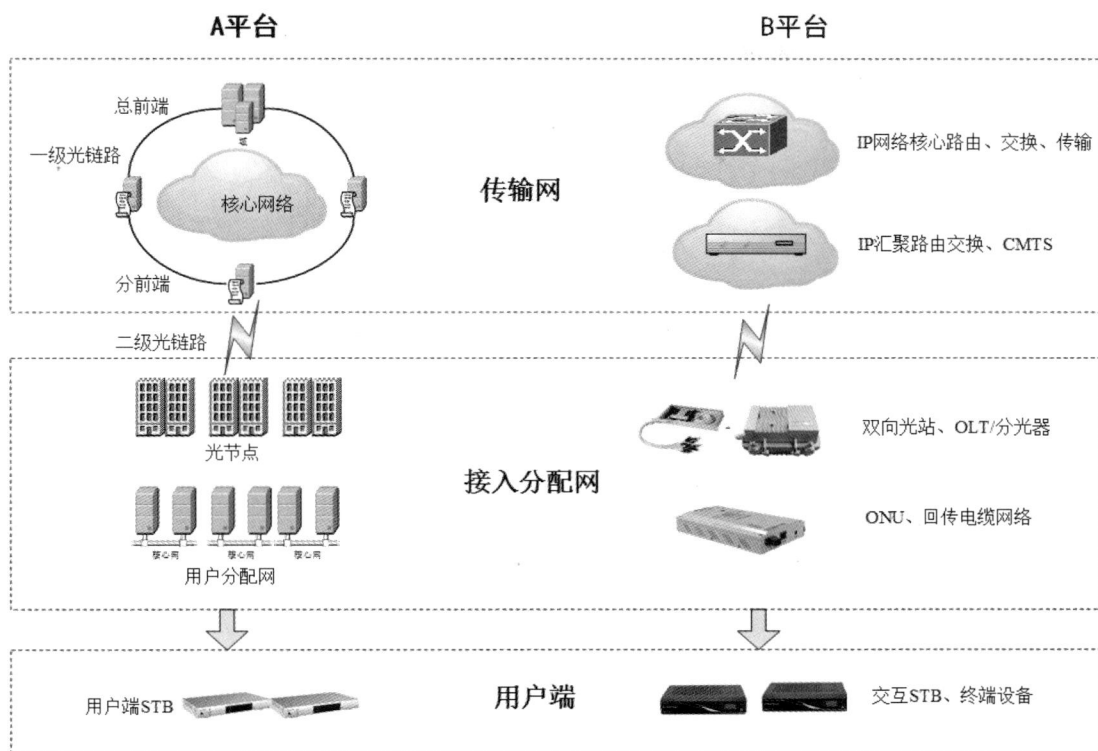

图 1-9 有线广播电视网技术系统示意图

7. 微波传输电路技术系统

微波传输电路技术系统是指微波站与安全传输有关的系统、设备、线路及其附属设施的统称，包括：微波传输网络系统、信号源系统及监测、监控系统，相关供配电系统，相关附属设施（含机房以及机房内空调、消防、防雷接地、应急照明、天线所在桅塔等）。

广播电视微波传输电路分为两类：省际干线、省内干线的微波传输电路为干线微波传输电路，其他微波传输电路为支线微波传输电路。

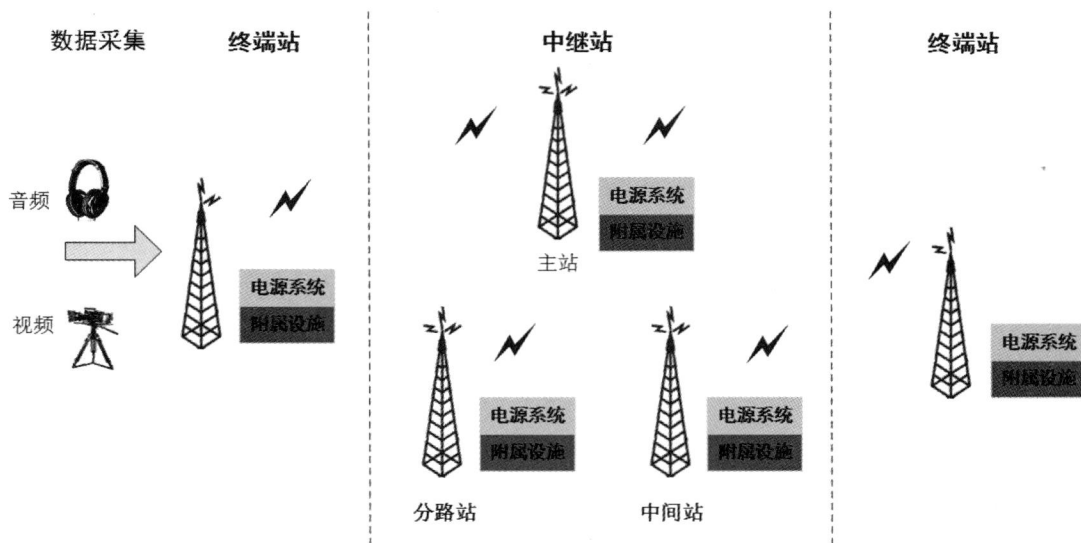

图 1-10 微波传输电路技术系统示意图

8. IPTV 集成播控平台

IPTV 集成播控平台是指对 IPTV 节目从播出端到用户端实行管理的播控系统。IPTV 集成播控平台实行两级架构（以下简称"总、分平台"），技术系统主要包括：节目内容统一集成和播出控制、电子节目指南（EPG）、用户端、计费、版权以及增值服务、安全管理等技术子系统。

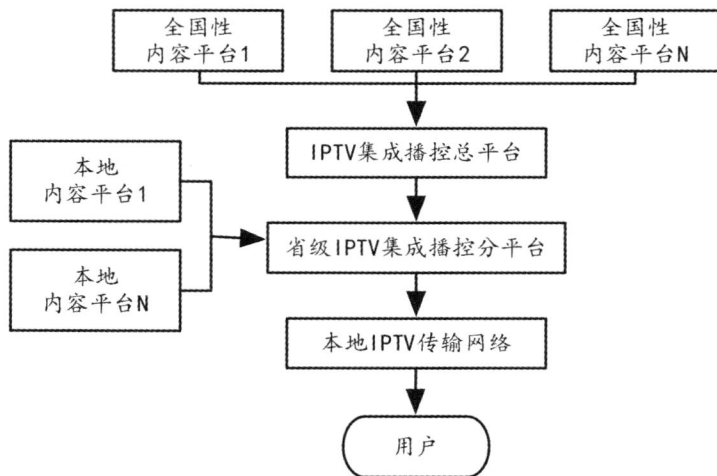

图 1-11 IPTV 集成播控平台业务流程图

9. 网络广播电视台

网络广播电视台是指以宽带互联网、移动通信网络为节目传播载体的电台、电视台。网络广播电视台主要由信源采集、内容生产、内容发布、增值服务、传输分发网络、业务运营管理、安全管理、监控辅助等子系统构成。

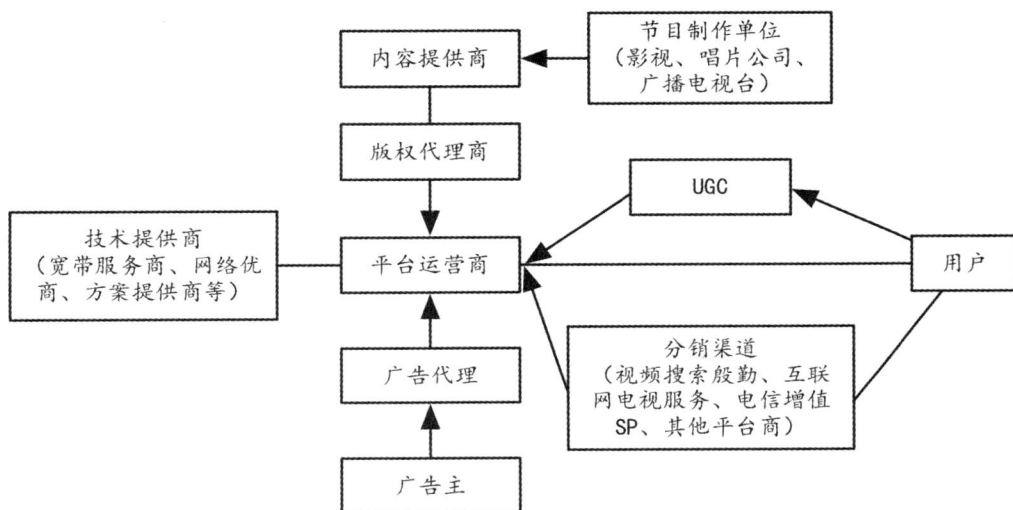

图 1-12 网络广播电视台业务流程图

二、技术系统分级配置管理

《广播电视安全播出管理规定》第六条规定：广播电视安全播出实行分类分级保障制度。安全播出责任单位应当符合本规定和国务院广播影视行政部门关于广播电视安全播出的有关要求；不符合的，不得从事广播电视播出、传输、覆盖活动。第十一条规定：安全播出责任单位的技术系统配置应当符合国家、行业相关技术规范和国务院广播影视行政部门规定的分级配置要求。

依据专业实施细则的规定和广播电视业务所覆盖的范围，一般安全播出保障等级分为一至三级，一级为最高保障等级。保障等级越高，对技术系统配置、运行维护、预防突发事件、应急处置等方面的保障要求越高。

表 1-1 安全播出保障等级划分表

类别	安全播出保障等级		
	一级保障	二级保障	三级保障
电视中心、广播中心	省级以上电视台、广播电台及其他播出上星节目的电视中心、广播中心。	副省级城市和省会城市电视台、广播电台、节目覆盖全省或跨省、跨地区的非上星付费电视频道、广播频率播出机构。	地市、县级电视中心、广播中心及其他非上星付费电视频道、广播频率播出机构。
无线发射转播台	中央直属发射台、位于省会城市的省直属发射台、省会城市和副省级以上城市所属发射台。	其他省直属发射台、地市所属发射台。	县级发射台；县以上转播台参照三级保障要求。
卫星地球站、微波站	所有卫星广播电视地球站均按照一级保障要求进行安全播出管理，微波站不分级。		
光缆传输干线网	1. 基础网络系统：国家光缆干线网络。 2. 广播电视业务系统：为卫星提供信号源的业务系统、信号覆盖全国的业务系统、中央和省级重要节目覆盖全省的业务系统。	1. 基础网络系统：省（自治区、直辖市）干线多、地市干线网。 2. 广播电视业务系统：其他业务系统。	——
有线广播电视网	1. 前端：省级、省会市、计划单列市，或覆盖用户规模在100万户以上的有线电视前端。 2. 分前端：覆盖用户8万户以上的有线电视分前端。	1. 前端：覆盖用户规模在10万户以上，100万户以下的有线电视前端。 2. 分前端：覆盖用户不足8万户的有线电视分前端。	前端：覆盖用户规模不足10万户的有线电视前端。

电视中心、广播中心、卫星广播电视地球站等专业实施细则明确了分级原则，对不同级别的安全播出责任单位确定不同安全播出保障等级，实施细则中的系统配置要求章节细化了技术系统配置的最低要求。

安全播出责任单位应按照专业实施细则的要求，做好技术系统的配置工作，遵循：

1. 统一设计原则。对技术系统应统筹规划和统一设计，从全局出发、从长远的角度考虑。

2. 先进性原则。技术系统的搭建应借鉴国内外成熟的架构，依照国内外规范和标准建设，选用国内外成熟、具有国内先进水平的设备，以保证技术系统具有较长的生命力和扩展能力。考虑技术系统先进性的同时，应保证技术的稳定、安全性。

3. 高可靠、高安全性原则。技术系统设计中应充分考虑技术系统的安全和可靠。

4. 标准化原则。技术系统应遵循国际标准、国家标准、行业标准及其相关规范进行配置。

5. 适用适度性原则。在满足安全播出需求的前提下，尽量降低所投入的成本。

6. 可扩展性原则。应考虑到业务发展的需要，降低各子系统之间耦合度，充分考虑其兼容性。

对于技术系统配置达不到要求的，安全播出责任单位应落实整改，同时，在安全播出保障方面完善其措施，通过提高风险管理水平来弥补技术系统硬件配置的不足。

三、技术系统配置现状

近年来，我国广电行业充分利用高科技，投入了大量资金对全国安全播出责任单位的安全播出硬件按照国家及行业标准进行了更新换代，开展了广播电视技术系统的升级改造，安全播出薄弱环节得到整改，广播电视保障能力明显提高。

由于广播电视行业是一个高投入、重装备的行业，设备维修、更新，技术系统升级都需要充足的资金保障。我国各地经济发展不均衡，各级政府对广播电视事业支持的力度也有所不同，安全播出责任单位的技术系统配置也是参差不齐。有的单位安全播出设备存在陈旧老化、超负荷运转而得不到及时更新。维护、维修不到位，配套设施不完善，这些都给安全播出带来了很大隐患，严重影响了安全播出的正常进行。

近年来，随着信息化、数字化、网络化、智能化技术在广播技术系统中的广泛应用，广播电视逐步向全媒体、全业务发展，催生了大量新业务、新业态，广播电视系统架构和流程不断变化，呈现出多手段、多渠道、多样化的发展趋势。

但技术发展在推动广播电视迅速发展的同时，也给安全播出带来了新的挑战。安全播出责任单位不断对技术系统进行升级改造也产生了新的安全播出隐患。

第五节 广播电视相关信息系统安全等级保护情况

随着广播电视制作、播出、控制等生产业务的信息化、网络化发展，信息安全已经渗透到广播电视安全播出的各个环节，确保重要信息系统的网络安全已成为确保广播电视安全播出的重要组成部分。

广播电视的安全播出已经与信息系统安全融为一体，密不可分。广播电视相关信息系统作为颇具诱惑力的被攻击目标，面临着来自各方面威胁实体的攻击，对抗系统面临的各种威胁将信息系统遭受的损失降到最低是信息系统实行安全保护的主要目的。信息系统必须具备一定的安全保护能力以尽量降低受破坏的程度和造成的损失。因此，广播电视相关信息系统应该满足的等级保护要求不是某一种技术或管理措施的要求，而是安全保护能力要求。

一、广播电视相关信息系统安全等级保护的理解

信息系统安全等级保护是指对国家秘密信息、法人和其他组织及公民的专有信息以及公开信息和存储、传输、处理这些信息的信息系统分等级实行安全保护，对信息系统中使用的信息安全产品实行按等级管理，对信息系统中发生的信息安全事件分等级响应、处置。信息系统重要程度越高，安全保护就越强，二者相匹配，既不能保护不足，也不能过度保护。

《广播电视安全播出管理规定》第二十二条规定：安全播出责任单位应当遵守有关信息安全的法律、法规和技术标准，对涉及安全播出的信息系统开展风险评估和等级保护工作。

2011 年 5 月 31 日，国家新闻出版广电总局科技司发布了《广播电视相关信息系统安全等级保护基本要求》和《广播电视相关信息系统安全等级保护定级指南》，对广播电视相关信息系统安全等级保护基本要求和定级工作进行了规范。

广播电视相关信息系统，是指承载广播电视制作、播出、传输、覆盖等生产业务相关的信息系统。根据广电行业实际，GD/J037-2011《广播电视相关信息系统安全等级保护定级指南》将广播电视相关信息系统按照机构类别及承载的业务种类进行分类。

表1-2 广电行业信息安全等级保护对象分类

分类	信息系统分类	定义
广播中心	播出系统	实现节目播出和控制的信息系统。
	新闻制播系统	以新闻节目为核心，制作播出一体化的信息系统。
	媒资系统	实现数字媒体节目的接收、存储、管理、转换、共享和发布的信息系统。
	综合制作系统	以节目制作为核心业务以及为核心制作业务提供辅助服务的信息系统。
	业务支撑系统	实现各业务系统互联互通及基础性服务支撑的信息系统。
	生产管理系统	与生产业务相关的管理服务等信息系统。
电视中心	播出系统	实现节目播出和控制的信息系统。
	新闻制播系统	以新闻节目为核心，制作播出一体化的信息系统。
	播出整备系统	为播出进行节目准备和信号调度的信息系统。
	媒资系统	实现数字媒体节目的接收、存储、管理、转换、共享和发布的信息系统。
	综合制作系统	以节目制作为核心业务以及为核心制作业务提供辅助服务的信息系统。
	业务支撑系统	实现各业务系统互联互通及基础性服务支撑的信息系统。
	生产管理系统	与生产业务相关的管理服务等信息系统。
集成播控平台（含IP电视、移动多媒体广播、手机电视等）	广播系统	以广播形式进行播出的信息系统及其控制系统。
	点播系统	以点播形式进行播出的信息系统及其控制系统。
	媒资系统	实现数字媒体节目的接收、存储、管理、转换、共享和发布的信息系统。
	综合制作系统	以节目制作为核心业务以及为核心制作业务提供辅助服务的信息系统。
	运营支撑系统	实现业务运营和用户管理的信息系统。
	生产管理系统	与生产业务相关的管理服务等信息系统。
有线电视网络	广播系统	以广播形式进行播出的信息系统及其控制系统。
	点播系统	以点播形式进行播出的信息系统及其控制系统。
	媒资系统	实现数字媒体节目的接收、存储、管理、转换、共享和发布的信息系统。
	运营支撑系统	实现业务运营和用户管理的信息系统。
	生产管理系统	与生产业务相关的管理服务等信息系统。
无线覆盖等其他类	生产调度系统	实现播出监控、调度的信息系统。
	生产管理系统	与生产业务相关的管理服务等信息系统。

各专业的播出系统等直接播出的信息系统的业务信息安全或系统服务安全受到破坏，可能直接造成播出事故，侵害社会公众收听收看广播电视节目的合法权益，可能引起社会秩序混乱乃至社会动荡、可能侵害国家安全。

新闻制播系统、播出整备系统、点播系统等播出密切相关信息系统的业务信息安全或系统服务安全受到破坏，可能造成播出事故，侵害社会公众收听收看广播电视节目的合法权益，可能引起社会秩序混乱，可能侵害公共利益；

综合制作、媒资、业务支撑、运营支撑、运营管理、生产调度、生产管理等系统的业务信息安全或系统服务安全受到破坏，不会直接造成播出事故，但会给本单位造成一定的财产损失、经济纠纷、法律纠纷等，侵害本单位的权益。

二、广播电视相关信息系统安全分级管理

信息系统安全保护等级，是根据广播电视相关信息系统所提供的系统服务和承载的业务信息受到破坏时对国家安全、社会秩序和公共利益或对公民、法人和其他组织的合法权益的侵害程度等，由低到高划分为第一级至第五级。

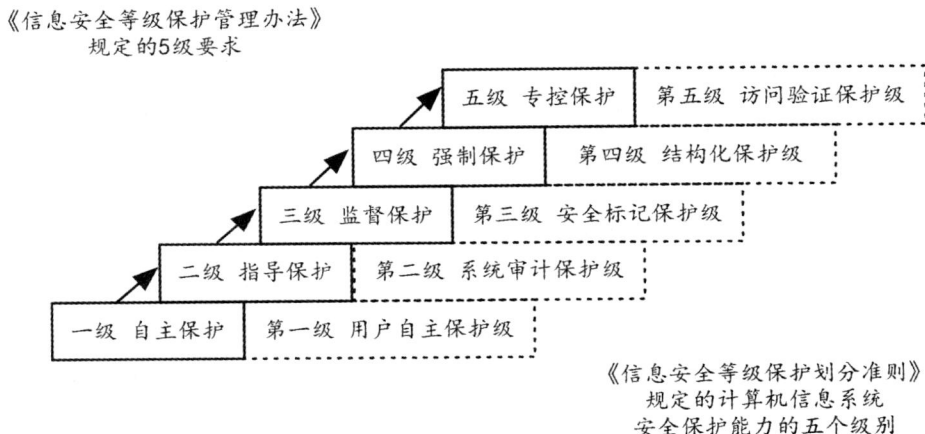

图 1-13 信息安全等级保护五个等级

2011 年 6 月 30 日，国家新闻出版广电总局科技司下发了技办字〔2011〕170 号文《关于开展广播电视相关信息系统安全等级保护定级工作的通知》，开始在全行业范围内组织开展广播电视相关信息系统等级保护定级工作。

为配合广电行业信息系统安全等级保护定级备案工作，公安部网络安全保卫局向全国公安网安部门下发了《关于配合广电行业开展广播电视相关信息系统安全等级保护定级备案工作的通知》。

《广播电视相关信息系统安全等级保护定级指南》对承担不同生产业务的信息系统提出了定级建议，二级最低，四级最高。各播出机构根据本单位信息系统业务功能参照定级，安全等级应不低于建议级别。

表1-3 各级广播中心播出相关信息系统安全保护等级

信息系统分类	级别			
	国家级	省级	省会城市、计划单列市	地市及以下
播出系统	第四级	第三级	第三级	第三级
新闻制播系统	第三级	第三级	第三级	第二级
业务支撑系统	第二级	第二级	第二级	第二级
媒资系统	第二级	第二级	第二级	第二级
综合制作系统	第二级	第二级	第二级	第二级
生产管理系统	第二级	第二级	第二级	第二级

表1-4 各级电视中心播出相关信息系统安全保护等级

信息系统分类	级别			
	国家级	省级	省会城市、计划单列市	地市及以下
播出系统	第四级	第三级	第三级	第三级
新闻制播系统	第三级	第三级	第三级	第二级
播出整备系统	第三级	第三级	第二级	第二级
业务支撑系统	第二级	第二级	第二级	第二级
媒资系统	第二级	第二级	第二级	第二级
综合制作系统	第二级	第二级	第二级	第二级
生产管理系统	第二级	第二级	第二级	第二级

表1-5 付费频道播出相关信息系统安全保护等级

信息系统分类	用户规模	
	全国或跨省	全省或跨地市
播出系统	第三级	第三级
播出整备系统	第三级	第二级
媒资系统	第二级	第二级

综合制作系统	第二级	第二级
业务支撑系统	第二级	第二级
生产管理系统	第二级	第二级

表1-6 集成播控平台相关信息系统安全保护等级

信息系统分类	安全等级
广播系统	第三级
点播系统	第三级
媒资系统	第二级
综合制作系统	第二级
运营支撑系统	第二级
生产管理系统	第二级

表1-7 有线电视网络相关信息系统安全保护等级

信息系统分类	用户规模	
	全国或跨省	全省或跨地市
广播系统	第三级	第三级
点播系统	第三级	第二级
媒资系统	第二级	第二级
运营支撑系统	第二级	第二级
生产管理系统	第二级	第二级

表1-8 无线覆盖等其他类相关信息系统安全保护等级

信息系统分类	安全等级
生产调度系统	第二级
生产管理系统	第二级

广播电视相关信息系统安全防护的核心是保证与播出相关的信息系统具备与其安全保护等级相适应的安全保护能力。《广播电视相关信息系统安全等级保护基本要求》是安全保护能力的一个基本"标尺"，是一个达标线，满足基本要求意味着信息系统具有相应等级的基本安全保护能力，是安全保护的出发点而不是终点。

表1-9 不同等级的信息系统应具备的基本安全保护能力

安全保护能力级别	说明
第一级	应能够防护系统免受来自拥有很少资源的威胁源发起的恶意攻击、一般的自然灾难、以及其他相当危害程度的威胁所造成的关键资源损害，在系统遭到损害后，能够恢复部分功能。
第二级	应能够防护系统免受来自拥有少量资源的威胁源发起的恶意攻击、一般的自然灾难、以及其他相当危害程度的威胁所造成的重要资源损害，能够发现重要的安全漏洞和安全事件，在系统遭到损害后，能够在一段时间内恢复部分功能。
第三级	应能够在统一安全策略下防护系统免受来自拥有较为丰富资源的威胁源发起的恶意攻击、较为严重的自然灾难、以及其他相当危害程度的威胁所造成的主要资源损害，能够发现安全漏洞和安全事件，在系统遭到损害后，能够较快恢复绝大部分功能。
第四级	应能够在统一安全策略下防护系统免受来自拥有丰富资源的威胁源发起的恶意攻击、较为严重的自然灾难、以及其他相当危害程度的威胁所造成的资源损害，能够发现安全漏洞和安全事件，在系统遭到损害后，能够迅速恢复所有功能。
第五级	（略）

根据《广播电视相关信息系统安全等级保护基本要求》的规定，基本防护要求包含技术要求、物理要求和管理要求。

表1-10 信息系统安全等级保护、项目防护级别对照表

类别	大项	子项	防护级别			
			第一级	第二级	第二级	第四级
技术安全	基础网络安全	结构安全	*	*	*	*
		安全审计		*	*	*
		网络设备防护	*	*	*	*
	边界安全	访问控制	*	*	*	*
		安全数据交换	*	*	*	*
		入侵防范		*	*	*

（续表）

		恶意代码防范		*	*	*
		安全审计		*	*	
		边界完整性		*	*	*
	终端系统安全	身份鉴别	*	*	*	*
		访问控制	*	*	*	*
		安全审计			*	*
		入侵防范		*	*	*
		恶意代码防范	*	*	*	*
	服务端系统安全	身份鉴别	*	*	*	*
		安全标记				*
		访问控制	*	*	*	*
		恶意代码防范	*		*	*
		安全审计		*	*	*
		入侵防范	*	*	*	*
		资源控制		*	*	*
		冗余配置		*	*	*
	应用安全	身份鉴别	*	*	*	*
		安全标记				*
		访问控制	*	*	*	*
		安全审计		*	*	*
		通信完整性		*	*	*
		通信保密性		*	*	
		软件容错	*	*		*
		资源控制		*	*	*
	数据安全与备份恢复	数据完整性	*	*	*	*
		数据保密性	*	*	*	*
		备份和恢复	*	*	*	*
	安全管理中心	运行监测			*	*
		安全管理			*	*
		审计管理			*	*
通用物理安全	物理位置的选择			*		
	物理访问控制			*		
	防盗窃和防破坏			*		
	机房环境			*		
	机房消防设施			*		

（续表）

	电力供应		*
通用管理安全	总要求		*
	安全管理机构	岗位设置	*
		授权和审批	*
		沟通和合作	*
		审核和检查	*
		制度管理	*
	人员安全管理	人员上岗	*
		人员离岗	*
		培训与考核	*
		外部人员访问管理	*
	系统建设管理	系统定级	*
		安全方案设计	*
		产品采购和使用	*
		自行软件开发	*
		外包软件开发	*
		工程实施	*
		测试验收	*
		系统交付	*
		系统备案	*
		等级测评	*
		安全服务商选择	*
	系统运维管理	环境管理	*
		资产管理	*
		介质管理	*
		设备管理	*
		网络安全管理	*
		系统安全管理	*
		恶意代码防范管理	*
		密码管理	*
		变更管理	*

（续表）

		备份与恢复管理	*
		安全事件处置	*
		应急预案管理	*

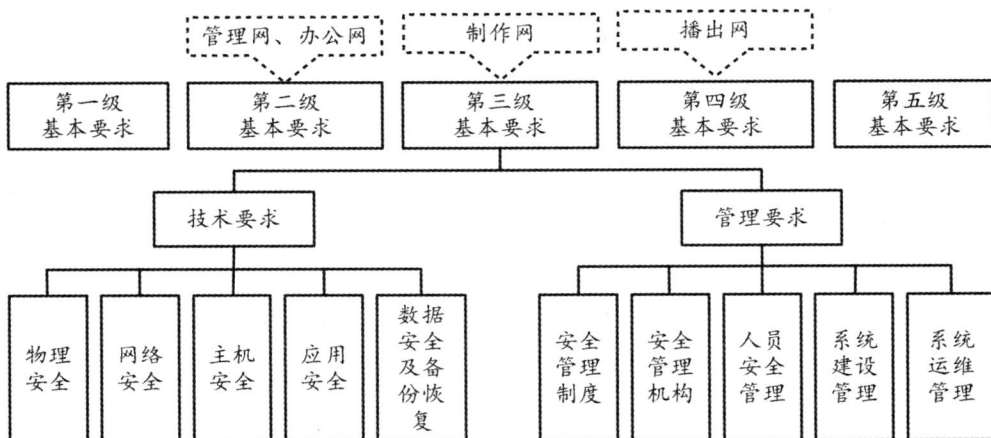

图 1-14 广播电视相关信息系统安全基本内容

三、广播电视相关信息系统安全等级保护现状

当前我国广播电视行业所使用的重要信息技术产品，如操作系统、网络设备、存储设备等通用网络安全设备，广播电视业务中使用的播出服务器、信号交换设备、传输设备以及发射设备，在相当程度上依赖国外厂商，安全性存在一定的风险和制约。

随着广播电视业务的不断发展，全台网、大数据、云计算等技术成为了提高广播电视业务处理能力的有力支撑。如果网络安全风险一旦发生，将会对安全播出造成灾难性影响。

为组织各单位、各部门开展信息安全等级保护工作，《中华人民共和国计算机信息系统安全保护条例》《国家信息化领导小组关于加强信息安全保障工作的意见》《信息安全等级保护管理办法》《关于开展全国重要信息系统安全等级保护定级工作的通知》《计算机信息系统安全等级保护划分准则》（GB 17859-1999）、《信息系统安全等级保护实施指南》（GB/T 25058-2010）、《信息系统安全保护等级定级指南》（GB/T 22240-2008）、《信息系统安全等级保护基本要求》（GB/T 22239-2008）、《信息系统通用安全技术要求》（GB/T 20271-2006）、《信息系统等级保护安全设计技术要求》（GB/T 25070-2010）、

《信息系统安全等级保护测评要求》（GB/T 28448-2012）、《信息系统安全等级保护测评过程指南 》（GB/T 28449-2012）、《广播电视相关信息系统安全等级保护定级指南》（GD/J 037-2011）、《广播电视相关信息系统安全等级保护基本要求》（GD/J 038-2011）等一系列标准，形成了信息安全等级保护标准体系，为开展信息安全等级保护工作提供了标准和依据。

随着信息网络的迅速发展，网络安全的滞后正逐渐成为广播电视新的安全漏洞。广播电视从业人员安全意识欠缺，广播电视信息系统安全防范能力较为薄弱，法律法规方面也缺乏相关的依据和标准，监管体系尚待完善。

随着我国影响力不断增强，一些国际性重大活动在我国举行的次数也越来越多。相应地，这些大型活动、重要节日对各项服务的标准要求越来越高，对广播电视信息系统安全保护能力要求随之提高。

从国内看，全国广电系统以科学发展观为指导，始终坚持安全播出是广播电视的生命，努力加强全国安全播出保障体系和安全播出保障能力建设，安全播出保障能力和管理水平得到大幅度提升。从国际看，随着我国国际影响力的迅速提高，广播电视及视听新媒体需要向世界传递"中国影音"，影响国际环境，同样也会被国际环境所影响。尤其是面对当前意识形态斗争异常复杂和尖锐的国际环境，我国正面临着严峻的意识形态安全问题。外部破坏势力甚至通过卫星、有线、无线等非法攻击、干扰、破坏我国广播电视安全播出。

总的来看，结合国内外环境及其形势，影响广播电视播出安全的因素越来越多，越来越复杂，广播电视行业迎来快速发展的同时，也给广播电视安全播出带来了新的挑战。

第二章

广播电视安全播出保障能力评估模型研究

建立科学完善的广播电视安全播出保障能力评估体系，是实施评估工作的基础，本章将从评估的一般方法入手，依据广播电视安全播出保障涉及的内容，结合我国广播电视安全播出保障工作的实际，构建广播电视安全播出保障能力评估体系。

第一节 广播电视安全播出保障能力评估模型总体设计

一、评估模型的理解

模型是指对研究对象构成要素相互关联关系在形式上的概括。模型提供了一个客观的测量准则和规范性的框架，以实现规范评估、科学评估，较好地实现广播电视安全播出保障能力评估工作。

模型方法是系统工程的基本方法，研究系统一般都需要建立模型来研究，广播电视安全播出保障能力评估作为一种系统工程，也需要建立评估模型。

二、构建安全播出保障能力评估模型的原则

构建广播电视安全播出保障能力评估模型遵循如下原则：

1. 切合实际

评估模型应反映出安全播出责任单位与安全播出有关管理活动的本质，评估要素与评估标准的设计应符合安全播出责任单位的业务实际。

2. 易于操作

评估模型应简单明了，无论是安全播出责任单位组织的自评，还是广播影视行政部门组织的检查均便于使用。

3. 内容完整

广播电视安全播出保障能力评估模型应全面反映安全播出责任单位与安全播出有关的活动，涵盖到所有与安全播出有关的工作。

4. 动态调整

安全播出责任单位是根据市场环境的变化不断变化的，应根据安全播出责任单位的实际情况进行相应调整，使之评估模型不断完善，促进安全播出保障体系持续改进提升。

三、建立安全播出保障能力评估模型的步骤

广播电视安全播出保障能力评估模型一般包括评估要素、评估等级、分值权重和评估标准四个部分。

建立安全播出保障能力评估模型一般先明确目标，找出证实安全播出能力的主要因素，确定主要的评估指标要素，从评估指标要素中找出之间的关联关系，明确评估的条件及其资源，确定评估指标要素的权重，确定评估标准，评估结果的等级等内容。

模型初步搭建后，应弱化一些影响度小或重要性低的指标要素的权重，必要时可去除。把性质相同的评估指标进行合并，以控制指标的数量。

四、安全播出保障能力评估模型的框架结构与内涵

（一）广播电视安全播出保障能力评估模型框架

安全播出保障能力评估模型的结构层次按照评估内容逐步细化和具体化的不同程度，分为四层。第一层为领域层，分为安全播出保障体系、技术系统配置、信息安全等级保护3个部分。第二层为模块层，根据各领域层涉及的内容不同确定。第三层为要素层，每个模块都包含若干个评估要素。第四层为子要素层，为确保评估的针对性、可操

作性，对要素进行了细化分解。

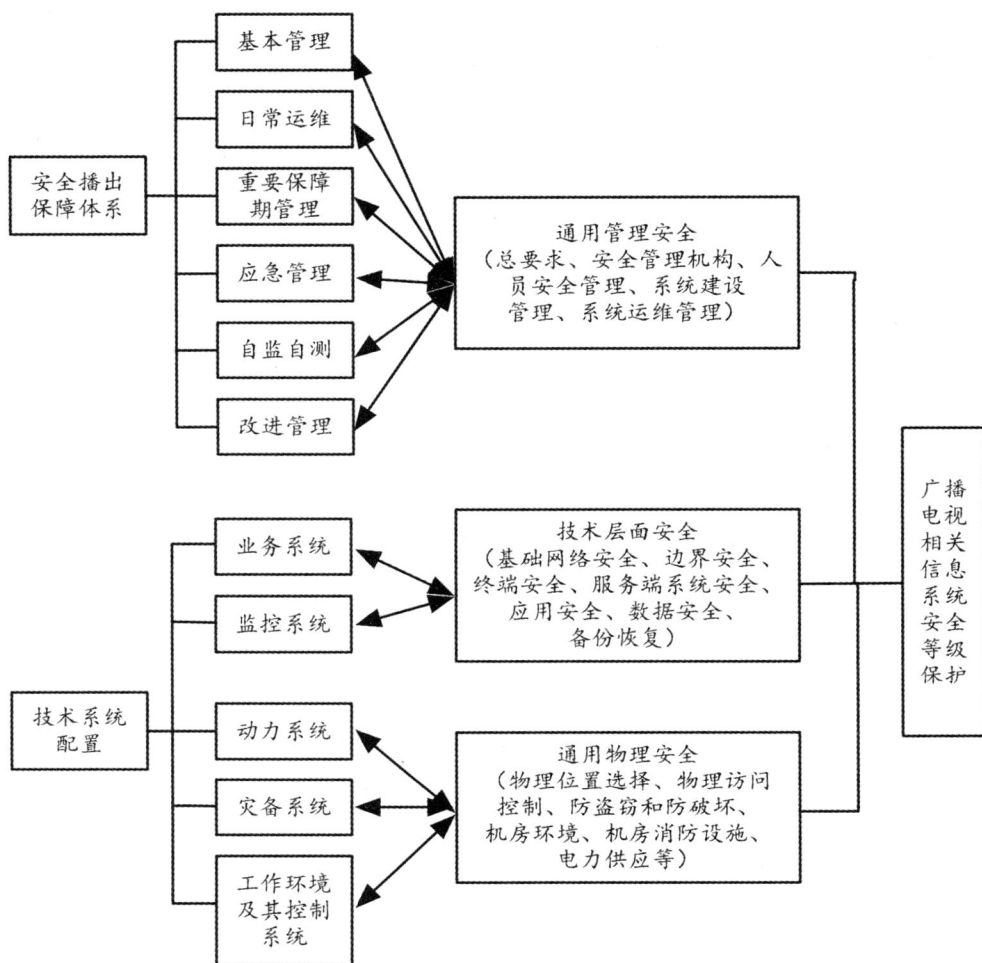

图 2-1 广播电视安全播出保障能力"三维"模型图

无论是技术系统的符合性评价，还是广播电视安全播出保障体系运行检查、信息安全等级保护测评等，都体现出了安全播出保障能力评估的内在逻辑。

（二）安全播出保障能力评估模型的特点

安全播出保障能力评估模型的特点：

1. 软件与硬件评估并重。技术系统配置是做好广播电视安全播出工作的基础，在技术系统配置评估的基础上，实施安全播出保障体系成熟度评估对于技术系统配置是存在缺陷的，必须在安全播出保障体系建设上完善风险预防、风险应对措施。技术系统配置符合性评价与安全播出保障体系评估相互呼应，确保对安全播出保障能力有一个全面、完整和客观的评价。评估模型框架系统体现了技术系统配置的"硬件"与安全播出保障体系的"软件"相互关联、相互印证的逻辑关系。

2. 广播电视相关信息系统安全全面覆盖与突出重点并重。评估模型涵盖了与广播电视相关信息系统安全管理的工作，从整体架构上无论是技术系统配置还是安全播出保障体系建设方面，均涉及广播电视相关信息系统安全的内容，同时根据风险大小及其影响程度，突出重点工作、薄弱环节和共性问题，确保评估时具有针对性和可操作性。

3. 符合性评估与安全播出管理提升评估并重。技术系统配置、安全播出保障体系建设、与广播电视相关信息系统安全等级保护工作均有达标线，各安全播出责任单位应按《广播电视安全播出管理规定》及其实施细则的要求、《广播电视相关信息系统安全等级保护基本要求》予以落实。同时安全播出保障能力评估中涉及的"软硬件"能力，应根据本单位内外部需要不断提升。

安全播出保障能力评估模型满足：

（1）在框架设计方面遵循从评估目标开始自上而下逐级细分并最终形成具体评估要素的逻辑过程，形成层次清晰、类别独特的模型结构。

（2）在要素设置方面，力求系统全面，不漏项、不交叉。为了能与时俱进，客观、科学地反映被评估单位的情况，包括了评估要素动态更新机制。

（3）在等级设置方面，为权衡可区分性和评估操作的简便性，设置了不同等级。为了确保评估工作的客观公正性，将等级标准进行量化。

（4）在实施操作方面，采用专家打分的方式或对比评价，确保评估的权威性和公平性。

（5）在评估结果应用方面，以评估报告的方式反馈给被评估方。

五、广播电视安全播出保障能力等级设计

对安全播出保障能力进行等级划分，有利于正确反映被评估单位的实际情况，促进各单位及时发现自身问题，不断提升安全播出保障能力。安全播出保障能力等级划分应科学合理、公正有效，评估分值分布合理，要不断改进，避免评估流于形式。

广播电视安全播出保障能力评估模型能够全面量化评价广播电视安全播出责任单位在安全播出保障方面的能力，对造成广播电视事故、事件的直接、间接因素（风险）进行识别。评估人员利用评估模型对广播电视技术系统、安全播出保障体系、广播电视相

关信息系统安全管理要素归成大类，再逐级分解为中类、小类指标，形成一个递阶的、系统化的、具有紧密联系的、反映评价对象整体的指标集合，即多层次、多因素的量化考核评价指标体系。其中：结合广播电视安全播出保障能力评估多年实践经验，我们按评估指标模型，确定为6个一级指标，依次展开若干个二级、三级、四级指标。

通过对安全播出责任单位四级指标的评估分值计算，最终可得出一个分值。根据评估总得分分值，对其安全播出保障能力水平划分。根据不同专业、不同安全播出保障等级将"评估结果"划分五个级别，具体如下：

表 2-1 安全播出保障能力水平划分表

安全播出保障能力等级	表现特征	一级保障单位	二级保障单位	三级保障单位
AAAAA 级	管理非常完善，运行稳定，保障能力极强	≥ 90 分	≥ 90 分	≥ 90 分
AAAA 级	管理完善，运行稳定，保障能力较强	80-99 分	80-99 分	80-99 分
AAA 级	管理较为完善，运行基本稳定，保障能力一般	70-79 分	70-79 分	70-79 分
AA 级	管理不够完善，运行不够稳定，保障能力较差	60-69 分	60-69 分	60-69 分
A 级	管理不完善，运行不稳定，保障能力极弱	≤ 59 分	≤ 59 分	≤ 59 分

第二节 广播电视安全播出保障体系成熟度评估设计

一、安全播出保障体系成熟度评估理解

成熟度是指成熟的品质或状态，是一个组织或一项产品、技术所具有的按照既定条件成功实现预定目标的能力。体系成熟度是对某一管理体系水平和完善程度的一种度量。

广播电视安全播出保障体系成熟度是指安全播出责任单位所建立、运行的安全播出保障体系达到接近稳定完善的程度，反映了安全播出责任单位在某一段时期内能够按照预定的安全播出管理目标，发挥安全播出保障体系作用，有效果、有效率地完成安全播

出保障任务的能力。

安全播出保障体系成熟度是衡量广播电视安全播出责任单位所构建的安全播出保障体系健全程度的指标，反映的是管理体系与安全播出管理要求之间的匹配程度。安全播出责任单位所建立的安全播出保障体系不是一蹴而就的，而是循序渐进地运行，逐步完善的过程。

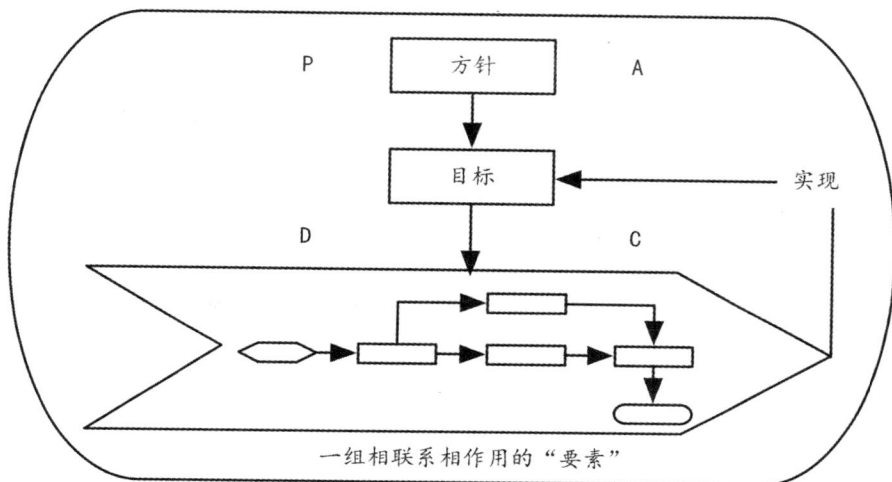

图 2-2　广播电视安全播出保障体系的自我循环图

二、广播电视安全播出保障体系成熟度模型框架结构与内涵

从评估模型的角度，广播电视安全播出保障体系成熟度评估内容主要包括基础保障能力、日常运维保障能力、重要保障期保障能力、应急准备与响应能力、自监自测与自评估能力、体系改进能力共 6 个方面。

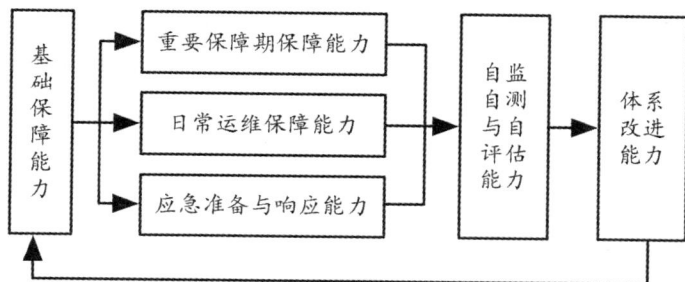

图 2-3　广播电视安全播出保障体系评估模型

三、广播电视安全播出保障体系评估指标与权重设计

（一）广播电视安全播出保障体系评估指标设置原则

评估标准是评估工作的依据，指标的设置应坚持一定的原则和科学的方法，评价指标是反映广播电视安全播出保障体系评价内容的载体，也是评价内容的外在表现，它围绕着影响安全播出的 6 种能力，建立逻辑严密、相互联系、互为补充的体系结构。

为确保评估指标设计科学，可运用以下指标设计原则：

1. 系统性原则

安全播出责任单位建立并运行的广播电视安全播出保障体系，是一个有机的整体，体系内各要素相互联系、相互作用，促进安全播出保障体系成熟度不断提升。在设计安全播出保障体系评估指标时，注重评估指标设计的系统性、层次性，体现评估指标的独立和指标之间的联系，确保反映安全播出保障体系的整体水平。

2. 风险预控原则

安全播出保障体系是以风险管控为核心，与安全播出有关的业务活动应实施风险全过程的管理，包括：风险的辨识、风险分析与评估、风险控制措施的制定、风险应对、风险监测。

3. 合规性原则

评估过程中应严格依据《广播电视安全播出管理规定》及其专业实施细则、相关法律法规以及有关标准，通过评估以证实安全播出责任单位与安全播出有关的业务活动合法合规。

4. 公正客观性原则

公正客观性是开展评估工作的基本要求，主要体现在两方面，一是评估人员的公正性，要求评估人员应独立于被评估活动，减少人为的主观因素影响；二是评估活动的客观性，强调以事实和客观证据为判定依据，遵守管理的客观规律，其评估证据和获得的评估发现能够被验证、再现。

5. 多维度评估原则

为确保评估结果能够全面反映安全播出责任单位在安全播出保障体系成熟度水平，

评估实施过程应有相关方参与其中，确保评估活动的科学性。

6. 动态适应性原则

安全播出责任单位所处的外部环境和内部环境是不断变化的，应基于自组织理论，所运行的安全播出保障体系也应动态适应这种变化。同时，安全播出保障体系评估所用的标准、评估方法也应随内部外环境的变化动态适应。

（二）广播电视安全播出保障体系评价指标设计方法

在评价指标权重设计方面选择层次分析法（AHP）与专家打分法（ESM）相结合的方式。

1. 层次分析法（AHP）

层次分析法用于解决多因素复杂问题，该方法将定性分析与定量分析相结合，通过全面分析待评价对象的性质和影响因素，将备选方案的各要素按层次分解，构造出自下而上的递阶层次结构，再对同层次要素比较，判断得出重要度并排序。该方法将思维过程结构化、层次化，为进一步分析研究创造了条件。

（1）AHP 方法大致步骤如下

①根据评价对象的性质和目标，建立系统的递阶层次结构；

②对同一层次上的各要素对其上一层次的相对重要性进行两两比较，构造判断矩阵；

③计算各要素的相对权重，进行层次单排序和一致性检验；

④逐层合成计算每个判断矩阵各因素对目标层的相对权重，进行层次总排序，并对排序结果进行一致性检验。

（2）层次分析法的基本特征

①要有一个指标体系的层次结构模型，它是层次分析法赖以建立的基础；

②针对上一层级某个准则，把下一层与之相关的各个不可度量的因素，通过对比，按重要性等级赋值，从而完成从定性分析到定量分析的过渡。

（3）层次分析法的优缺点

优点是：可靠度比较高、误差小。缺点是：评价对象的因素不能太多（一般不多于9个）。

层次分析法是一种以定性与定量相结合的、系统化、层次化分析问题的方法。它是将半定性、半定量问题转化为定量问题的一种行之有效的方法，使人们的思维过程层次化，通过逐层比较相关因素并逐层检验比较结果是否合理，从而为分析决策提供了较具说服力的定量依据。

2. 专家打分法（ESM）

专家打分法是一种既简单又应用广泛的评价方法，它是在定量和定性分析的基础上，以打分的方式做出评价。其步骤为：首先设置评价指标。然后请专家对每个指标按照一定的评分标准打分，最后将各专家、各指标的评分综合、汇总，得到每个方案的总评分值，作为综合评价的结果。综合的方法可以采用简单平均法、加权平均法等。

专家打分法的优缺点：基于专家经验的综合评价方法原理上易于理解，操作上简便易行，应用于缺乏足够的客观数据，或者方案价值在很大程度上取决于主观因素的情况，可以收到良好的效果。但这种方法系统性不强，受主观因素的影响大，难以保证评价结果的客观性和准确性。

广播电视安全播出保障体系"评估指标结构"，是一个自下而上的递阶层次结构，部分指标之间具有一定的关联性，每一层的指标设置，都会直接或间接影响到最终结果。

在实际应用中，既不单纯追求高深数学，也不片面地注重行为、逻辑、推理，只要了解、掌握相应方法的基本原理与步骤，把定性方法与定量方法有机地结合起来，将复杂的系统分解。

基于对"层次分析法（AHP）"和"专家打分法（ESM）"的理解，在权重设计方面应选择这两种方法相结合。按照以下四步进行：一是，先由专家对每个指标按照一定的评分标准打分；二是，对同一层次上的各要素对其上一层次的相对重要性进行两两比较，构造判断矩阵；三是，计算各要素的相对权重，进行层次单排序和一致性检验；四是，逐层合成计算每个判断矩阵各因素对目标层的相对权重，进行层次总排序，并对排序结果进行一致性检验。

（三）评价指标内容

按照安全播出保障体系成熟度评估模型，将基础保障能力、日常运维保障能力、重要保障期保障能力、应急准备与响应能力、自监自测与自评估能力、体系改进能力等共6个一级指标进行逐层，确保评估可行性。其中：

1. 基础保障能力，是安全播出责任单位确保安全播出的基础条件，包括组织保障、人员保障、文件保障、资金保障。

2. 日常运维保障能力，是安全播出责任单位业务管理水平的重要体现。主要包括新扩改建项目管理、技术系统运行管理、技术系统的预防性维护和故障性维护、节目源和信号源安全管理、业务调度与处理等。

3. 重要保障期管理能力，是在特殊的时期里，强化应对和化解各种风险的能力。

4. 应急准备和响应能力，是在突发和紧急状态下安全播出责任单位的风险应对能力。

5. 自监自测与自评估能力，是对与安全播出有关的业务运行情况的自监自测，对体系的自评，通过及时检查发现不足或安全管理波动，不断纠偏的能力。

6. 体系改进能力，是安全播出责任单位自我认识、自我改进、自我创新的能力，持续改进与优化安全播出保障体系是安全播出责任单位的一项长期任务。

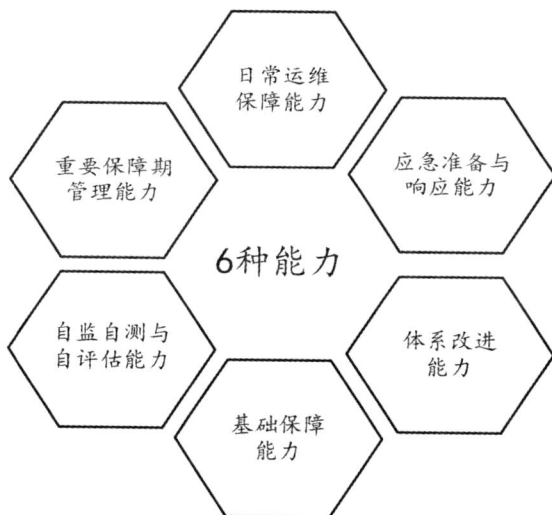

图 2-4 安全播出保障体系评估指标框架图

表 2-2 广播电视安全播出保障体系成熟度评估指标一览表

一级指标	二级指标	三级指标	四级指标
一、基础管理保障能力	1. 组织保障	1.1 组织机构保障	1.1.1 组织机构健全程度
			1.1.2 领导分工及作用
		1.2 部门职责	1.2.1 部门职责分配情况
			1.2.2 部门职责落实情况
		1.3 岗位职责	1.3.1 岗位设置合理性
			1.3.2 岗位职责落实情况
		1.4 外部业务接口及其职责	1.4.1 跨单位上下游职责明确

			1.4.2 业务外包职责明确
	2. 人员保障	2.1 人员配置	2.1.1 安全播出人员数量
			2.1.2 安全播出人员质量
		2.2 人员培训	2.2.1 人员岗前培训、转岗位培训
			2.2.2 人员能力提升培训
			2.2.3 应急培训与演练
		2.3 人员绩效考核	2.3.1 绩效考核机制建立
			2.3.2 绩效考核落实情况
	3. 体系文件保障	3.1 安全播出工作方针与计划	3.1.1 工作方针制订与落实
			3.1.2 计划制订与落实
		3.2 安全播出目标与指标管理	3.2.1 年度停播率（可用度）指标制订与落实情况
			3.2.2 技术系统运行指标制订与落实情况
			3.2.3 技术系统维护指标制订与落实情况
		3.3 体系文件管理	3.3.1 体系文件的策划
			3.3.2 体系文件的日常管理
		3.4 管理类文件	3.4.1 管理类文件充分性
			3.4.2 管理类文件动态适宜性
		3.5 技术类文件	3.5.1 技术类文件充分性
			3.5.2 技术类文件动态适宜性
		3.6 应急预案与专项方案	3.6.1 应急预案、应急措施充分性、动态适宜性
			3.6.2 专项方案（重要保障期方案、直播方案、检修方案等）充分性、动态适宜性
		3.7 记录与技术档案管理	3.7.1 记录设置的适宜性
			3.7.2 技术档案管理规范性
	4. 经费保障	4.1 技术系统改造与运维资金	4.1.1 技术系统更新、改造资金得到落实
			4.1.2 技术系统运维资金（含备品备件采购）得到落实
		4.2 应急资金	4.2.1 应急资源储备和维护更新所需资金得到落实
二、日常运维保障能力	1. 信号源与节目源安全	1.1 信号源安全	1.1.1 信号源接入安全

（续表）

			1.1.2 信源质量进行监测
		1.2 节目源安全	1.2.1 节目内容进行审核
			1.2.2 节目技术指标进行审核
			1.2.3 节目送播安全
			1.2.4 节目备播安全
	2. 播出、传输、发射业务调度	2.1 日常业务调度	2.1.1 业务调度计划安排合理
			2.1.2 业务调度计划变更控制
		2.2 业务变更管理	2.2.1 停播停传管理
			2.2.2 运行变更履行报审报批备案手续
	3. 播出、传输、发射业务操作处理	3.1 业务操作控制	3.1.1 业务操作准备
			3.1.2 业务操作实施
		3.2 技术系统运行操作	3.2.1 技术系统运行操作规范
			3.2.2 技术系统运行稳定、可靠
	4. 技术系统更新、改造管理	4.1 技术系统新建、改建、扩建、迁建项目管理	4.1.1 履行报审报批备案手续
			4.1.2 项目按规范进行测试、验收
	5. 技术系统维护管理	5.1 技术系统预防性维护	5.1.1 技术系统维护保养管理
			5.1.2 技术系统检修管理
			5.1.3 工具、仪器仪表管理
		5.2 技术系统故障性维修	5.2.1 技术系统故障性维修管理
			5.2.2 备品备件管理
三、重要保障期保障能力	1. 重要保障期前的管理	1.1 组织保障、人员保障确认	1.1.1 职责得到落实，人员能力得到确认
		1.2 技术系统保障能力确认	1.2.1 技术系统全面检查、测试
			1.2.2 备品备件检查与补充
		1.3 节目源、信号源确认	1.3.1 节目源、信号源安全得到确认
		1.4 业务流程确认	1.4.1 业务流程风险全面排查并有效预防风险
		1.5 工作环境确认	1.5.1 工作条件、工作环境满足安全播出需要
	2. 重要保障期间的管理	2.1 重要保障期间业务管理	2.1.1 落实重要保障期措施
四、应急准备与响应能力	1. 应急准备	1.1 应急资源管理	1.1.1 应急资源储备满足要求

（续表）

			1.1.2 应急设备设施测试
		1.2 应急人员保障	1.2.1 应急人员配备及其能力确认
		1.3 应急程序测试	1.3.1 对应急程序进行测试
	2. 应急响应与处置	2.1 紧急应对	2.1.1 应急处置得当
五、自监监测与自查能力	1. 业务运行指标监测	1.1 业务质量监督	1.1.1 对业务输出结果（信号）进行监测
	2. 技术系统异态监测	2.1 技术系统异态监测	2.1.1 技术系统运行异态监视与监测
	3. 信息系统安全等级保护测评	3.1 信息安全风险自评	3.1.1 信息安全风险自评
	4. 安全播出保障体系自查	4.1 保障体系运行情况自评	4.1.1 保障体系运行情况自评
	5. 业务链上下游相关方评价	5.1 业务链上下游相关方评价	5.1.1 业务链上下游相关方评价
六、持续改进能力	1. 不符合改进	1.1 不符合的整改	1.1.1 不符合的整改
	2. 事件事故调查与处理及预防能力	2.1 事件事故调查与处理	2.1.1 事件事故调查、处理
		2.2 事件事故预防	2.2.1 事件事故的预防

（四）评价指标的权重设置

在分值设计上，主要是对安全播出保障体系成熟度水平进行评分，满分 100 分，根据各级指标、要素的重要程度不同确定权重并赋分。

使用权重设置评分方法，应考虑以下内容：

1. 不同安全播出保障等级的指标权重设置原则上保持一致，可视各单位专业不同或区域安全播出责任单位水平不同进行适当调整；

2. 日常运维保障能力、重要保障期保障能力、应急准备与响应能力属于风险控制的核心，赋予权重较高；

3. 各指标之间的关联，以及与各评估项的匹配程度应予以重视；

4. 采用德尔菲法、层次分析法或网络分析法等进行辅助决策；

5. 评估指标应在一定时期内保持相对稳定。

使用评估指标体系中底层指标的评分方法，主要如下：

1. 基于评估数据进行底层指标评分，可按一定规则将具有不同计量单位和方式的定量或定性评估数据转化为能够进行加权计算的分值，并将其限定在某一区间范围内；

2. 基于定量数据进行评分，可先确定该定量数据的最大理想阈值和最小可能阈值；

3. 基于定性数据进行评分，可采用德尔菲法等，亦可基于专家知识和经验进行辅助决策。基于专家知识或经验进行评分方法，主要有：

（1）基于定性评估数据由专家直接打分得到指标分值；

（2）将定性评估数据取值范围划分为若干层次，由专家确定各层次的分值，指标评估数据所处层次的分值即为该指标得分；

（3）定性评估数据可能的取值分为若干独立选项，由专家确定各选项的分值，该指标得分即为依据其评估数据所得各选项分值之和。

4. 加权评分是以底层指标评分作为基础的。底层指标以上各级指标的得分可通过加权求和计算得出。各上级指标得分可由其各子指标得分加权求和得出，最终总分可由各一级指标得分加权求和得出。

四、安全播出保障体系成熟度等级设计

广播电视安全播出保障体系成熟度一般分为五级，等级从低到高反映出安全播出责任单位在安全播出管理水平从初始无序向优化成熟不断进步的过程，等级越高，安全播出管理的成熟度也越高，并且与单位不同时期发展阶段密不可分的。

表 2-3 广播电视安全播出保障体系成熟度

等级	安全播出管理阶段	管理特征
五级	卓越	管理层的认知和态度方面，非常重视安全播出管理工作，并作为单位不可缺的管理；注重安全播出系统化管理，在风险预控、风险应对方面具有优秀的做法；对于可能发生的事故，均能够有效预防；在风险预防方面和降低事故率方面实现了业绩可持续提升；单位在安全播出管理总体情况是通过有效实施安全播出管理，取得一定社会效益和经济效益。
四级	优秀	管理层的认知和态度方面，重视安全播出管理工作，并知道自己的工作职责并能认真落实；将安全播出工作作为单位的一项重要工作内容；对于可能发生的事故，在早期即能发现隐患并有计划地寻求改进；在风险预防方面和降低事故率方面会有较为系统的预防性措施；单位在安全播出管理总体情况是把预防性措施纳入日常管理工作中。
三级		管理层的认知和态度方面，较重视安全播出管理工作，参与安全播出保障体系的策划工作；注重安全播出事故管理，成为单位管理工作的重要组成部分；对于已

（续表）

三级	优秀	发生的事故有沟通解决的渠道和方法；在风险预防方面和降低事故率方面有多种解决的工具和方法；单位在安全播出管理总体情况是管理层对安全播出事故有明确的解决承诺。
二级	保证	管理层认知和态度方面，较关心安全播出管理的重要性，但不愿在风险预控方面投资；注重安全播出风险的成因分析，但目的为防范事故发生；对于已发生的安全播出事故没有长效的预防措施；在风险预防方面和降低停播率有部分有效措施；单位的安全播出管理总体情况是管理者不清楚风险什么状况下会发生。
一级	检查	管理层忽视管理的重要性；注重安全播出问题的检查；对于已发生的事故就事论事处理；在风险预控和应对方面没有计划性而是临时控制；单位的安全播出管理总体情况是管理者不清楚要管理什么。

广播电视安全播出保障体系成熟度评估目的不是单纯地评出名次和安全播出管理的优劣，更重要的是通过评估来引导和促进安全播出保障体系成熟度不断提高，防范安全播出风险。

第三节　广播电视技术系统配置符合性评价设计

一、技术系统配置符合性评价理解

广播电视技术系统配置符合性评价是系统性检查专业技术系统符合专业实施细则及满足其他规定要求的程度。根据被评估单位的安全播出保障等级，判定其专业技术系统实际配置情况与要求的技术系统配置符合性。符合即为合格。

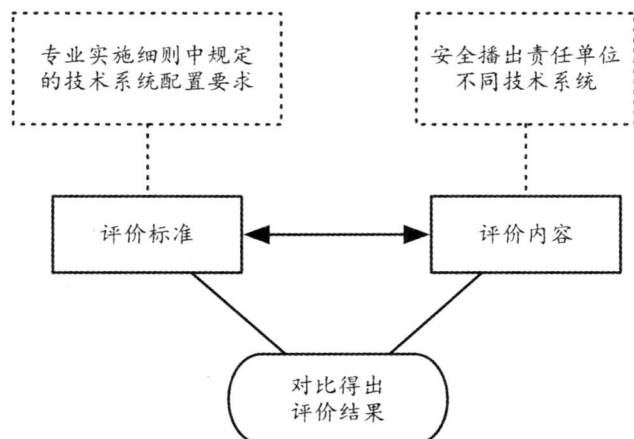

图 2-5　技术系统符合性评价示意图

二．技术系统配置符合性评价框架结构与内涵

广播电视技术系统配置符合性评价一般涉及业务系统、动力系统、灾备与应急系统、维护器材、工作环境及其控制系统、监测监控系统等6个方面的评价。

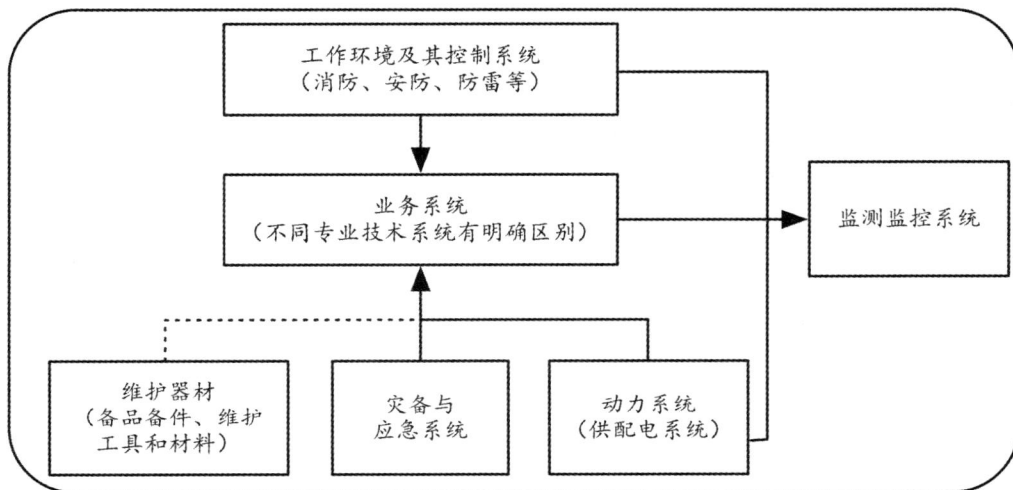

图 2-6 技术系统模型图

通过对各专业技术系统的分析，除业务系统发挥的功能和作用不同而存在明显区别外，其他动力系统、灾备与应急系统、维护器材、工作环境及其控制系统、监测监控系统等5个部分基本一致。

表 2-4 各专业技术系统业务系统范围表

专业类别	业务系统范围
电视中心	卫星新闻采集系统、节目集成平台、新闻及直转播系统、播出系统、总控系统
广播中心	制播网络系统、直播室系统、现场直播系统、总控系统
卫星广播电视地球站	信号源系统、上行系统、天馈线系统
光缆传输干线网	1. 基础网络系统（光缆线路、基础传输系统、配线系统） 2. 广播电视业务系统（节目信号接入系统、节目信号处理系统、配线系统）
有线广播电视网	1. 前端（信号源系统、数字前端播出系统、互动电视前端播出系统、模拟前端播出系统） 2. 有线分配网（分前端、光／电缆传输系统） 3. MMDS 系统
无线发射转播台	信号源系统、发射系统

微波传输电路	信号源系统、微波传输网络系统（干线、支线）
IPTV 集成播控平台	信源采集、内容生产、内容发布、增值服务、传输分发网络、业务运营管理、安全管理
网络广播电视台	信源采集、内容生产、内容发布、增值服务、传输分发网络、业务运营管理、安全管理

三、技术系统配置评价指标划分

对技术系统配置进行符合性评价，其中首要工作是识别技术系统的范围、层次，对技术系统进行调研，列出技术系统所涉及的子系统、设备清单，对技术系统进行逐层拆分，分解为几个子系统，再展开至设备、模块、组件、类等。

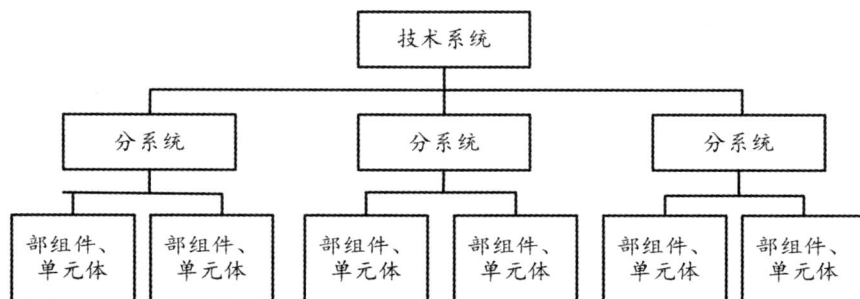

图 2-7 技术系统分解示意图

1. 技术系统的评价指标体系的特点

从系统论的角度看，对技术系统的评价指标体系具有以下特点：

（1）整体性。技术系统是由各子系统综合而成的，缺一不可，具有一定的整体性。

（2）层次性。无论就总体而言，还是就各子系统而言，技术系统的发展都具有鲜明的层次性。

（3）动态性。不同区域安全播出责任单位的技术系统发展不是静止不动的，而是按照一定的方式有序地运动着。运动是由诸多矛盾的演化推进的，技术系统是要建立良性循环的运行机制，随着广电行业技术的进步而不断变化。

（4）阶段性。制订技术系统评价指标体系，需考虑不同地域的差别和不同发展阶段的特点。

2. 评价指标体系遵循的原则

确定评价指标体系和设定具体的评价指标时，遵循以下原则：

（1）科学性和实用性相统一的原则

具体指标的选取建立在充分认识、系统研究的基础上，指标的设置简单明了，易于理解。需要考虑数据取得的难易程度和可靠性，利用现有的数据信息，尽可能选择有代表性的综合指标和重点指标。

（2）系统性与层次性相统一的原则

指标体系应能全面反映技术系统的各个方面，能较客观地反映技术系统的水平，又要避免指标之间的重叠性。同时，根据技术系统的结构分出层次，并将指标分类，使指标体系结构清楚，便于使用。

（3）全面性和代表性的统一原则

指标体系作为一个有机整体是多种因素综合作用的结果，因此，指标体系应反映影响技术系统的各个方面，从不同角度反映出被评价各子系统的主要特征和状况。同时对于要表达的各个体系，指标选取应强调代表性、典型性，避免选择意义相近、重复的指标，使指标体系简洁易用。

（4）可比性和可靠性相统一的原则

评价指标体系应具有动态可比和横向可比的功能。动态可比是指技术系统配置水平在时间序列上的动态比较；横向可比是指不同地区在同一时间上对综合评价指标数值的排序比较，说明各地区技术系统配置的不平衡程度。在可比原则要求下，统计指标的选择应含义明确，口径一致，以保证统计数据的可靠性。

3. 指标体系的构建

根据指标评价的模型，遵循指标构建的原则，技术系统配置评价指标由 5 个一级指标构成，逐级分解至最小单位。

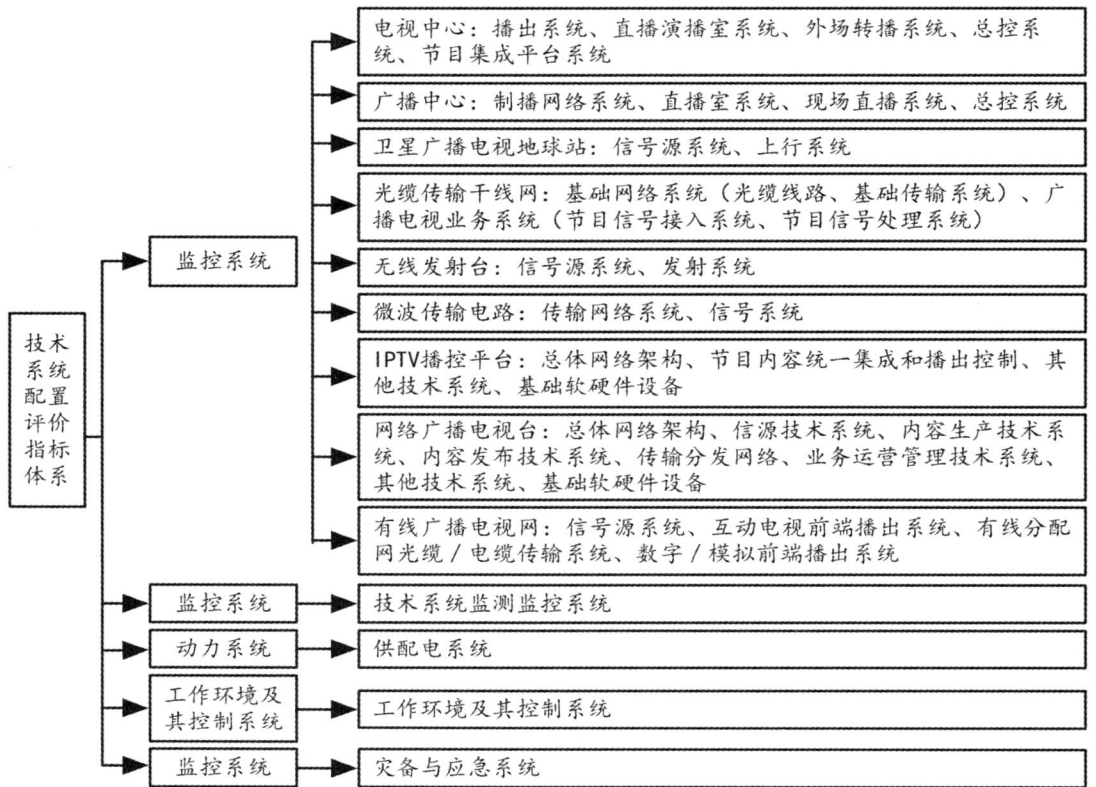

图 2-8 技术系统配置评价指标分解图

四、技术系统配置符合性评价预期结果

技术系统配置是广播电视安全播出的基础，应从技术系统的可靠性、系统安全的科学性、环境安全的重要性、容灾备份的有效性等几个方面综合考虑，安全是相对的，没有绝对的安全。

对于技术系统配置的符合性评价可从 PDCA 四个环节出发，对技术系统的 5 个组成部分，按照业务系统、监测监控系统、动力系统、工作环境及控制系统、灾备与应急系统的顺利进行查验。可依据技术系统配置自评表逐条进行核实，也可以问题为导向，对技术系统存在的问题追根溯源进行查验。

技术系统配置符合性评价应体现"注重结果，关注过程"的原则，"注重结果"是技术系统必须达到规定的指标要求，对于关键的设备应具有一票否决。

技术系统配置符合性评价的结果分为"符合""不符合"两种结论。评估人员应统计技术系统的达标率或缺陷率，以反映出技术系统的运行状态。

第四节 广播电视相关信息系统安全等级保护测评设计

一、广播电视相关信息系统安全等级保护测评理解

等级保护测评是按照有关标准，对信息系统安全等级保护状况进行检测评估的活动，其核心主旨是加强信息系统的安全防护能力。定期进行等级保护测评，及时查找信息系统存在的安全隐患、漏洞和薄弱环节，查找信息系统安全保护情况与基本要求的差距，评估安全防护能力和水平，并通过不断整改，进一步提高广播电视相关信息系统安全保障能力。

广播电视安全播出责任单位可依据《广播电视相关信息系统安全等级保护测评要求》组织开展测评工作。遵循如下测评原则：

1. 最小影响原则

测评工作应服从安全播出管理的相关要求，测评工作可管可控。测评人员应围绕广播电视安全播出科学化和规范化管理，结合广播电视信息系统特点，开展广播电视信息系统安全等级测评工作。测评人员应熟悉广播电视信息系统特点和业务流程，规避因测评引入安全播出风险。测评实施过程所使用的测评工具、测评方式应不影响安全播出。

2. 客观性和公正性原则

测评人员应当在没有偏见和最小主观判断情形下，按照测评双方相互认可的测评方案，基于明确定义的测评方法和过程，实施测评活动。

3. 可重复性和可再现性原则

不同的测评人员，依照同样的要求，使用同样的方法，对同样的测评实施过程的重复执行都应该得到同样的测评结果。可重复性体现在同一测评者重复执行相同测评的结果的一致性。可再现性体现在不同测评者执行相同测评的结果的一致性。

4. 符合性原则

测评所产生的结果应当是在对测评指标的正确理解下所取得的良好的判断。测评实

施过程应当使用正确的方法以确保其满足了测评指标的要求。

二、广播电视相关信息系统安全总体模型

广播电视相关信息系统主要是由实现任务的局域计算环境，实现数据传输的网络系统，以及用户或用户群组成，具体是包括安全的局域计算环境、局域计算环境的边界防护、安全用户环境其边界防护、安全的网络系统以及信息系统安全管理中心组成。

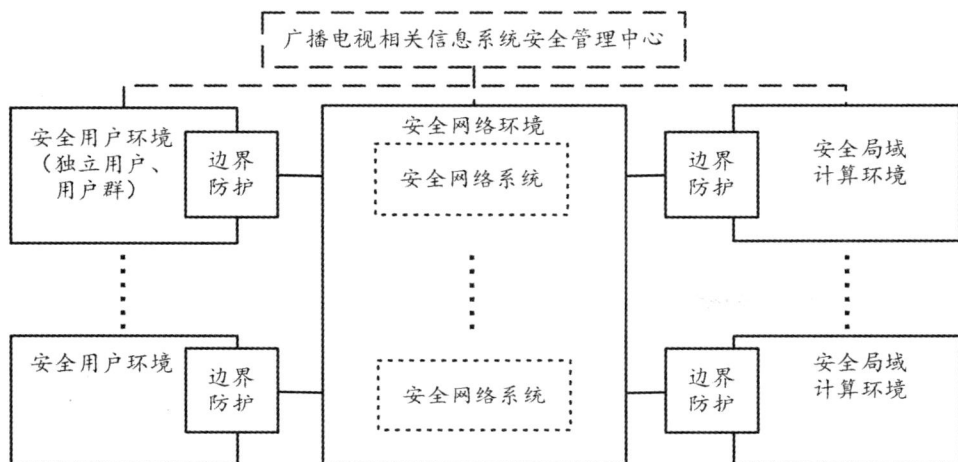

图 2-9 广播电视相关信息系统安全总体模型

三、广播电视相关信息系统安全等级保护测评内容

信息系统安全等级测评主要包括单元测评和整体测评两部分。

单元测评是等级测评工作的基本活动，每个单元测评涉及诸多测评指标，测评指标来源于《广播电视相关信息系统安全等级保护基本要求》中的各基本要求项，在《广播电视相关信息系统安全等级保护测评要求》中规定了第 1 级至第 5 级信息系统单元测评指标、测评实施、结果判定三个部分。

表 2-5 广播电视相关信息系统安全等级保护单元测评表

项目		安全控制点
技术安全层面	基础网络安全	包括结构安全、安全审计、网络设备防护等。
	边界安全	包括访问控制、安全数据交换、入侵防范等。

（续表）

	终端系统安全	包括身份鉴别、访问控制、安全审计等。
	服务端系统安全	包括身份鉴别、访问控制、安全审计等。
	应用安全	包括身份鉴别、访问控制、安全审计等。
	数据安全	包括数据完整性、数据保密性等。
	备份恢复	包括备份与恢复等。
通用物理安全		包括物理位置的选择、物理访问控制、防盗窃和防破坏、机房环境、机房消防设施、电力供应等，每个安全控制点的测评包括具体安全要求项。
通用管理安全		包括总要求、安全管理机构、人员安全管理、系统建设管理、系统运维管理五个部分，每个安全控制点的测评包括具体安全要求项。

信息系统的整体测评，就是在单元测评的基础上，对单元测评中的不符合项和部分符合项进行综合分析，分析这些测评结果是否会影响到信息系统整体安全保护能力，信息系统是否具有相应等级的安全防护能力。

信息系统整体测评应从安全控制点间、层面间和区域间进行安全分析和测评，最后从系统结构安全方面进行综合分析，对系统结构进行安全测评。

1. 安全控制点间测评

安全控制点间测评是指对同一区域同一层面内的两个或两个以上不同安全控制点间的关联进行测评分析，其目的是确定这些关联对信息系统整体安全保护能力的影响。一般是在单元测评完成后，如果信息系统某个单元测评中存在不符合项或部分符合项，应进行安全控制点间测评，应分析在同一功能区域同一层面内，是否存在其他安全控制点对该安全控制点具有补充作用（如物理访问控制和防盗窃、安全审计和抗抵赖等），如该安全控制点所对应的系统安全保护能力没有缺失，单元测评中的不符合项或部分符合项没有造成系统整体安全保护能力的缺失，则应在对应的层面测评结论中予以体现。

2. 层面间测评

层面间测评是指对同一区域内的两个或两个以上不同层面的关联进行测评分析，其目的是确定这些关联对信息系统整体安全保护能力的影响。一般是在单元测评完成后，如果信息系统某个单元测评中存在不符合项或部分符合项，应进行层面间安全测评，重点分析其他层面上功能相同或相似的安全控制点是否对本安全控制点存在补充作用（如应用层加密与网络层加密、主机层与应用层上的身份鉴别等），以及技术与管理上各层面的关联关系（如主机安全与系统运维管理、应用安全与系统运维管理等），如该安全控制点所对应的系统安全保护能力没有缺失，单元测评中的不符合项或部分符合项没有造成系统整体安全保护能力的缺失，则应在对应的层面测评结论中予以体现。

3. 区域间测评

区域间测评是指对两个或两个以上不同物理或逻辑区域间的关联进行测评分析，其目的是确定这些关联对信息系统整体安全保护能力的影响。一般是在单元测评完成后，如果信息系统单元测评中存在不符合项或部分符合项，应进行区域间安全测评，重点分析系统中访问控制路径（如不同功能区域间的数据流流向和控制方式）是否存在区域间安全功能的相互补充作用，如该安全控制点所对应的系统安全保护能力没有缺失，单元测评中的不符合项或部分符合项没有造成系统整体安全保护能力的缺失，则应在对应的层面测评结论中予以体现。

系统结构安全测评在完成安全控制点间、层面间和区域间安全测评后，应进行系统结构安全测评，系统结构安全测评应从信息系统整体结构的安全性和整体安全防范的合理性方面进行分析和测评。

在测评分析信息系统整体结构的安全性时，应掌握信息系统的物理布局、网络拓扑、业务逻辑（业务数据流）、系统实现和集成方式等各种情况，结合业务数据流分析物理布局与网络拓扑之间、网络拓扑与业务逻辑之间、物理布局与业务逻辑之间、不同信息系统之间存在的各种关系，明确系统结构可能面临的威胁、可能暴露的脆弱性等，综合判定信息系统的整体布局是否清晰、合理、安全有效。

在测评分析信息系统整体安全防范的合理性时，应熟悉广播电视安全播出要求、信息系统安全保护措施的具体实现方式和部署情况等，结合业务数据流分析不同区域和不同边界与安全保护措施的关系、重要业务和主要信息与安全保护措施的关系等，识别信息系统的安全防范是否实现纵深防御，突出重点，是否对广播电视播出业务造成影响，综合判定信息系统的整体安全防范措施是否恰当合理、协调一致。

四、广播电视相关信息系统安全等级保护测评预期结果

广播电视相关信息系统安全等级保护测评结果判定分为符合、部分符合、不符合三种类别。以检查、测试结果作为判定项，针对每一个单元测评，所有测评指标结果判定均为是，则该单元测评结果判定为符合；根据广播电视业务系统特点及安全播出要求，

影响该安全控制点基本防护能力的测评指标一项或多项结果判定为否，则该单元测评结果判定为不符合；测评结果判定为符合、不符合之外的其他情况判定为部分符合。

1. 各层面测评结论

汇总单元测评结果，结合安全控制点间、层面间、区域间测评分析，给出技术安全、物理安全、管理安全的测评结论。技术安全应从基础网络安全、边界安全、终端系统安全、服务端系统安全、应用安全、数据安全与备份恢复、安全管理中心（适用于三级、四级）层面给出安全控制措施的落实情况；物理安全应从物理位置的选择、物理访问控制、防盗窃和防破坏、机房环境、机房消防设施和电力供应层面给出安全控制措施的落实情况；管理安全应从总要求、安全管理机构、人员安全管理、系统建设管理和系统运维管理给出安全控制措施的落实情况。

2. 整体保护能力的测评结论

等级测评报告应根据各层面的测评结论，给出信息系统整体安全保护能力的测评结论，确认信息系统达到相应等级保护要求的程度。整体安全保护能力的测评结论应包括技术安全、物理安全和管理安全措施的有效性、安全强度的一致性以及整体安全防御体系的完善程度等方面内容。

针对单元测评和整体测评后仍然存在的不符合项应进行风险分析，根据该不符合项对系统信息安全和安全播出的影响程度，将该不符合项引入的风险分为高级、中级、低级。通过全面的安全风险分析，提出整改建议。

第五节 广播电视安全播出保障能力评估组的管理

一次成功的评估，不仅要统筹策划、制定评估方案、有效地指挥和协调评估与被评估活动，更需要选择具有先进的管理意识、熟悉评估范围的专业要求、了解标准要求、掌握一定的评估知识、具备较好的工作经验与评估经验、思路敏捷、办事公正、责任心强的人员组成评估组，来认真履行评估的实施职能，以获得良好的评估效果。

评估组是完成整个评估活动的主体。为了满足评估活动的要求，确保评估资源充分配置，评估方案管理人员应在考虑实现规定范围内每次评估目标所需要的能力基础上，选择评估组，指定评估组成员。

一、评估组的组建

评估活动主要由评估组实施，评估组的选择是针对被评估方的规模、性质与复杂程度以及评估目的的需要确定的。是否能够确保评估组的能力，将直接影响评估的有效性。

组建评估团队，是对评估工作专业能力的构建与组合。评估机构派出的评估组的专业能力也是影响结合评估有效的重要因素，评估机构在对人员分级分组和合理合规的专业能力评定的基础上，结合具体项目的人力资源情况进行专业能力分析。

评估组组建原则应遵循：任务目标的原则、分工协作的原则、指挥统一原则、集分权原则、稳定与适应相结合的原则、责权利相结合的原则、有效管理幅度的原则、精干高效原则。

为了保证评估组的整体能力，选择评估员时应采取下列步骤：

1. 针对评估目的，综合考虑评估范围与准则及被评估方的性质、规模与复杂程度，按照评估目标所需要的知识和技能配备。

2. 对于所识别的需求，选择具备所有必要的知识和技能的评估组成员。

在确定特定评估的评估组的规模和组成时，应考虑下列因素：

1. 考虑到实现评估目标所需要的评估组的整体能力。在选择评估组时需要对具有相应知识和技能的评估员进行合理搭配，以确保评估组从整体上具备评估目的所需要的能力。

2. 评估的复杂程度以及评估方式。评估的复杂程度影响着评估组的组成，越复杂的保障体系对评估组的要求越高。

评估方式不同对评估组的规模和组成也有影响，如全面评估时，每个评估组都应当确保整个评估过程都是由具备相应能力的评估员按要求实施的，包括评估组的整体能力，满足评估工作的要求。

3. 所选定的评估方法。现场评估和远程评估与现场评估结合的安排，对评估组规模和人员能力要求是不一样的。

4. 法律法规要求和被评估方所承诺的其他要求。如果法律法规向被评估方所承诺的其他要求，评估组的规模和组成应当满足要求。

如现场评估时，要确保评估组成员独立于被评估活动以及避免任何利害冲突。评估方案管理人员应当识别评估组成员与被评估方之间影响评估公正性与客观性的因素，并予以控制；对于单位自评估，评估人员不能评估自己的工作。

5. 在选择评估组时，既要考虑评估组与被评估方的有效协作能力，又要考虑评估组成员之间共同工作的能力。

6. 评估活动所使用的语言以及被评估方所在地区特定的社会和文化特性。这些方面可通过评估员自身的技能或通过技术专家的支持予以解决。

评估组成立后，应当在组长的领导下迅速地开展各项评估准备工作进行评估的策划、分工、职责落实，学习与评估有关的要求，收集必要的信息资料，筹划各项评估工作的实施安排，为有效地完成评估做出努力。

在评估过程中，如果出现了利益冲突和能力方面的问题，评估组的规模和组成可能有必要加以调整。如果出现这种情况，在调整前有关方面（例如评估组长、评估方案管理人员、评估委托方或被评估方）应进行讨论。

在广播影视行政部门主持的评估中，评估机构应向被评估单位提供评估组每位成员的信息，并在被评估单位请求时使其能够了解每位成员的背景情况。

二、评估人员的选择

评估人员确定包括评估组长和评估组成员选择，依据评估原则的要求，一般应考虑以下方面因素：

①被评估单位的规模、性质和组织结构、过程及保障体系的复杂程度；

②被评估单位的保障领域；

③评估方案的目标和范围；

④评估目标实现过程的不确定性，包括可能影响实现评估目标的因素、评估的风险，如某组织在评估时部分安全播出现场正在进行设备检修。

1. 确定评估组长

评估工作至关重要，评估组长作为评估组的领导者，应当具有关于领导评估方面的知识和技能，以便能指挥、协调评估有效和高效地进行。一般而言，评估组长应具备以下能力：

①对评估进行策划并在评估中有效地利用资源；

②代表评估组与被评估委托方和被评估方进行沟通；

③组织和指导评估组成员；

④为实习评估员提供指导和指南；

⑤领导评估组得出评估结论；

⑥预防和解决冲突；

⑦编制完成评估报告。

评估组长在完成评估活动中应负责：

①确认评估目的、范围和准则，确定评估的可行性；

②与被评估方建立联系，沟通、确认与评估相关的事宜；

③编制评估计划，经评估组织部门评审，提交被评估方；

④应考虑评估员的独立性与能力，对评估工作进行任务分配与调整；

⑤组织文件评审、主持现场评估、主持评估会议、准备评估结论、编制评估报告；

⑥组织评估组成员进行评估后续活动。

2. 确定评估组成员

当已明确评估组长时，应当选择评估组成员。确定评估员时应充分考虑评估员的知识和技能是否与评估需求相匹配，一般而言，评估员应具备以下技能：

（1）评估员应具备的安全播出保障领域知识和技能

①安全播出保障领域的要求、原则及其运用；

②与安全播出保障领域和专业有关的法律法规要求，如评估员应知晓法律责任、被评估方的义务、活动及安全播出的要求；

③与安全播出保障领域有关的相关方的要求；

④安全播出保障领域的基础知识，业务活动的基础知识，安全播出保障领域的方法、技术、过程和实践，应足以使评估员能评估保障体系，并形成适当的评估发现及评估结论；

⑤与被评估的安全播出保障专业、业务性质和工作场所有关领域的知识，评估员应有能力评价被评估方的活动、过程服务；

⑥与安全播出保障领域和专业有关的风险管理原则、方法和技术，以使评估员能评估和控制与评估方案有关的风险。

（2）对评估员个人行为的要求

评估人员的个人素质应该具备：有道德、思想开朗、善于交往、善于观察、有感知力、适应力强、坚定不移、明断、自立、坚忍不拔、与时俱进、文化敏感、协同力。

①有道德：即公正、可靠、诚信和谨慎

评估员在评估活动中应保持公正性、客观性、不偏袒、隐瞒或歪曲事实、不带个人偏见；应保持谦虚谨慎的态度，不应当傲慢无礼，自大武断、应依据理论指导说话，不妄加评论。评估员应珍视自己的身份和地位，并对自身的知识和能力有清醒的认识。在工作中应时刻保持真诚和谨慎的态度，与被评估方形成平等合作的工作关系。

②思想开明，即愿意考虑不同意见或观点

评估员应当心胸开阔，思想不能僵化、固执和狭隘。一名评估员不可能对所有专业都熟悉或精通，也不可能对保障工作的所有变化和适应性都能准确判断和理解，因此，需要评估员保持开放的心态，随时注意听取他人的意见，要闻过则喜，而不应有敷衍、抵触情绪。

③善于交往：即灵活地与人交往

评估活动本身是以人为主体的、评估的对象也是以人为主体的管理活动，因此人际交流是评估工作最主要的内容和形式，评估员应具有乐于、善于与人交往的性格。

④善于观察：即主动地认识周围环境和活动

评估员应思路活跃，观察敏锐，能够积极主动地开展工作。评估员要有善于观察、积极思考、综合分析的能力，能在较短的评估时间内发现存在的问题，并找出客观事物的本质。

⑤有感知力：即能了解和理解处境

现实评估中，被评估方不能非常全面地将所有信息都提供出来，有时是认识上的差异，有时是有意的隐瞒。评估员应具有敏锐的观察和认知能力，能对事物的背景、氛围和环境有所认识和考虑。

⑥适应力强：即容易适应不同处境

评估员所面对的工作环境和条件是千差万别的，评估员应当具有一定的应变能力和适应能力，要能够及时调整自己以适应环境，适应新情况，以保证评估工作顺利进行。

⑦坚定不移：即对实现目标坚持不懈

评估员应注意力集中，工作目的性明确。要排除各种干扰因素，剔除无意义的信息，将主要工作精力、有限的工作时间集中使用在与工作目的直接相关的事物上。

⑧明断：即能够根据逻辑推理果断判定的思维方式，不应以优柔寡断、也不应当凭想当然地处理问题。

评估过程中发现的问题往往是一些具体的、特殊的事物，需要评估员从中探索、发现和判断是否具有本质性和普遍性，这就需要评估员具有一定的分析判断能力和严密的逻辑推理能力。

⑨自立：即能够在同其他人有效交往中独立工作并发挥作用

评估员应当具有责任心和自信心，有主见，不盲从。工作中要勇于表达自己的观点，勇于承担任务和责任，不应当随波逐流、敷衍推诿。

⑩坚韧不拔：即能够采取负责任的及合理的行动

评估是一个获取信息、与准则进行比较并得出评估发现的过程。在获取信息的过程中，可能会发现一些事先策划时没有考虑的非常规的内容，有时会发现一些问题只是一时的表象，需要实施必要的追踪，有时还发现一些问题需要采取其他的手段进行必要的验证，评估员应当具有"韧性"和"耐力"，对发现的有价值或可能影响评估结论的重要问题要溯本求源，而不受外界干扰；在可能发生分歧或冲突时要采取负责和合理的行动，要有理有据地追踪问题的真相。

⑪与时俱进：即愿意学习，并力争获得更好的评估结果

由于评估依据标准的变化，相关法律法规和政策的变化，制播技术、制播流程、技术交流的变化，管理技术和管理工具的发展变化，要求评估员养成终身学习的习惯。要想获得更好的评估结果，评估员要在评估前主动了解和熟悉被评估方相关的知识、技术和法律法规，了解被评估方的行业特点和生产工艺流程，为评估做好准备；进入现场评估前，评估组内部要做好评估前的专业培训，请评估组内专业评估员进行专业培训；评估过程结束后要善于总结，回顾评估中获得新的有用的信息，必要时一起进行记录和整理，以便下次遇到类似的组织评估时应用。

⑫协同力：即有效地与其他人互动，包括评估组人员和被评估方人员

评估既是一个评估员与被评估方互动的过程，也是一个评估组内既有分工又需要协作的过程。要实现评估的目标，需要评估员有效地与他人互动，通过互动获取有效的信息。在评估过程中要对被评估方提供的证据做出反应，对其回答的问题给予反馈，还要引导被评估方按照评估的思路和标准的要求正确提供信息。在评估组内部，虽然有不同的分工，但有时一些信息是相关联的，分工评估的部门一些信息还需要其他评估员在别的部门进行验证，这需要评估组成员互相配合，共同完成评估任务。

第六节 广播电视安全播出保障能力评估流程

科学、合理的评估程序是实现评估目的的有效保证，也是维护评估单位、评估委托方、被评估单位以及有关利益相关方合理、合法权益的保障。

一、广播电视安全播出保障能力评估通用流程

广播电视安全播出保障能力评估实施程序分为评估策划、评估实施、评估报告形成和保障能力提升四个阶段，体现了 PDCA 循环理论，即：P（Plan）计划，包括评估工作的策划、准备工作；D（Do）执行，按照计划落实；C（Check）检查，就是总结评估策划、计划完成情况；A（Act）改进，对发现的问题进行处理、改进。在 PDCA 循环中，安全播出保障能力评估有两种情形，一种是置身于其中，成为其中的 C，并部分发挥 A 的作用，评估工作就是保障能力建设中的监督检查环节；另一种是置身于 PDCA 循环之外，成为对 PDCA 循环的监督，是对管理评估工作的再监督、再检查。

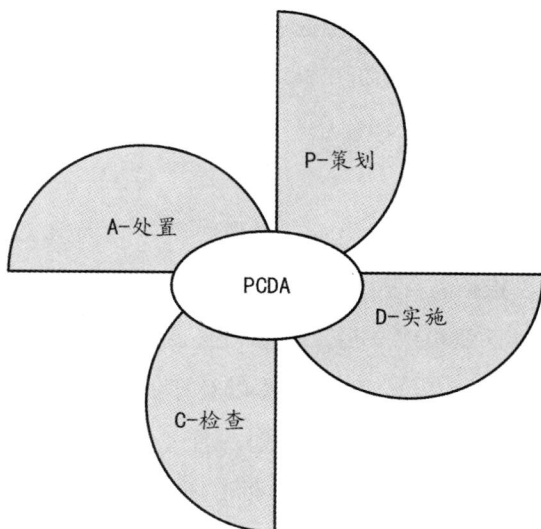

图 2-10 PDCA 循环模式

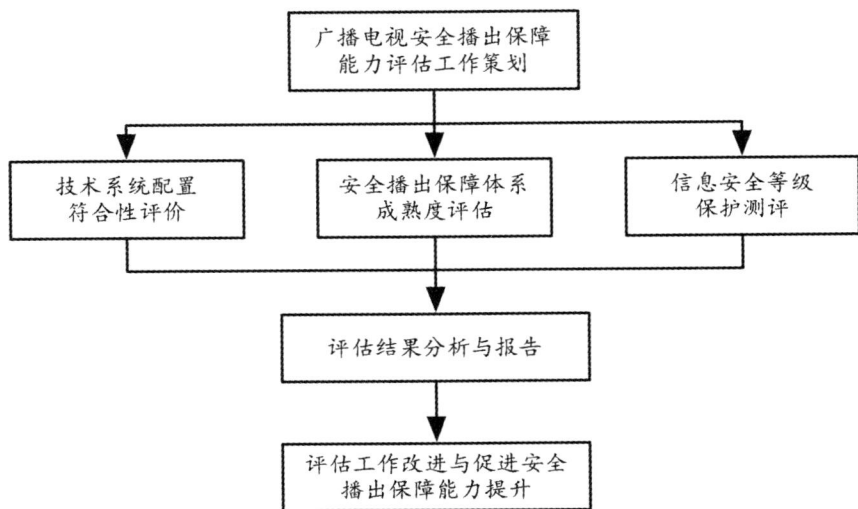

图2-11 广播电视安全保障能力评估流程图

二、安全播出责任单位组织的广播电视安全播出保障能力自评

自评是指是由评估信息的拥有者，即被评估单位依靠自身的力量，对其自身的受测项目组织开展的评估活动。

安全播出责任单位的负责人要高度重视安全播出保障能力自评工作，通过自检自查，了解安全播出保障能力存在的不足。

通常情况下，自评工作由安全播出责任单位主管领导主持，成立评估组，制订评估方案、评估计划，实施评估。

一是成立自评工作小组。安全播出责任单位主管领导为组长，主持自评工作。选择合格的评估成员。也可以根据实际需要外聘专业评价人员来现场指导或参与内部评估。

二是编制评估计划。评估组成立后，首要任务就是编制评估计划，对现场评估所包含的活动、工作内容、涉及的人员、日程安排以及评估路线等事项进行确定、描述。

三是现场评估。评估组成员依据评估计划，通过面谈、观察、文件评审等方式收集与评估指标有关的信息并验证，对安全播出的每一个环节都进行认真细致的检查，确保不留死角，不走过场。逐项对照评分细则进行评分，评分证据充分，应对评估信息记录完整、准确、简明、清晰并具有可追溯性。

四是评估报告的编制及整改。通常情况下，评估报告中宜包括以下方面的结论性意见：受评估的技术系统配置、安全播出保障体系、信息系统安全等级保护是否符合国家要求；是否具备提供优质安全播出的能力；评估发现问题的评审和汇总。评估报告经评估小组评审后，对评估发现的不足和薄弱环节应及时整改。

安全播出责任单位自评的优点在于评估信息全面、真实，评估效率高，评估成本较低，对正常的安全播出运行影响较小，可以激发单位自身发展动机；

自评的缺点在于评估人员的自身因素限制及其他因素干扰，评估不能做到科学、公正、公平，自评单位往往高估自身保障能力，导致评估工作流于形式。

三、广播影视行政部门组织的互评、联合评估

广播影视行政部门的评审一般可以考虑，国家新闻出版广电总局对总局直属安全播出责任单位和地方安全播出责任单位的评审，以及地方广播影视行政部门对地方安全播出责任单位的评审两种形式。

互评是指两个以上的单位互相进行评价。互评可有效避免自评的弊端，确保评价结果的真实有效。被评估单位数量较少，且业务联系较为密切时采用互评的方式较为适合。

联合评审是指对多单位进行评估时，由被评估单位主管部门主导，由各单位人员组织成立联合评审小组，而后由评估小组对各单位进行评估的方式。联合评审效率较高，能基本保证评审结果的客观公正，且有利于各单位横向对比评审结果以实现取长补短，共同进步。

1.国家新闻出版广电总局对总局直属安全播出责任单位和地方安全播出责任单位的评审

国家新闻出版广电总局发布安全播出保障能力评估工作方案、标准，下发给总局直属安全播出责任单位和地方（省、自治区、直辖市）行政主管部门。

总局直属安全播出责任单位依据要求制订安全播出保障能力评估计划，并上报国家新闻出版广电总局，国家新闻出版广电总局组成评估组现场评估，并形成安全播出保障能力评估报告，根据报告确定年度评估结果，并下发通知给总局直属安全播出责任单位。

地方广播电视安全播出（省、自治区、直辖市）行政主管部门接收、策划并逐级下发国家新闻出版广电总局发布的安全播出保障能力评估工作方案、标准，省级主管部门和地方基层主管部门制订评估计划并成立评估组，对一级、二级、三级安全播出责任单位进行评估。一级安全播出责任单位的评估结果报国家新闻出版广电总局备案；二级、三级安全播出责任单位评估结果报（省、自治区、直辖市）行政主管部门备案。根据评估结果向被评估单位下发通知。其流程如下图所示：

广播电视安全播出保障能力评估过程

| 地方安全播出
责任单位 | 广播电视安全播出地方
行政主管部门
（省、自治区、直辖市） | 国家新闻出版广电总局 | 总局直属安全播出
责任单位 |

发布安全播出
保障体系评估
工作方案、标准

依据标准
开展安全播出
保障能力自评

接收、策划并
逐级转发工作
方案、标准

制订安全播出
保障能力评估计划

依据标准开展
安全播出
保障能力自评

二、三级安全播出责任单位

一级安全播出责任单位

省级主管部门
制订检查计划、
成立检查组

报备

备案

检查组现场检查

地方基层主管部门制订检查计划并成立检查组

逐级上报

省局备案

形成安全播出
保障能力评估报告

检查组
现场检查

一级安全播出保障
单位评估报告

总局备案

下发通知

接收年度评估结果通知

二、三级安全
播出保障单位
评估报告

省局备案

接收年度
评估结果通知

下发通知

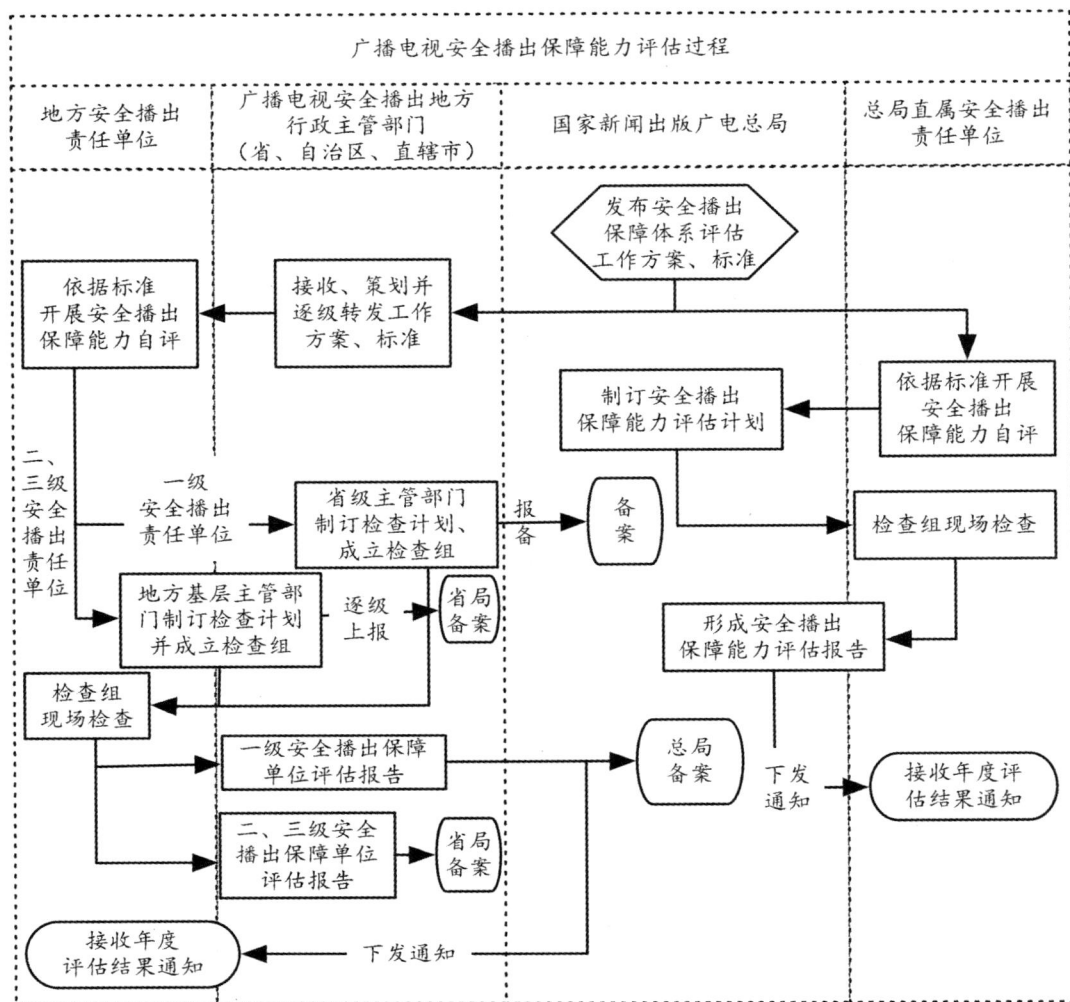

图 2-12 广播影视行政部门组织的广播电视安全播出保障能力评估流程图

2. 地方广播影视行政部门对地方安全播出责任单位的评估

地方广播影视行政部门首先选择合适人员组成评估小组。评估小组制订评估计划，经地方广播影视行政部门审核通过后，下发评估工作的通知。安全播出责任单位接到通知，做好迎检准备。评估小组准备工作期间，广播电视安全播出监测机构应向评估组提供被评估单位的年度安全播出事件事故信息，安全播出上下游业务关联单位应配合填写《安全播出业务关联单位信息反馈表》。

一切工作准备完毕后，开始对被评估单位进行现场评估。被评估单位应配合评估，提供专业配置自评表，评估组实施现场量化评估。评估组根据评估结果撰写评估报告，广播影视行政部门接收、审议评估报告，确定年度安全播出保障能力等级。被评估单位接收报告，对存在的问题进行整改，同时将整改落实情况上报给上级广播影视行政部门。

优缺点：

广播影视行政部门组织开展安全播出保障能力评估优点在于评估目标明确、内容充实、方式直接，评估结论较为客观；缺点在于评估范围大、成本较高，甚至形式化较为严重。

四、委托第三方机构组织的评估

第三方评估是指安全播出责任单位将评估工作委托给外部第三方机构实施。第三方机构拥有丰富的评估经验，评估方法科学高效全面，能够极大提高评估效率，且第三方机构立场中立，能够确保评估结果真实有效地反映被评估单位的实际情况。

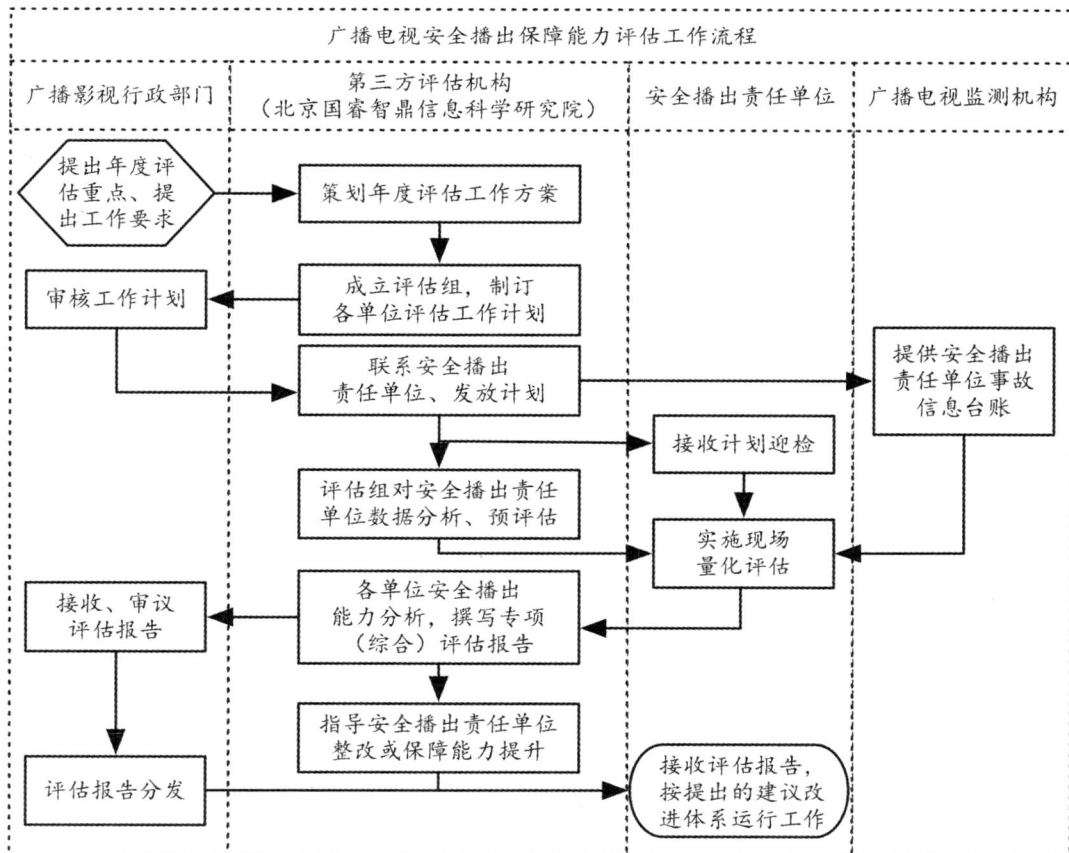

图 2-13 委托第三方评估机构实施评估的流程

第三章

广播电视安全播出保障能力评估
指标理解与评估要点

评估指标在安全播出保障能力评估体系中占有非常重要的地位，依据安全播出保障能力评估模型和指标设计要求，主要参考《广播电视安全播出管理规定》及其相关专业实施细则、与安全播出有关的法律法规、标准及其他要求，由北京国睿智鼎信息科学研究院总结多年广播电视安全播出保障能力评估经验，编制了《广播电视安全播出保障能力评估规范》（附录一）。

评估指标体系分为四级，逐级展开，每一级中又分为若干评价项，本章主要对末级指标进行逐一说明。首先，根据《广播电视安全播出保障能力评估规范》的条文内容，加深条文理解；其次，列举与该项条文有关的法律法规、行业标准等；再对该条文评估的思路和重点进行说明；最后，结合多年评估经验，总结依据条文在评估时常见的问题。

《广播电视安全播出保障能力评估规范》全面覆盖了广播电视及视听新媒体安全播出的各个方面，提出了影响安全播出保障能力的基本框架，规定了安全播出保障应达到的基本要求，各安全播出责任单位还应结合本单位实际，不断提升本单位的安全播出保障能力。

第一节 基础管理保障能力评估

组织机构保障、人员保障、体系文件保障、经费保障是做好安全播出保障工作的基石和源泉，强化四大保障既是实现安全播出的重要条件，又是保障安全播出责任单位健康发展的客观要求。

一、组织保障

（一）组织机构保障

《广播电视安全播出保障能力评估规范》4.1.1.1 条文内容

安全播出责任单位应结合本单位业务特点①和复杂程度②，建立、健全与其相适应的组织机构③，安全播出责任单位应成立安全播出领导小组，明确领导分工及其职责，采用统一领导、分级管理原则，组织建立安全责任体系，指导、支持安全播出保障体系的有效运行，以实现安全播出预期目标。

1. 条文理解

①安全播出责任单位在广播电视业务链中所从事的业务不同，其业务特点也不同，如广播电视播出机构、传输机构的组织机构形式之间具有明显区别。这里的业务链，是指不同安全播出责任单位之间因广播电视制播、传输、覆盖业务所形成的网链结构。业务链可包括安全播出责任单位内部或与外部利益相关方建立的网链结构。

②组织的业务越复杂、环节越多，所需的不同专业、层级的人员数量就越多，管理的层次、范围也就越大。安全播出责任单位应根据本单位规模大小、业务特点和人员素质等因素确定组织机构的形式，以确保在实施业务活动过程中信息传达通畅，指令传达快捷有效。

③组织机构是安全播出责任单位内部与安全播出有关工作的一种模式，是安全播出工作的"框架"，其本质是为实现预期安全播出工作目标而采取的一种分工协作体系。安全播出责任单位为预防、应对广播电视安全播出风险，高质量地完成单位业务活动，

必须建立一个科学高效的组织机构，这个组织机构在实现广播电视安全播出工作目标方面起着决定性因素。

建立安全播出的组织机构，应合理划分管理层次，配备管理人员并规定相应的职责和权限，这是保证各项工作高效、有序开展的前提。安全播出组织机构的设置应具有一定的弹性，以适应安全播出责任单位的变化。

2. 相关法律法规及其要求

在组织机构保障方面，《广播电视安全播出管理规定》第七条规定：安全播出责任单位的主要负责人应当对本单位的广播电视安全播出工作全面负责。

对此，专业实施细则也对不同专业的组织机构管理做出明确规定，如：

1.《光缆传输干线网实施细则》第三十一条规定：运行维护组织体系应符合以下规定：（一）光缆干线网运营机构应设全网运行维护单位，负责统一运维管理工作，并根据运维管理需要设置区域运行维护单位、线路维护站、代维单位。区域运行维护单位、线路维护站、代维单位在维护、检修、故障处理等工作中应服从全网运行维护单位的统一调度；（二）光缆干线网运行维护单位应按照《运维规程》的要求落实相应的运行维护职责。

2.《微波传输电路实施细则》第四条规定：微波传输电路，应设相适应的职能管理机构（微波总站、微波管理中心等，以下称微波总站）负责全电路的运维管理工作。干线微波电路可根据运维需要设置路段中心站承担相应路段的部分维护管理职责。

3.《IPTV集成播控平台实施细则》和《网络广播电视台实施细则》均规定：应建立安全管理领导机制。安全领导小组应采用统一领导、分级管理原则，负责组织制定安全责任体系和各项管理制度，整体统筹、归口、协调和组织各类安全管理相关工作。

在信息系统安全等级保护方面也对组织机构做了明确要求，如《广播电视相关信息系统安全等级保护基本要求》11.1总要求：b）款规定：应成立指导和管理信息安全工作的领导小组，设立信息安全管理工作的职能部门。11.2.1岗位设置要求：a）应成立指导和管理信息安全工作的委员会或领导小组，其最高领导由单位主管领导委任或授权。

3. 评价指南

本条文明确了安全播出责任单位建立与安全播出工作相适应的组织机构和信息安全领导小组，并明确其职责和权限的要求。

（1）评价重点：不仅对安全播出责任单位层面的组织机构设置科学合理性进行评价，还应对规模较大的内设部门组织机构设置合理性进行评价。领导小组是否按照相关法律法规要求成立并发挥其作用。安全播出责任是否在领导层得到落实。

（2）信息收集：查阅组织机构图，了解安全播出责任单位组织机构设置及其领导分工情况；查阅证实领导小组成立的相关文件，了解相关领导小组的设置情况及其人员分工情况；结合当前单位业务情况，应关注组织机构的动态调整情况。

通过查阅单位组织机构图及其相关领导小组的组成及职责了解和掌握：

①在组织机构中识别与安全播出有关工作事项，涉及的领导和有关部门是否承担了规定的职责；

②与安全播出有关的工作是否分工明确，责任是否清晰，协调配合是否到位。

4. 常见问题

（1）组织机构未能体现与安全播出有关的领导、部门；未能充分发挥相关领导及其部门在安全播出工作中的作用；

（2）相关法律法规及其要求明确应成立领导小组而未成立，或领导小组已成立但职责不清，未能真正发挥其作用；

（3）在机构职能方面可能存在职能交叉（重叠）、职能冗余、职能缺失、职能割裂（或衔接不足）、职能分散、职能分工过细、职能错位、职能弱化等问题；

（4）在层次结构方面可能存在管理幅度过大、决策过程复杂、交叉指挥导致管理混乱等问题；

（5）在部门结构方面存在一些关键部门缺失问题或作用未能发挥；

（6）未建立安全播出责任制，或安全播出责任制未能予以落实。

（二）部门职责

《广播电视安全播出保障能力评估规范》4.1.1.2 条文内容

安全播出责任单位应确定安全播出管理的牵头部门[①]，负责整体统筹、组织、协调与安全播出有关的工作事项。

安全播出责任单位应确定与安全播出有关的部门，明确其职责，确定部门之间业务关系及其接口[②]。各部门各司其职，相互配合，形成合力，在单位内部有效沟通、传递与安全播出有关的信息。部门职责应根据业务需要对职责进行动态调整。

1. 条文理解

①广播电视安全播出管理工作是一项系统工程，牵扯工作方方面面，需要明确牵头部门，充分发挥牵头主抓作用，围绕分工任务切实做好整体策划工作，再根据需要，将具体任务分解到各配合部门，并加强工作的协调，部门之间有分工、有合作，确保安全播出保障体系正常运转。

②业务接口主要是单位部门之间、过程之间的接口。单位内部各管理层和执行层纵横相互之间存在一定的工作关系，虽然工作范围、权责是明确的，但开展工作难免会存在接口不清的问题。接口越多，越容易出现权责不清，管理混乱等问题，需要通过各种途径减少它的产生。

2. 相关法律法规条文内容

《广播电视安全播出管理规定》第二十条规定：安全播出责任单位的技术系统维护管理，应做到安全播出责任单位之间、播出环节之间做到维护界限清晰、责任明确。

3. 评价指南

本条文明确了安全播出责任单位应合理设置部门，并明确部门职责与权限的要求。

（1）评价重点：部门设置的合理性；部门职责与权限是否明确并得到有效落实。

（2）信息收集：与单位安全播出主要负责人沟通了解哪些部门与安全播出工作有关，查阅这些部门的职责说明文件，查阅与部门签订的安全责任制情况；抽查部门职责、工作开展及其落实情况，了解部门职责权限是否界定清晰。

4. 常见问题

（1）未能明确安全播出牵头部门、配合部门；

（2）部门设置不合理，部门职责存在缺失；

（2）部门职责不清，部门职责落实不到位；

（3）与部门负责人未签订或漏签安全责任制。

（三）岗位职责

《广播电视安全播出保障能力评估规范》4.1.1.3条文内容

安全播出责任单位应根据安全播出相关业务特点及其复杂程度，识别与安全播出有关的业务流程各环节安全责任点[①]，确定工作岗位、工作方式，明确岗位职责和权限，建立健全安全播出工作责任制[②]，将责任落实到人。

安全播出责任单位应确保与安全播出有关人员了解该岗位可能涉及的安全播出风险及其风险控制措施，理解岗位职责落实对安全播出绩效提升做出贡献。

1. 条文理解

①广播电视业务流程复杂，所有的技术系统也比较复杂，应对业务流程各环境进行分析，识别出风险点，明确风险的控制措施，将措施落实到各环节上，落实相关人员的责任。

②安全播出工作责任制，是安全播出责任单位领导、牵头部门、相关部门有关人员应负安全责任的一种制度；是单位岗位责任制的重要组成部分；也是加强安全播出，促进安全管理的重要措施之一。

③安全播出风险，是指影响或威胁广播电视节目正常播出和传输的因素。安全播出责任单位应根据特定环境、特定时间段，识别影响广播电视安全播出的诸多因素，分析这些因素，根据风险大小制订相关措施以更好地控制这些因素。

2. 相关法律法规及其要求

《广播电视安全播出管理规定》第九条规定：安全播出责任单位应当建立健全安全播出技术维护和运行管理的机构，合理配备工作岗位和人员，并将其他涉及安全播出的部门和人员纳入安全播出管理，落实安全播出责任制。

在专业实施细则中，不同专业对岗位设置、职责确定与落实提出了明确要求，如：

1.《电视中心实施细则》第八十条和《广播中心实施细则》第六十三条均规定：应将信息安全纳入安全播出管理，合理配置工作岗位和人员，落实信息安全责任制，并建立监督机制。

2.《电视中心实施细则》第八十六条和《广播中心实施细则》第六十九条均规定：安全播出相关岗位设置应符合以下规定：（一）应合理设置值班岗位，三级应设置专职播出值班员岗位，二级、一级应增设值班长和技术值班岗位；重要保障期间应加强值班力量；（二）应设置维护岗位，三级应有维护人员，二级、一级应设置专职维护岗位；（三）与安全播出相关的部门应指定安全播出联系人，加强日常安全播出工作的监督和管理，及时了解日常安全播出情况，在安全播出管理工作中做到协调一致、无管理盲区。

在信息系统安全等级保护方面，《广播电视相关信息系统安全等级保护基本要求》

11.2.1 岗位设置要求：b）设立信息安全管理工作的职能部门，负责信息安全各项工作的组织和落实，配备专职安全管理员。

3. 评价指南

本条文明确了安全播出责任单位应根据部门职能设立安全播出相关岗位，并明确岗位职责与权限的要求。

（1）评价重点：安全责任点是否均明确了相关责任人；是否建立安全播出工作责任制；相关岗位是否全面识别与本职工作岗位有关的风险，并理解风险预控、风险应对的措施、方法。

（2）信息收集：通过沟通了解与安全播出有关的工作岗位，查阅岗位职责、权限及任职要求；抽查与安全播出有关岗位的安全播出工作责任制；与相关岗位人员沟通，了解工作职责落实情况；访谈单位管理层和执行层，对本人所从事的工作职责和权限是否清晰、涉及的风险是否明确，风险措施是否理解到位。

4. 常见问题

（1）各环节安全责任点未识别或识别不全面；

（2）岗位设置缺失或设置不合理；

（3）岗位职责缺失或不合理；

（4）岗位任职要求不明确或与任职要求不匹配；

（5）未签订或漏签安全播出工作责任制；

（6）与安全播出有关的岗位对其相关工作涉及的风险不了解，风险措施不清楚。

（四）外部业务接口及其职责

《广播电视安全播出保障能力评估规范》4.1.1.4 条文内容

安全播出责任单位应识别与安全播出有关的外部单位，明确与外部单位之间的业务关系及其接口，对影响安全播出的业务活动应确定双方职责和权限，必要时应形成书面文件并予以落实①。

对于外委的业务活动，应明确外委服务的工作范围、工作内容、双方权利和义务，确定对外委单位工作协调和监督的部门，将对外委的监督责任，落实到位②。

安全播出责任单位与业务链上下游单位之间，应建立信息沟通及工作协调机制，确保信息沟通及时、畅通。

1. 条文理解

①与安全播出责任单位有业务关系的对象主要是业务链上下游单位、广播影视行政部门、安全播出监测机构、合作单位等。安全播出责任单位要明确与这些单位业务往来的性质，属于安全播出范围的业务应严格按照规定要求确定双方职责和权限，并形成书面文件。

②外委的业务活动一般是安全播出责任单位委托其他单位承担相关服务时，在委托前应组织识别可能涉及的风险，评估风险并明确风险控制措施，选择具有相应保障能力的外委单位承担并签订协议，明确双方的责任和义务。在外委期间，安全播出责任单位应指定专人对外委单位的服务质量进行监督、检查和管理，确保风险可控。

2. 相关法律法规及其要求

《广播电视安全播出管理规定》第二十条规定：安全播出责任单位的技术系统维护管理，应当符合：安全播出责任单位委托其他单位承担技术维护或者播出运行工作的，应当选择具备相应技术实力的单位，并与其签订委托协议。

因上下游单位、业务关联单位对安全播出责任单位所从事的安全播出工作会有一定的影响，在专业实施细则中做了明确要求，如：

1.《电视中心实施细则》第六十四条和《广播中心实施细则》第四十八条均规定：维护管理应与上、下游相关播出单位明确信号源主、备用关系，划清维护分界，并签订维护协议，协议主要内容应包括维护分界图、各方保障责任、故障处理协调机制、联络电话等。

2.《电视中心实施细则》第六十六条和《广播中心实施细则》第五十条均规定：代维管理应符合以下规定：委托其他单位承担运行维护任务时，安全播出责任仍由委托方承担，委托方应选择具有相应保障能力的代维单位并签订有效协议，明确双方的责任和义务；应指定专人对代维单位的运行维护质量进行监督、检查和管理；应对代维单位的操作进行规范，在代维单位进行维护操作时，应安排内部人员监护；应禁止代维单位的远程维护；设备所在地单位应承担设备运行监测、故障应急处置等代维任务，并与委托方签订有效协议，明确双方的责任和义务；应严格履行协议范围内的相关责任和义务，及时向委托方反馈运行维护情况。

3.《电视中心实施细则》第七十条和《广播中心实施细则》第五十二条均规定：重

要保障期前应做好以下准备工作：应提前协调电力供应、线路传输、通信联络、设备生产商、系统集成商等相关单位、部门为播出提供保障支持。

3. 评价指南

本条文规定了安全播出责任单位应明确与业务接口单位之间的职责和权限，共同做好安全播出工作的要求。

（1）评价重点：跨单位之间的职责权限划分情况；外委服务在责任和风险预控、应对方面的落实情况。

（2）信息收集：与安全播出牵头部门、配合部门负责人沟通，了解与外部单位有关的业务情况，识别业务外包情况；对涉及的外包活动，了解外包活动双方职责和权限，查阅有关文件予以证实。根据双方签订的服务协议，了解外包服务范围、内容、服务标准等，了解外包活动的监督管理人员，了解外包活动监督管理要求及其相关证实性资料。

了解本单位的广播电视播出、传输、覆盖业务外部的上下游单位以及通信、供电等相关相关联单位，沟通了解是否建立了工作协调机制。

4. 常见问题

（1）未能识别可能影响安全播出的外部相关单位；与外部单位之间的业务关系不清晰；与外部单位之间的职责权限不清晰；

（2）与外部单位未签订服务协议，或服务协议有关内容存在缺失；双方确定的服务范围、服务内容、服务标准等不规范、不合理、不清晰；

（3）未能明确对外部单位服务的监督管理责任部门、责任人；或已明确的责任人但监管责任未落实、监管不到位；

（4）安全播出责任单位未能准确识别上下游单位或业务关联单位；未能与上下游单位或业务关联单位建立沟通协调机制，信息沟通不及时、不畅通。

二、人员保障

（一）人员配置

《广播电视安全播出保障能力评估规范》4.1.2.1 条文内容

安全播出责任单位应根据其业务特点、安全播出风险控制的需要，依据岗位职责、任职要求，科学、合理配置适宜①的人员，人员数量应满足安全播出需要。必要时应对关键岗位人员进行政治审查②，签订保密协议。

与安全播出有关的人员应对其能力与岗位要求的匹配性③进行评价和确认，确保人员素质、能力与岗位需求相适宜，特殊岗位④应持证上岗。

安全播出责任单位应规范安全播出关键岗位人员⑤调配程序，当人员发生变动时，应对人员能力实施再确认⑥，并及时将人员调整信息传递至相关部门或单位。

1. 条文理解

①工作人员素质、能力在安全播出中非常重要，安全播出责任单位应按岗位分析和岗位设计时所确定的各岗位任职条件，采用内外部招聘、岗位轮换、职位调整、培训等措施配置人力资源，以满足安全播出对人力资源配置的需要。

②政治审查是考察本人是否思想进步、品德优良、作风正派，有较强的组织纪律性和法制观念。这是安全播出责任单位工作人员必须具备的条件。

③安全播出责任单位要以岗定人，根据岗位要求选择合适的人员，人员的素质和能力要与岗位要求相匹配。人员的素质和能力包括知识结构、工作技能、行为作风、办事能力等。

④特殊岗位应按照国务院广播影视行政部门的规定或者相关要求取得上岗资格，并经过素质和能力确认方可上岗。如电工本、主持人记者资格证。

⑤关键岗位人员在技术系统运行、业务操作方面对安全播出发挥着举足轻重的作用，如播出值班岗、检维修岗等。

⑥安全播出责任单位人员岗位需要调配时，要对调配人员的任职能力进行确认，不满足岗位要求时，要进行重新培训、考核，合格后方能上岗。

2. 相关法律法规及其要求

《广播电视安全播出管理规定》第十条规定：安全播出责任单位的安全播出人员管理，应当符合：1. 参与节目播出或者技术系统运行维护的人员，应当具有相应的专业技能，并通过岗位培训和考核；2. 特种作业人员应当按照国务院广播影视行政部门的规定或者其他国家有关规定取得相应资格证书。

专业实施细则中规定了安全播出相关人员上岗和培训的要求，如：

1. 《电视中心实施细则》第八十七条、《广播中心实施细则》第七十条、《无线发射转播台实施细则》第五十一条、《卫星广播电视地球站实施细则》第四十五条均规定：

安全播出相关岗位人员上岗、培训管理应符合：播出值班岗位和维护岗位人员应通过政治审查，具有相应的专业技能，满足岗位要求，并通过岗位培训和考核。

2.《电视中心实施细则》第八十条、《广播中心实施细则》第六十三条、《无线发射转播台实施细则》第五十二条、《光缆传输干线网实施细则》第五十八条、《卫星广播电视地球站实施细则》四十三条、《有线广播电视网实施细则》第八十六条、《微波传输电路实施细则》第五十二条、《IPTV 集成播控平台实施细则》第七十六条均规定：应将信息安全纳入安全播出管理，合理配置工作岗位和人员，落实信息安全责任制，并建立监督机制。

3.《光缆传输干线网实施细则》第三十二条规定：人员队伍保障应符合以下规定：广播电视光缆干线网运行维护单位应按照《广播电视安全播出管理规定》的有关要求，合理设置工作岗位和人员，加强岗位培训，落实安全播出责任制，与播出相关的供配电等保障部门及其从业人员应统一纳入安全播出管理。

4.《有线广播电视网实施细则》第九十一条规定：安全播出相关岗位人员上岗、培训管理应符合以下规定：播出值班岗位和维护岗位人员应通过政治审查，具有相应的专业技能，满足岗位要求，并通过岗位培训和考核；应与关键业务流程各环节涉及人员签订保密协议，明确规定相关人员承担的安全责任、保密要求和违约责任；员工入职、调动和离职均应有配套的审查制度，涉及业务核心技术或具有关键权限的人员调离时，必须进行离岗审计。

5.《IPTV 集成播控平台实施细则》第五十二条规定：应根据自身系统特点，在系统设计、上线、运行和改造等环节设置安全责任点，各安全责任点应设置安全管理员，责任落实到人。

6.《网络广播电视台实施细则》第八十四条、《IPTV 集成播控平台实施细则》第八十四条：安全播出和信息安全相关岗位设置应符合以下规定：与安全播出和信息安全相关的部门应指定安全联系人，加强日常安全播出和信息安全工作的监督和管理，及时了解日常安全播出和信息安全情况，在安全播出和信息安全管理工作中做到协调一致、无管理盲区；应设置岗位统一管理与访问控制有关的事件和信息；应根据实际情况，配备一定数量的安全管理人员；应将系统的常规管理、与安全有关的管理、审计管理工作分别由系统管理员、系统安全员和系统审计员承担。

广电全媒体系列服务产品

● 适用于广播影视行政部门、广播电视监测机构

中企咨询 SINORINA&GUORUI 国睿科技 联合推出

01 监测监管体系建设与优化服务

根据广播影视行政部门、广播电视监测机构"三定"职能，按照法律法规及标准要求，我们应用综合集成法，帮助客户设计与优化监测监管体系，实现广播电视有效监管、科学监测。

● 广播电视业务监管体系　　● 广播电视监测服务体系

02 广播电视安全播出保障能力评估服务

为提升区域广播电视安全播出管理水平，我们总结六年来广播电视安全播出保障能力评估经验，应用最新研究成果，采用信息化手段实施量化评估，轻松实现广播电视安全播出大数据管理，助力广播电视科学监测监管。

03 管理信息化服务

所有软件产品由行业管理专家与软件开发人员共同研发，具有自主知识产权，可结合使用单位实际情况量身定制，确保操作方便最适用。

广播电视安全播出保障能力评估系统

主要功能包括：安全播出责任单位基础信息管理、评估指标管理、评估组管理、评估计划管理、评估实施管理、评估报告管理、评估大数据统计与分析等。

广电技术系统运维服务监督系统

主要功能包括：技术系统基础管理、运维服务方信息管理、运维计划管理、运维服务监督管理、运维报表管理等。

广播电视安全播出全业务链风险预控管理系统

主要功能包括：安全播出责任单位基础管理、风险因素管理、风险预控措施管理、风险运行监控管理、风险预警管理、风险应对管理、事件事故管理等。

广播电视安全播出管理体系运行监控系统

主要功能包括：基础管理、职责管理、法律法规及标准管理、体系文件管理（监管体系、监测体系、保障体系）、广播电视业务协同监管、体系运行网格化监控、报表管理等。

04 课题合作研究

根据广播电视安全播出监测监管新形势新要求，结合广播电视行业"十三五"规划，我们拟研究如下课题，诚邀广播影视行政部门、广播电视监测机构合作研究：

● 广播电视安全播出监测监管能力评估研究
● 广电全媒体安全播出监测监管体系研究
● 广播电视安全播出风险成因分析与预控研究
● 广播电视安全播出事件事故应急管理体系研究

北京国睿智鼎信息科学研究院(www.gr-zd.com)
北京中企睿纳企业管理有限公司(www.sino-rina.com)
服务热线电话：010-67588512 / 13651188528

广电全媒体运营管理
因为专注 所以专业

广电全媒体系列服务产品

● 适用于广播电视播出机构、网络传输机构

媒体融合一体化解决服务方案

新时期，传统媒体面临新的舆论生态、社会生态和产业生态，其思想理念、新闻生产、内容传播、管理体制和运行机制经受着严峻挑战。广电单位应把握媒体融合发展的政治方向、舆论导向和改革取向，深化推进媒体深度融合、打造新型主流媒体，利用传统媒体在内容权威、队伍专业等优势和新兴媒体在渠道丰富、体制灵活等长处，取长补短，优势互补，用互联网思维推动媒体融合发展，着力构建现代化立体传播体系，不断增强传播力，提升公信力，扩大影响力，其势必然。

全媒体产品设计

以用户思维指导广电单位重新设计产品，重构商业模式，在内容上更贴近需求，注重信息来源的广度，加大信息挖掘的深度，强化采编制作的精度，提高信息播报的速度。从用户被动地接收信息到与用户互动，提升用户参与度，增强用户黏性，一切满足用户需求出发，为用户创造价值。

全业务流程设计

根据产品的定位和产品设计，利用先进的技术实现广电单位策、采、编、发、监全业务流程再造；以优秀的经营、管理和运营模式再造管理流程，以业务协同再造支持性流程，把信息挖掘、信息分类、信息聚类、信息追踪、大数据分析等技术应用于信息生产流程，实现信息发现、信息分析、信息加工、信息传送的高效率、高效益。

全媒体运营管理体系设计

产品再造、流程再造必然导致组织机构和职能的调整，优化单位职能体系；建立与完善内容生产质量和安全保障体系，建立与完善激发人员潜能的绩效考核体系，构建三维一体的全媒体运营管理体系，促进广电单位持续健康发展。

根据广电单位媒体融合建设项目需求，我们帮助您进行项目全案设计，协助准备立项材料、申请项目，负责项目全过程指导、协调，对项目建设提供监理服务，确保实现预期目的。

在现有技术系统条件下，根据广电单位现有资源，策划媒体融合项目推进方案，分步骤推进单位传统媒体与新兴媒体融合。

缺项目

缺资金　缺资源

利用广电全媒体协同发展服务平台资源汇聚能力，整合客户资源、专家资源、广电设备供应商资源、其他宣传平台资源，根据媒体融合项目需要进行优化配置。

北京国睿智鼎信息科学研究院(www.gr-zd.com)
北京中企睿纳企业管理有限公司(www.sino-rina.com)
服务热线电话：010-67588512 / 13651188528

广电全媒体运营管理

因为专注 所以专业

广电全媒体系列服务产品

● 适用于广播电视播出机构、网络传输机构

中企咨询 SINORINA&GUORUI
国睿科技 联合推出

管理体系建设与管理信息化建设服务

新时期，传媒行业发展日新月异，发展环境不断变化，媒体之间的竞争加剧，广电单位处在体制机制改革创新、媒体融合、转型发展的历史机遇期，同时也面临着严峻的生存压力和挑战。

为什么有的广电单位经营业绩逆势而上，业务高效运营，风险有效管控，全员积极性高……，究其原因是市场经营有思路，业务管理有体系，风险预控有措施，绩效考核有方法。中企咨询结合多年广电行业服务经验，应用综合集成法，帮助广电单位构建、优化全媒体运营管理体系，由行业专家与国睿科技软件开发人员深入研究体系内业务流程，形成了具有自主知识产权的、符合广电单位需要的一系列管理信息化产品，通过专注研究与实践，不断迭代并根据客户个性化需要进行量身定制，助力广电单位驶入发展快车道。

全媒体移动采编管理系统

简介：该系统是结合传统媒体和互联网新媒体内容生产特点精心设计，符合媒体融合趋势下传媒单位实施采编管理的需要，能够实现对采编全过程质量管控和大数据分析，全面提升采编业务水平。

主要功能：新闻线索管理、选题管理、采访调度管理、内容制作管理、质量审核管理、大数据统计分析等。

解决：媒体融合涉及的策、采、编、发、监主要环节不能全面实现质量控制的问题，采编质量和人员效能不易于统计分析的问题。

全媒体绩效考核管理系统

简介：该系统是根据广电单位所具有的事业单位属性、特点，参照多家成熟的事业单位绩效考核体系和管理实践经验进行设计，符合事业单位人员绩效考核相关法律法规要求，满足不同聘用方式（编内编外）、不同岗位（管理岗、专技岗、工勤岗）人员考核需求，全面提升人员工作积极性。

主要功能：考核主体、考核客体、考核项目管理、考核评价指标管理、考核计划管理、考核评价执行、考核数据统计、绩效标准管理。

解决：编内编外不同岗位人员不易考核的难题，人员工作积极性不高的问题。

全媒体业务协同管理平台

全媒体经营管理系统

简介：该系统是根据传媒单位业务经营特点而设计，围绕不同客户的宣传需要，采用项目制对客户委托的宣传服务实现全过程控制，提高经营收益和客户满意率。

主要功能：客户管理、订单管理、广告宣传管理、栏目/版面合作管理、大型活动管理、专题项目管理、经营绩效管理等。

解决：客户服务质量不稳定，单位经营绩效差的问题。

全媒体设备管理系统

简介：该系统是根据传媒单位技术系统特点而设计，利用信息化手段，实现对设备全生命周期实施管理，通过科学实施技术系统运维，满足广播电视安全播出管理需要。

主要功能：设备基础管理、设备采购管理、设备维护保养管理、设备维修管理、设备调拨管理、设备出入库管理、备品备件管理、设备报废管理、设备运行风险预警管理等。

解决：因技术系统更新换代快、设备种类繁多且系统之间关系复杂、设备运维工作量大、给管理带来的诸多难题。

全媒体业务运行监控系统

简介：该系统是为传媒单位监控全媒体运营管理体系运行质量而设计，符合ISO国际管理体系标准要求，用于监督规章制度运行情况、职责落实情况、业务流程运行质量，满足单位自查自评所需，是全面反映一个单位体系运行质量的利器。

主要功能：职责管理、计划与目标管理、体系文件管理、法律法规与标准管理、知识库管理、业务流程管理、业务检查与监控、报表管理等。

解决：各部门、岗位职责落实不到位，制度运行质量差，工作计划与目标缺乏管理的问题。

3. 评价指南

本条文明确了安全播出责任单位人员配置的数量、素质、能力要满足安全播出岗位要求，对人员入职、使用、调配全过程做了要求。

（1）评价重点：人员岗位设置应与规定一致；人员数量应满足安全播出工作的需要；人员素质与能力应与所在岗位匹配；人员调配应履行相关手续。

（2）信息收集：与相关部门负责人沟通，了解部门与安全播出工作有关的业务及其岗位设置情况；了解是否确定了关键岗位人员；抽查特殊岗位是否持证上岗情况、能力确认情况；查阅新员工入职手续（政治审查文件、保密协议）；查阅人员调配手续完备情况；与相关操作人员沟通，现场观察其操作，了解其素质、能力是否满足该岗位要求。

4. 常见问题

（1）岗位设置不合理，人员配置不合理；

（2）未识别关键岗位、特殊岗位，人员具备的素质、能力与岗位任职要求不符；

（3）人员入职手续不全；

（4）岗位调配流程不清晰，未履行必要的手续。

（二）人员培训

《广播电视安全播出保障能力评估规范》4.1.2.2条文内容

安全播出责任单位应确定岗前培训[①]和转岗培训[②]的内容，对从事与安全播出有关的岗位在上岗前应实施培训，并对培训效果进行评价，以证实其具备相应的能力。

安全播出责任单位应根据单位业务活动的变化、技术系统的变化、风险变异情况，识别对相关岗位的培训需求[③]，做好培训安排，确保人员与技术系统相匹配[④]，满足业务活动风险控制的需要。

安全播出责任单位应识别可能发生的紧急突发情况，制定应急处理措施、应急预案，按要求组织应急演练或桌面推演[⑤]，验证紧急情况下的应急处理能力。

1. 条文理解

①新入职员工必须经过岗前培训，经考核合格后才能上岗。安全播出责任单位应根据自身实际确定培训内容、培训期限、考核方式。

②为转换工作岗位，使转岗人员掌握新岗位技术业务知识和工作技能，取得新岗位

上岗资格所进行的培训。安全播出责任单位确定转岗人员后，明确新岗位的任职要求，确定培训内容，通过实施培训使转岗人员掌握新知识、新技能，培训结束后应对受训者进行考核，考核合格，相关部门办理正式转岗手续。

③能力提升培训是增强员工的风险意识、提高专业技术知识及职业技能的重要途径。为提升员工风险意识和能力，安全播出责任单位应定期对单位管理层及员工进行能力提升培训，制订培训计划，配备培训所需资源并组织培训，培训结束后应对培训效果进行考核，考核内容包括：工作态度、相关知识掌握程度、培训效果评估、工作成果等，考核合格者方可上岗。当安全播出责任单位技术系统发生变化时，需进行新技术培训，使受训人员了解新技术、新设备的重要参数，经过实际的讲解和实践操作，使学员熟练掌握操作流程，在培训结束后要进行考核，考核合格者方可上岗。

④安全播出责任单位从事专业技术人员的素质和能力要与单位技术系统保障等级要求相匹配。岗位人员应掌握设备的参数、性能、操作技术，出现应急情况时要及时、正确处理。

⑤为了查找应急预案中存在的问题，进而完善应急预案，提高应急预案的实用性和可操作性，安全播出责任单位应开展应急演练或桌面推演。通过开展应急演练或桌面推演，检查应对突发事件的处置能力，以及所需应急队伍、物资、装备、技术等方面的准备情况；进一步明确相关单位和人员的职责任务，理顺工作关系；增强演练组织单位、参与单位和人员等对应急预案的熟悉程度，提高其应急处置能力。

2. 相关法律法规及其要求

《广播电视安全播出管理规定》第十条：安全播出责任单位的安全播出人员管理，应当符合下列规定：（一）参与节目播出或者技术系统运行维护的人员，应当具有相应的专业技能，并通过岗位培训和考核；（二）新系统、新设备投入使用前，应当对相关人员进行培训。

各专业实施细则中对人员培训做了明确要求，如：

《电视中心实施细则》第八十七条、《广播中心实施细则》第七十条、《无线发射转播台实施细则》第五十一条、《卫星广播电视地球站实施细则》第四十五条、《有线广播电视网实施细则》第九十一条、《微波传输电路实施细则》第七条：安全播出相关岗位人员上岗、培训管理应符合以下规定：（一）播出值班岗位和维护岗位人员应通过政治审查，具有相应的专业技能，满足岗位要求，并通过岗位培训和考核；（二）应定期进行安全播出教育，组织安全播出演练，并对技术人员，以及主持人、导播等与播出有关的人员进行定期培训、考核，考核合格者方能上岗；（三）应对技术人员进行相关新技术培训，提高安全播出保障能力。

《IPTV 集成播控平台实施细则》第八十五条、《网络广播电视台实施细则》第九十四条：安全播出和信息安全相关岗位人员上岗、培训管理应符合以下规定：（一）值班岗位和维护岗位人员应具备相应的能力和资质，并通过岗位培训和考核；（二）安全管理人员应具备相应的专业技术水平和资质，认真负责，遵纪守法，组织能力强，并能够保证定期接受培训；（三）定期进行安全播出和信息安全教育，组织安全播出和信息安全演练，并对技术人员及与安全有关的人员进行培训、考核，考核合格者方能上岗；（四）应对技术人员进行相关新技术培训，提高安全保障能力。

3. 评价指南

本条文明确了安全播出责任单位要对相关人员进行岗前培训、转岗培训、能力提升培训、应急培训与演练，对培训全过程的管理做了明确要求。

（1）评价重点：根据培训需求确定培训计划的合理性；培训的有效性。

（2）信息收集：查阅安全播出责任单位的新入职人员名单、转岗人员名单，查阅培训记录及其效果评价信息；了解不同岗位培训需求，查阅培训计划制订情况，了解计划合理性及其计划的实施情况、培训效果的评价情况；了解不同岗位涉及的紧急突发情况，查阅应急预案信息，了解相关人员应急培训、演练的证据。

了解单位业务变化、技术系统变化等信息，了解相关人员是否进行持续教育培训，人员能力与技术系统运行要求是否匹配。

4. 常见问题

（1）安全播出相关岗前培训内容不清；相关人员入职、调岗未实施岗前培训；

（2）培训后效果未进行评价，或评价不科学、不规范；

（3）未结合实际培训需求制订培训计划，或未按规定的要求落实培训计划；

（4）培训未覆盖到与安全播出有关的岗位人员；

（5）培训走形式，培训有效性差；

（6）未能根据业务活动变化、技术系统变化等情况开展培训。

（三）人员绩效考核

《广播电视安全播出保障能力评估规范》4.1.2.3 条文内容

安全播出责任单位应制订安全播出考核程序[①]和考核标准，对与安全播出有关人员定期实施业务考核[②]，根据考核结果使用、调配人员。

安全播出责任单位应建立安全播出奖惩制度[③]，明确奖惩标准，根据安全播出工作表现严格落实奖惩措施[④]。

1. 条文理解

①安全播出考核程序一般分为六个具体的行动步骤：一是确定考核周期，二是编制考核计划，三是制订考核指标，四是组织实施考核，五是考核结果总结，六是考核结果应用。一般应成立安全播出考核小组，组织开展考核工作。

②业务考核是针对安全播出相关人员所承担的工作，应用各种科学的定性和定量的方法，对人员行为的实际效果及其对单位的贡献或价值进行考核和评价。安全播出责任单位对工作人员开展的定期考核一般包括：考核的原则、考核组分工及职责、考核内容（包括工作业绩、工作能力、工作态度等三个维度）、考核标准（确定每个考核指标及权重）、考核方式（根据不同岗位采用适用的考核工具）、考核频度等。

③安全播出奖惩制度应包括奖惩的原则、条件、种类、方式、实施程序，以及行使奖惩权限的部门等内容。

④对于安全播出责任单位来说，只有健全了奖惩制度，落实了奖惩措施，才能激励相关人员不断进步，安全播出的各项规定才能不折不扣地执行，管理才能见成效。

2. 相关法律法规及其要求

《广播电视安全播出管理规定》第八条规定：县级以上地方人民政府广播影视行政部门可以依据有关规定，对在广播电视安全播出工作中做出显著成绩的组织、个人给予表彰、奖励。安全播出责任单位应当依据本规定，建立安全播出工作奖惩制度。

3. 评价指南

本条文明确了安全播出责任单位应建立绩效考核机制，定期对工作人员业绩实行考核，并落实绩效考核结果的要求。

（1）评价重点：绩效考核制度及其落实情况。

（2）信息收集：查阅安全播出责任单位的相关事件事故信息，了解是否事件事件相关责任人按照考核要求严格落实奖惩。访谈部门负责人，了解员工考核制度内容、执行情况；访谈员工，了解考核过程、结果等情况。通过以上方法，了解和掌握安全播出责任单位是否制定了安全播出考核制度，明确考核程序和具体要求，依据考核结果使用、调配人员。

4. 常见问题

1. 未明确安全播出考核程序，未制定考核标准；

2. 未按要求对有关人员实施业务考核，凭感觉、凭印象对安全播出人员进行评价；

3. 安全播出奖惩无标准，出现安全播出事件事故未落实奖惩。

三、体系文件保障

（一）安全播出工作方针与计划

《广播电视安全播出保障能力评估规范》4.1.3.1 条文内容

安全播出责任单位应制定安全播出工作方针[①]，为安全播出保障体系的建立与运行指明方向，要求：

a）适应本单位的宗旨和所处的环境，与国家宣传舆论导向及其广播影视行政部门所制定的安全播出工作方针保持一致；

b）方针在本单位内部得到沟通、理解和应用；

c）与本单位所开展的业务活动及其风险相适应，随环境变化动态修订。

安全播出责任单位应制订风险管理计划[②]，应：

a）排查影响安全播出的各类隐患，制订隐患治理计划或优化方案，对隐患治理和风险防范做出妥善安排，确保存在的隐患及其隐患治理过程不影响安全播出；

b）对威胁广播电视安全播出的重大风险制定管理方案，至少明确风险控制的措施、方法以及资源需求、责任人、完成时限；

c）应根据安全播出管理的需要，制订资源保障计划，并予以落实；

d）应对计划和重大风险管理方案落实情况进行监督，定期对计划和方案完成情况进行统计分析，必要时对计划做出调整。

1. 条文理解

①安全播出工作方针是开展安全播出工作总要求，是在安全播出管理方面的宗旨和方向，是统一安全播出人员在安全方面意识的准则，是检验安全播出保障体系运行效果的最高标准。

②安全播出过程中会发生很多风险，为了及时有效的控制风险，安全播出责任单位就要预先编制风险管理计划。其内容包括：风险识别、风险分析、风险减缓策略，确定风险管理的职责等。

2. 相关法律法规及其要求

《广播电视安全播出管理规定》第四条规定：广播电视安全播出工作应当坚持不间断、高质量、既经济、又安全的方针。

根据不同专业的特点，专业实施细则明确了安全播出工作方针，如《光缆传输干线网实施细则》第三十三条规定：光缆干线网运行维护单位的运行维护工作应坚持"预防为主、防抢结合"的方针。

3. 评价指南

本条文明确了安全播出责任单位要制定、贯彻和落实安全播出工作方针与工作计划，并根据情况变化对工作方针和工作计划进行适时调整的要求。

（1）评价重点：方针的内容及内涵是否符合广播电视安全播出特点、本单位业务特点。工作方针和工作计划是否与单位总方针和年度工作计划一致。是否根据内外部环境的变化进行动态调整。

（2）信息收集：查阅安全播出保障体系手册或其他文件，了解工作方针的内容及内涵，是否能体现安全播出的宗旨和方向；查阅安全播出责任单位重大风险清单、隐患清单，在全年工作计划中是否明确对重大风险管理、隐患治理、网络优化做出安排。在与安全播出相关负责人进行沟通交流时，了解单位工作方针、工作计划制订的指导思想和意图。与安全播出主管部门沟通是否将工作方针、工作计划贯彻执行。通过与员工交流与询问，判断员工是否掌握工作方针、工作计划的内容。

4. 常见问题

（1）未能提供安全播出工作方针；或制定的工作方针不符合本单位的业务特点；或安全播出工作方针未能贯彻落实；

（2）未能提供工作计划；或制订的工作计划中未涉及安全播出工作的内容；或制订的工作计划中存在漏项；工作计划未能明确责任部门、责任人、期限，不能得到有效落实；计划是否实现未进行总结分析；

（3）工作方针、工作计划未能根据单位内外部环境的变化进行动态修订。

（二）安全播出目标与指标管理

《广播电视安全播出保障能力评估规范》4.1.3.2 条文内容

安全播出责任单位应根据所涉及的专业及其实际风险管理水平，确定年度停播率管理目标[①]，在相关职能和层次进行适当分解[②]，要求：

a）与安全播出工作方针保持一致；

b）与承担的风险相适应，满足相关法律法规及其标准要求；

c）明确实现目标的措施、方法，并落实责任。

安全播出责任单位应制订技术系统运行指标、维护指标[③]，要求：

d）符合本单位技术系统运维实际；

e）满足相关标准要求；

f）可测量，定期对指标进行监测。

1. 条文理解

①安全播出目标是在安全播出方面所追求的目标，依据安全播出工作方针来制定，体现出单位对安全播出水平的追求。目标的形式可以有各种表现形式，包括长期目标、阶段性目标、年度目标等，可以与工作计划相结合。所制订的年度停播率目标，应符合专业实施细则的要求，代表本单位安全播出管理水平。

②安全播出目标必须在相关职能和各层次机构中分解展开，各层次的职责部门应建立各自的安全播出管理目标，使其能在相关职能和层次机构中具体落实，增加安全播出管理目标的可实现性和可测量性。

③安全播出责任单位应根据国家相关规定、行业标准及其相关要求制订本单位技术系统运行各项指标，指标要可测量，指标文件发放到部门、班组，专业人员应定期对各项运行指标进行统计分析，适当时对其进行动态调整。安全播出责任单位制订技术系统维护指标，满足相关文件要求和本单位风险管理的需要，体现单位的维护水平。

2. 相关法律法规及其要求

各专业实施细则中均规定了停播率的目标，如：

1. 《电视中心实施细则》第六十条规定：电视中心安全播出年度运行指标应满足：（一）三级安全播出保障等级停播率≤60秒／百小时，即可用度≥99.983%；（二）二级安全播出保障等级停播率≤20秒／百小时，即可用度≥99.994%；（三）一级安全播出保障等级停播率≤5秒／百小时，即可用度≥99.9986%。第六十一条：播出系统技术指标应符合以下规定：（一）模拟电视播出系统通路技术指标应符合《电视中心制作系统运行维护规程》（GY/T 152）直播通道技术指标要求，三级应达到丙级技术指标，二级应达到乙级技术指标，一级应达到甲级技术指标；（二）数字播出系统技术指标应符合《标准清晰度电视数字视频通道技术要求与测量方法》（GY/T 243）和《标准清晰度数字电视编码器、解码器技术要求和测量方法》（GY/T 212）的相关要求；各数字播出系统相对应的等效模拟复合视、音频信号技术指标，应符合《电视中心制作系统运行维护规程》（GY/T 152）的相关要求；（三）数字高清播出系统技术指标应符合《演播室高清晰度电视数字视频信号接口》（GY/T 157）、《演播室数字音频信号接口》（GY/T 158）、《标准清晰度数字电视节目录像磁带录制规范》（GY/T 223）和《电视中心制作系统运行维护规程》（GY/T 152）的相关要求。

2. 《广播中心实施细则》第四十四条规定：广播中心安全播出年度运行指标应满足：（一）三级安全播出保障等级停播率≤60秒／百小时，即可用度≥99.983%；（二）二级安全播出保障等级停播率≤20秒／百小时，即可用度≥99.994%；（三）一级安全播出保障等级停播率≤5秒／百小时，即可用度≥99.9986%。第四十五条：播出系统技术指标应符合以下规定：（一）模拟广播播出系统技术指标应符合《广播声频通路运行技术指标等级》（GY 75）的要求。三级应达到丙级技术指标，二级应达到乙级技术指标，一级应达到甲级技术指标；（二）数字广播播出系统技术指标应符合《电视中心播控系统数字播出通路技术指标和测量方法》（GY/T 165）的相关要求。数字播出系统相对应的等效模拟技术指标，三级应达到丙级技术指标，二级应达到乙级技术指标，一级应达到甲级技术指标。

3. 《无线发射转播台实施细则》第二十六条规定：无线发射台安全播出年度运行指标应满足：（一）三级安全播出保障等级停播率≤180秒／百小时，即可用度≥99.95%；（二）二级安全播出保障等级停播率≤60秒／百小时，即可用度≥99.983%；（三）一级安全播出保障等级停播率≤30秒／百小时，即可用度≥99.992%。第二十七条：发射系统技术指标应符合以下规定：（一）中波、短波发射系统技术指标应符合《中、短波调幅广播发射机技术要求和测量方法》（GY/T 225）的要求；（二）电视发射系统技术指标应符合《电视发射机技术要求和测量方法》（GY/T 177）的要求；（三）调频发射系统技术指标应符合《米波调频广播发射机技术要求和测量方法》（GY/T 169）的要求；（四）移动多媒体广播发射系统技术指标应符合《移动多媒体广播 UHF 频段发射机技术要求和测量方法》（GD/J 020）的要求；（五）地面数字电视广播发射系统技术指标应符合《地面数字电视广播发射机技术要求和测量方法》（GY/T 229.4）的要求；（六）中、短波发射天馈线系统技术指标应符合《中、短波天馈线运行维护规程》（GY/T 178）的相关要求；（七）电视和调频广播发射天馈线系统技术指标应符合《电视和调频广播发射天线馈线系统技术指标》（GY/T 5051）的要求。

4. 《卫星广播电视地球站》第二十一条规定：卫星广播电视地球站安全播出年度运行指标应满足：（一）一级安全播出保障等级停播率≤5 秒／百小时，即地球站卫星广播电视信号传输可用度≥99.9986%；（二）二级安全播出保障等级停播率≤10 秒／百小时，即地球站卫星广播电视信号传输可用度≥99.9972%。第二十二条：技术系统运行指标应符合广播电视行业标准《卫星数字电视上行站通用规范》（GY/T 146）和《卫星广播电视地球站维护管理规程（C 频段）》（GY/T 182）的相关要求。

5. 《光缆传输干线网》第三十四条规定：光缆传输干线网安全播出年度运行指标应符合以下规定：二级业务可用度应不低于 99.95%，一级业务可用度应不低于 99.99%。第三十五条：系统技术指标应符合以下规定：（一）基础传输设备技术指标。SDH 传输接口技术指标应符合《广播电视光缆干线同步数字体系（SDH）传输接口技术规范》（GB/T 17881），SDH/MSTP 系统的投入业务和维护的差错性能限值应符合相关规范的要求。WDM、OTN 设备各项技术指标应符合国家、行业有关光波分复用系统和光传送网络的技术要求；（二）编解码器、复用器设备技术指标。应分别符合《标准清晰度数字电视编码器、解码器技术要求和测量标准》（GY/T 212）、《数字电视复用器技术要求和测量方法》（GY/T 226）的要求。第三十八条：网络维护质量应符合以下规定：（一）光缆阻断率应不大于 0.8 次／百公里年；光缆线路平均衰耗（1550nm）不大于 0.25db/km；中继段纤芯完好率不低于 95%，光缆阻断时间不大于 4.8 小时／百公里年；（二）设备系统可用性应符合《国际恒定比特率数字通道的端到端可用性参数和指标》（ITU G.827）和《光同步传送网技术体制》（YDN 099）的相关要求。

6. 《有线广播电视网实施细则》第五十六条规定：有线广播电视网安全播出年度运

行指标应满足:(一)三级,停播率≤180秒/百小时,即可用度≥99.95%;(二)二级,停播率≤72秒/百小时,即可用度≥99.98%;(三)一级,停播率≤36秒/百小时,即可用度≥99.99%。第六十四条:应根据广播影视行政部门的有关规定并结合实际情况制订光缆阻断率、光纤可用率、故障抢修时限、故障处理及时率等各项维护质量指标。

7.《微波传输电路实施细则》第二十七条规定:微波传输电路安全播出年度运行指标应符合以下规定:(一)干线微波业务可用度应不低于99.99%,支线微波业务可用度应不低于99.97%;(二)微波总站应将停播率指标按年分解到各微波站,作为对各微波站运行维护的考核指标。第二十八条:系统技术指标应符合以下规定:(一)微波电路的传输差错性能指标应符合《运维规程》的相关要求;(二)微波传输设备及天馈线等附属设备的技术指标应符合《运维规程》的相关要求;(三)编解码器、复用器设备的技术指标应分别符合《标准清晰度数字电视编码器、解码器技术要求和测量标准》(GY/T 212)、《数字电视复用器技术要求和测量方法》(GY/T 226)的要求;(四)节目的TS流指标应符合《信息技术 运动图像及其伴音信息的通用编码》(GB 17975.1)的要求。

3. 评价指南

本条文明确了安全播出责任单位应制订、实施和落实年度停播率目标,制订和落实相关技术运行指标、维护指标,并对指标完成情况进行监测、统计分析。

(1)评价重点:年度停播率制订、落实及完成情况;技术指标制订与落实情况。

(2)信息收集:与安全播出主管领导沟通,了解安全播出停播率制订情况及其对此目标的认识、目标落实和实现情况;与安全播出主管部门沟通了解部门是否在各层次进行了分解,是否明确了目标实现的措施,是否对目标实现情况进行统计分析。在各职能部门、相关岗位了解技术指标制订情况及其落实情况、统计分析情况。查阅停播率目标、技术指标的制订、统计分析结果。

4. 常见问题

(1)未明确本单位的年度安全播出管理目标;所制订的目标存在缺失;所制订的目标与专业实施细则中相应的安全播出保障等级不符,或低于其规定的目标值;安全播出管理目标未能体现本单位实际管理水平;

(2)安全播出管理目标未能在相关职能和层次上分解;目标未能得到落实;

(3)未能制订相关技术指标,包括技术系统运行指标、维护指标等;技术指标制订不完整,存在缺失;技术指标与规定的相关技术标准、要求不一致,或低于其规定的指标；技术指标未能体现本单位技术水平；

（4）与安全播出有关人员对安全播出管理目标、技术指标不了解；

（5）安全播出管理目标、技术指标实现情况未能进行监测、统计分析；

（6）安全播出管理目标、技术指标无考核。

（三）体系文件管理

《广播电视安全播出保障能力评估规范》4.1.3.3 条文内容

安全播出责任单位应设计文件化保障体系架构[①]，做到文件层级清晰、关联性明确[②]。安全播出保障体系一般由管理类文件、技术类文件、应急预案和专项方案、记录及其技术档案组成。

安全播出责任单位应有效控制各类文件的编制、审核、审批、发布实施、更改环节[③]，确保文件的适宜性、规范性和可操作性；与安全播出有关的人员应能够获得有效的版本。

对于外来的文件[④]应进行有效识别、理解和应用，确保文件受控。

安全播出责任单位应动态识别与安全播出业务有关的法律、法规及其相关要求，及时将法律法规及其相关要求传递至相关部门及其岗位予以落实，确保各项工作合法合规。

1. 条文理解

①安全播出保障体系是通过文件化的形式表现出来的，保障体系架构设计是体系建立与运行有效性的成败。安全播出保障体系的建设是一个不断摸索、不断实践的过程，完善的安全播出保障体系是科学管理的前提和依据，是保证工作可持续进步、减少工作随机性的重要手段。安全播出保障体系基本结构应能反映出单位保障体系的全貌，就对体系做出系统的、具体的、纲领性的说明，在体系文件中具有统率的作用。

②体系文件在设计时，应考虑文件之间的层次关系，反映出与安全播出有关工作的内容、逻辑顺及与其他工作之间的相互关系。文件设计时应考虑文件之间的接口关系，反映与安全播出有关工作之间的接口关系。

③安全播出责任单位应建立安排专人对与安全播出有关的管理类文件实施全过程管理，包括文件编制、批准、发放、使用、更改、作废等工作。

④外来的文件，如标准、规范、法律法规、外单位提供的文件等，应考虑接收渠道、识别与本单位之间的关系，做好标识，将文件传递至相关部门、岗位。

2. 相关法律法规及其要求

《广播电视安全播出管理规定》第七条规定：安全播出责任单位应当加强制度建设，采取多种措施保障广播电视安全播出。

3. 评价指南

本条是对建立健全文件化保障体系，明确体系文件层级、关系，对各类文件编、审、批、发布实施等全过程管理做出统一要求。

（1）评价重点：文件化保障体系架构设计合理性，体系文件管理流程是否清晰，外来文件控制是否规范。

（2）信息搜集：与安全播出主责部门沟通，了解安全播出责任单位文件化保障体系的整体架构，通过查阅相关文件了解文件之间的关系；了解各类文件，包括管理类文件、技术类文件、应急预案和专项方案、记录及其技术档案等管理的制度及其全过程控制要求，了解外来文件的管理要求，结合单位实际判断文件受控情况。了解动态识别与安全播出业务有关的法律、法规及其相关要求情况等，将实际工作与法律法规及相关要求对照，判断是否符合。

4. 常见问题

（1）安全播出保障体系架构不清晰，文件之间层次不清，相互重叠、交叉，因文件混乱造成管理无序；

（2）文件分类不清，文件格式不统一、不规范；

（3）文件编、审、批全流程不清晰、不规范；

（4）外来文件管理流程不规范；

（5）未能动态识别相关法律法规及其相关要求；文件与相关法律法规及要求不符。

（四）安全播出管理类文件

《广播电视安全播出保障能力评估规范》4.1.3.4 条文内容

安全播出责任单位应根据业务管理的需要建立健全管理类文件[①]，覆盖与安全播出相关的业务活动的管理[②]，符合有关法律法规及标准的要求，与安全播出保障等级、信息安全等级保护相适应，满足业务活动风险管理的需要[③]。

管理类文件应结合单位业务的变化、组织机构及其职能的变化、环境的变化进行动态修订，确保适宜。

1. 条文理解

①安全播出责任单位都已经建立并运行安全播出保障体系，应在原有管理基础上，根据本单位风险预控管理的需要，进一步建立管理所需要的、适用的管理类文件，使与安全播出有关的工作有章可循，具有操作性，应考虑原有管理类文件的完善程度、管理工作的复杂程度、人员的素质等方面的因素。管理类文件的结构、层次、格式及篇幅等应与单位原有文件体例格式保持一致。

②安全播出责任单位应确定自身与安全播出有关的各类管理过程，识别过程中可能存在影响安全播出的风险，确定过程实施的方法、配备充足的资源、检查和分析过程的结果，不断改进风险预控效果。

管理类文件是以往实践经验的结晶，是管理人员对活动充分了解的基础上，识别风险并做出的规范性要求，只要连续地、有效地执行文件，减少风险发生，使安全播出保障体系具有预防风险和及时应对风险的能力。

③一定数量的体系文件是必需的，这与体系文件使用者掌握风险预控、风险应对要求的熟练程度有关。

2. 相关法律法规及其要求

为规范各项管理工作，相关专业实施细则中明确应制定的管理类文件及其相关内容，如：

1.《电视中心实施细则》第六十二条和《广播中心实施细则》第四十六条规定：应按照有关法律、法规和技术标准的要求，结合本单位的实际情况，制定各项运维与技术管理制度。播前测试制度应包括播前测试时间要求、规范用语、测试信号源、检查指标规定等。

2.《无线发射转播台实施细则》第二十八条、《卫星广播电视地球站实施细则》第二十三条、《光缆传输干线网实施细则》第三十六条均规定：应按照有关法律、法规和技术标准的要求，结合本单位的实际情况，制定各项规章制度。（一）机房管理制度应包括机房出入人员管理、机房禁止性规定等；（二）值班及交接班制度应包括交接班要求、值班内容、纪律要求、监听监看要求等；（三）安全制度应包括技术安全、信息安全、施工安全、消防安全规定等；（四）供配电管理制度应包括用电规范、操作规范、安全规范、主要运行参数和关键设备运行情况巡查规定等；（五）播出变更管理制度应包括播出变更的启动条件、播出变更前的各项准备措施、播出变更的检查确认规定等；（六）事故报告制度应包括不同等级事故的报告原则、报告内容（事故原因、事故时长、影响情况、处理过程等）、报告要求等；（七）维护检修制度应包括维护检修的项目和周期、检修规范、责任分工、重要数据的存储与备份规范、维护记录规范等；（八）设备管理制度应包括设备管理责任分工、日常管理要求等；（九）技术档案管理制度应包括技术档案的范围、分类明细、存档要求、出入库管理规定、销存时限规定等。

3.《光缆传输干线网实施细则》第三十六条和《微波传输电路实施细则》第二十九条规定：全网运行维护单位应建立业务调度管理制度、运行操作配合制度等各项制度，各运行维护单位应在全网运行维护单位指导下制定各项制度。（一）业务调度管理制度应包括业务调度执行条件、业务调度前的各项准备工作、业务调度后的检查确认等；（二）运行配合制度应包括运行指挥的组织体系、各运行维护单位对运行操作指令的配合要求、站间配合要求等；（三）机房管理制度应包括机房出入管理、机房禁止性规定等；（四）值班及交接班制度应包括交接班要求、值班内容、纪律要求、监听监看要求等；（五）安全制度应包括技术安全、信息安全、消防安全、施工安全等；（六）供配电管理制度应包括用电规范、操作规范、安全规范、主要运行参数和关键设备运行情况巡查规定等；（七）护线宣传与联络制度应包括护线宣传组织、分工、上报机制、与其他单位的联络要求等；（八）事故报告制度应包括不同等级事故的报告原则、报告内容（事故原因、事故时长、影响情况、处理过程等）、报告要求等；（九）维护检修制度应包括维护检修的项目和周期、检修规范、责任分工、重要数据存储与备份规范、维护记录规范等；（十）设备管理制度应包括设备管理责任分工、日常管理要求等；（十一）技术档案管理制度应包括技术档案的范围、分类明细、存档要求、出入库管理规定、销存时限规定等。

另外，光缆线路安全防护应建立施工盯防制度和护线宣传与联络制度，并符合《运维规程》的有关规定；应加强与线路沿线公安、安全、建设等部门的协调、联系，建立光缆线路安全联防机制。

4.《有线广播电视网实施细则》第六十二条规定：应按照有关法律、法规和技术标准的要求，结合本单位的实际情况，制定各项运维和技术管理制度。其中技术档案管理制度应包括技术档案的范围、分类明细、存档要求、出入库管理规定、销存时限规定等；设备器材管理制度应包括设备器材采购、技术验收、登记、整理、保管要求和借（领）用手续规定等，并符合《有线电视广播系统运行维护规程》（GY/T 166）的有关要求；

设备、管线巡检制度应包括巡检要求、记录及报表规定等；资源调配制度应包括资源调度的范围、资源的审批、准备措施、调度后的检查确认等；软件管理制度应包括设备及系统的版本管理、升级上线、数据备份、安全防护等。

3. 评估指南

本条文明确了安全播出责任单位通过制度化建设不断完善安全播出保障体系，并根据单位内外部环境的变化进行动态化修订。

（1）评价重点：该条是对安全播出保障体系有关管理类文件的综合评价。通过对各个部分的评估情况的总结，对安全播出保障体系是否符合单位业务实际，是否满足适宜性、充分性、有效性要求进行的全面分析。要关注当安全播出责任单位的组织机构、职责、业务活动、风险等发生变化，管理类文件是否进行了相应的动态调整。

（2）信息收集：查阅相关管理类文件，了解所有管理文件归口管理部门，了解文件的分类、文件全过程的管理要求及其落实情况；在评估时，与相关部门沟通，查阅相关管理文件制定的科学性、合理性；与基层人员沟通，了解文件是否发放到位；通过沟通和查看现场，了解文件是否符合实际工作需要。

4. 常见问题

（1）未按相关法律法规、标准建立相关管理类文件；所制定的管理类文件不符合相关法律法规要求；

（2）与安全播出有关的业务活动因缺少文件约束导致已知的风险不受控；

（3）文件制定不科学，管理目的不清晰、管理范围不明确；

（4）文件反映出对管理对象的管理思路混乱，文件逻辑错误，造成了"糟糕的管理比没有管理更糟糕"；

（5）文件部分内容缺失、失效；

（6）文件发放不到位，相关职能层次、人员未能获取有关管理文件；

（7）文件未履行审核、审批手续，管理不规范；

（8）未能对管理类文件进行全过程控制，单位有多少管理类文件不清楚，部分文件之间交叉、重叠，相互干扰；

（9）文件未能根据单位的实际情况进行修订，存在不适宜。

（五）安全播出技术类文件

《广播电视安全播出保障能力评估规范》4.1.3.5 条文内容

安全播出责任单位应根据业务实施的需要建立健全技术类文件[①]，覆盖与安全播出相关的业务操作，符合有关法律法规及其标准要求，与安全播出保障等级、信息安全等级保护相适应，满足控制业务操作风险的需要。

技术类文件应结合单位技术系统变化、业务的变化进行动态修订[②]，确保适宜。

1. 条文理解

①技术类文件管理的对象是与安全播出有关的某一具体作业活动，其内容是对该作业活动的操作、控制、检验的方法和要求。

②安全播出责任单位应明确技术类文件的管理人员，对技术文件全过程进行管理，结合单位技术系统变化、业务的变化对文件及时更新，避免错误使用。

2. 相关法律法规及其要求

各专业实施细则中规定了安全播出责任单位建立相关工作流程、操作流程等，如：

1.《电视中心实施细则》第六十三条、《广播中心实施细则》第四十七条、《无线发射转播台实施细则》第二十九条、《卫星广播电视地球站实施细则》第二十四条、《有线广播电视网实施细则》第六十三条、《微波传输电路实施细则》第三十条规定：应结合播出系统和播出任务，制定和完善各项运维工作流程和设备操作流程。（一）运维工作流程主要包括：交接班流程、巡机流程、播前测试流程、业务调度流程、检修操作流程、播出事故处理流程、报告流程等；（二）设备操作流程主要包括：信号切换操作流程、播出设备操作流程、网管操作流程、供配电设备操作流程等；（三）各项操作应符合国家、行业相关操作规范，业务调度应按调度单的要求执行；运维工作和设备操作应做好记录并存档，跨单位、跨部门的业务调度、操作指令应有书面通知，相关通话联络应有录音和文档记录。

2.《光缆传输干线网实施细则》第三十二条规定：应根据国家、行业有关规定，并结合自身承担的维护任务和各类设备设施的特点制定光缆线路（架空、管道、直埋等）、传输设备、网管系统、业务系统、供配电设备、附属设施等的维护操作规程。

3.《网络广播电视台实施细则》第六十五条规定：运维工作流程应包括交接班、巡机、业务调度、检修操作、故障处理、事故处理、报告等流程；软硬件设备操作及维护流程应包括配置与变更、编转码、播出服务器、页面服务器、网络系统、供配电设备等软硬件设备操作及维护流程；应急处置流程应包括所有业务、所有环节、所有软硬件设备和所有场所的应急处置流程、数据备份与恢复流程、与合作单位的应急保障和协调机制等；安全管理流程应包括各环节的安全播出管理、信息安全管理、技术安全管理、工程建设安全管理、环境安全管理、消防安全管理等流程。

4.《IPTV 集成播控平台实施细则》第五十六条规定：业务流程应包括业务及应用开发和上下线、直播系统传输分发、信源播控、点播节目审核、点播节目上下线、EPG 管理、增值业务接入、业务运营数据管理等流程；运维工作流程应包括：交接班、巡机、业务调度、检修操作、故障处理、事故处理、报告等流程；软硬件设备操作及维护流程应包括：配置与变更、编转码、播出、EPG 服务器、网络系统、供配电等软硬件设备操作及维护流程。

3. 评价指南

本条文明确了安全播出责任单位通过加强技术类文件的管理，规范单位各项操作流程，并要求单位根据相关技术系统变化、业务变化对技术文件进行动态修订。

（1）评价重点：技术类文件充分性，技术类文件动态适宜性。

（2）信息收集：本条结合对安全播出责任单位评估时获得的信息进行综合评价。与安全播出有关部门评估时，查阅与业务有关的技术类文件，如工作流程、操作规程、技术规范等文件；与文件管理部门了解对技术类文件全过程的控制情况。根据业务实际情况，评价技术文件与业务的符合性、文件的充分性，以及根据业务活动的变化，技术文件的动态适宜性。

4. 常见问题

（1）未按相关技术标准、规范建立相关技术类文件；所制定的技术类文件不符合相关技术标准、规范；

（2）与安全播出有关的业务活动因缺少技术文件约束导致已知的风险不受控；

（3）文件制定不科学，所规范的对象不明确、操作程序不清晰；

（4）文件部分内容缺失、失效；

（5）相关作业人员未能获得所需要的技术类文件；

（6）文件发放不到位，相关操作人员未能获取有关技术文件；

（7）文件未履行审核、审批手续，管理不规范；

（8）未能对技术类文件进行全过程控制，单位有多少技术类文件不清楚，部分文件之间交叉、重叠，相互干扰；

（9）文件未能结合实际情况进行修订，存在不适宜。

（六）安全播出应急预案与专项方案

《广播电视安全播出保障能力评估规范》4.1.3.6 条文内容

安全播出责任单位应根据紧急突发情况下和潜在的安全播出影响程度，制定应对突发故障、突发事件的应急预案或措施[1]，要求：

a）应急组织机构及其职责明确，建立统一调度、协调配合、各司其职的应急保障机制；

b）对于技术系统存在的紧急突发情况应制定切实可行的应急处理措施；

c）对应急预案应进行评审或验证[2]，以证实其针对性、可操作性[3]；

d）应急预案应报广播影视行政部门备案；

e）应将应急措施或预案传递至与安全播出有关人员。

对于重要保障期以及存在影响安全播出的重大风险应制定专项方案[4]，明确风险控制措施，并按要求对方案进行审核审批、报备并予以落实，以确保风险得到有效预控。

1. 条文理解

[1]应急预案又称应急计划或应急方案。针对可能发生的事故，为迅速、有序地开展应急行动、降低人员伤亡、社会影响和经济损失而预先制订的行动计划或工作方案。应急预案主要目的是：一方面采取预防措施使事故控制在局部，消除蔓延条件，防止突发性重大或连锁事故发生。另一方面能在事故发生后迅速控制和处理事故，尽可能减轻事故对人员、财产和社会的影响，保障人员生命、财产安全和社会稳定。

安全播出责任单位针对本单位各级各类可能发生的事故和所有危险源制定专项应急预案和现场应急处置方案，并明确事前、事发、事中、事后的各个过程中相关部门和有关人员的职责，形成本单位的应急预案体系。它主要包括：综合应急预案、专项应急预案、现场处置方案。综合应急预案是从总体上阐述事故的应急方针、政策，应急组织结构及相关应急职责，应急行动、措施和保障等基本要求和程序。专项应急预案是针对具体的事故类别、危险源和应急保障而制订的计划或方案。现场处置方案是针对具体的装置、场所或设施、岗位所制定的应急处置措施。

根据风险识别、隐患排查的结果,对可能紧急突发情况下发生的事件事故,预测潜在后果,编制切实可行的应急预案或措施。应急预案应本着尽可能减少影响、缩短停播时间的原则,制定准确、简明、有效、实用的应急预案,制作方便易用的卡片,通过科学的方法有效抵御干扰、减少影响、缩短停播。

②应急预案评审采取形式评审和要素评审两种方法。形式评审主要用于应急预案备案时的评审,要素评审用于广播电视播出运行单位组织的应急预案评审工作。应急预案评审采用符合、基本符合、不符合三种意见进行判定。对于基本符合和不符合的项目,应给出具体修改意见或建议。

③应急预案的针对性,是指结合安全播出责任单位的业务实际情况制定,符合现状,在处置突发事件上行之有效。可操作性是指突发事件发生后,相关部门、人员可依据预案的规定要求迅速、有序、高效地开展应急处置,以减少对广播电视安全播出的不良影响。

④所有纳入计划的技术系统新改扩项目、重大安全播出隐患治理计划、重大风险预控计划等应制定专项管理方案,方案应明确管理目标、工作阶段、工作内容、具体管理措施、时间节点、责任人等。

2. 相关法律法规及其要求

《广播电视安全播出管理规定》第二十六条规定:重要保障期前,安全播出责任单位应当制定重要保障期预案,做好动员部署、安全防范和技术准备。第二十七条:重要保障期间,安全播出责任单位应当全面落实重要保障期预案的措施、要求,加强值班和监测,并做好应急准备。重要节目和重点时段,主管领导应当现场指挥。 第三十三条:安全播出责任单位应当根据安全播出突发事件的分类、级别和处置原则,制定和适时修订应急预案,定期组织演练,并将预案报广播影视行政部门备案。

各专业实施细则中对应急预案和专项方案提出了明确要求,如:

1.《电视中心实施细则》第五十一条和《广播中心实施细则》第三十八条规定:对有群众参与的直播节目,应制定突发事件应急预案,并指定现场负责人员。

2.《电视中心实施细则》第五十二条和《广播中心实施细则》第四十条规定:对非本台播出节目进行转播前,应经过节目主管部门批准,并制定完善可行的保障方案和应急预案；转播现场直播节目时，应指定现场负责人员。

3.《电视中心实施细则》第五十三条规定：SNG 信号传送前应制定应急预案，指定现场指挥人员负责技术保障及协调等事宜，一旦遇到突发情况应立即启动应急预案实施快速处置。

4.《电视中心实施细则》第七十条、《广播中心实施细则》第五十二条、《无线发射转播台实施细则》第三十九条、《卫星广播电视地球站实施细则》第三十一条、《光缆传输干线网实施细则》第四十七条、《有线广播电视网实施细则》第七十八条，均规定：保障期前应做好以下准备工作：应制定重要保障期预案，预案应包含重要播出前的准备、重要播出中的保障措施以及突发故障和突发事件的应急处置流程等内容。

5.《电视中心实施细则》第七十三条、《广播中心实施细则》第五十六条、《无线发射转播台实施细则》第四十四条、《卫星广播电视地球站实施细则》第三十六条、《光缆传输干线网实施细则》第五十一条、《有线广播电视网实施细则》第七十六条、《微波传输电路实施细则》第四十三条，均规定：施工涉及或可能涉及安全播出的，施工前，应制定详细的施工方案和应急预案。施工方案和应急预案应明确：施工的目的和要达到的效果、施工内容和施工区域、详细操作步骤和时间进度；施工过程中的技术、消防等各项安全保障及应急措施；施工可能对安全播出造成的影响、防范措施、应急操作处理流程以及相关责任人和需要协调配合的部门等。

6.《光缆传输干线网实施细则》第四十三条、《微波传输电路实施细则》第三十四条，均规定，要求：应规定定型故障的故障定位、到达现场、完成抢修的时限，并根据抢修时限要求制定抢修预案和应急抢修流程，落实参与抢修的人员、器材、通讯及交通工具。

7.《光缆传输干线网实施细则》第四十六条、《微波传输电路实施细则》第四十四条、《卫星广播电视地球站实施细则》第三十条、《有线广播电视网实施细则》第七十七条，均规定，在应急预案管理方面应：（一）运行维护单位应针对技术系统的特点和本单位实际情况制定突发故障应急预案和突发事件应急预案，包括供配电故障应急预案、播出重要环节故障应急预案、非法破坏事件应急预案、信息安全事件应急预案、自然灾害应急预案、防暴恐应急预案以及其他突发事件应急预案等；光缆干线网运营机构应将中心站的相关应急预案报广播影视行政部门备案；（二）各相关部门和岗位应根据应急预案制定具体的应急处置流程；（三）应根据实际情况及时修订应急预案和流程，定期对相关人员进行培训并组织演练。

8.《网络广播电视台实施细则》第九十七条、《IPTV 集成播控平台实施细则》第九十四条，规定应建立完善的应急预案，应急预案管理应符合以下规定：（一）应组成预案编制工作小组，吸收预案涉及主要部门和单位业务相关人员、有关专家及有现场处置经验的人员参加。编制工作小组组长由应急预案编制部门或单位有关负责人担任；（二）应针对技术系统的特点、自台实际情况，制定突发故障应急预案和突发事件应急预案，预案应包含与业务相关单位和部门的协调联动机制，包括：供配电故障应急预案、平台重要环节故障应急预案、非法破坏事件应急预案和信息安全事件应急预案、自然灾害应急预案、防暴恐应急预案以及其他突发事件应急预案等，并报集成播控平台主管部门备案；（三）应急预案编制过程中应当征求集成播控总平台、运营商及其他合作单位、专家的意见，与相关的预案作好衔接。涉及其他单位职责的，应当书面征求相关单位意见；（四）各相关部门和岗位应根据应急预案制定具体的应急处置方案流程；（五）应根据实际情况及时修订应急预案和流程，定期对相关人员进行培训并组织演练。

3. 评价指南

本条文明确了安全播出责任单位应制定应急预案、专项方案的范围及其预案或方案管理要求。

（1）评价重点：应急预案、应急措施充分性，应急预案、应急措施动态适宜性；专项方案（重要保障期方案、直播方案、检修方案等）充分性、动态适宜性。

（2）信息收集：本条结合对安全播出责任单位评估时获得的信息进行综合评价。了解安全播出责任单位识别的紧急突发情况信息，查阅与之相关的应急预案；对应急预案内容评价充分性、适宜性。抽查某一时期的重要保障期方案，评价其适宜性、充分性；了解是否存在施工情况，如有则查阅相关施工方案。应急预案、专项方案是否按要求履行备案手续。

4. 常见问题

（1）所识别的紧急突发情况，未能制定应急预案；

（2）未按相关法律法规及其要求制定应急预案的；

（3）应急预案内容存在缺失，存在部分失效；

（4）应急预案不具有可操作性、针对性；

（5）应急预案未履行审核、审批手续；

（6）应急预案发放不到位的，与应急预案相关人员未能获得有效文件；

（7）专项方案未按制定或制定不符合相关要求；

（8）专项方案存在内容缺失、失效情况；

（9）专项方案缺乏可操作性、针对性；

（10）专项方案发放不到位。

（七）安全播出记录与技术档案管理

《广播电视安全播出保障能力评估规范》4.1.3.7条文内容

安全播出责任单位应建立证实安全播出风险有效控制的工作记录[①]，记录方式及保存期限应符合相关法律法规及其标准要求，满足实际业务管理的要求。

安全播出责任单位应建立与完善与安全播出有关的技术档案资料[②]，对资料的归档、转储、借阅、及其控制应满足安全播出管理的需要。

1. 条文理解

①安全播出责任单位应建立证实安全播出风险有效控制的工作记录。记录方式及保存期限应符合相关法律法规及其标准要求，满足实际业务管理的要求。在管理制度中明确规定各层次、部门和岗位在记录管理方面的职责和权限，明确各岗位活动应形成的记录及其内容、形式、时机和传递方式，记录的形成和传递均应作为各岗位的职责内容之一，以达到建立和保持所需的记录的完整、清晰、容易识别和可检索的目的，并确保需要时可以得到。

②安全播出责任单位应建立技术档案管理制度，有条件的应建立电子化技术资料库，安排管理人员对技术档案资料进行管理。严格技术档案资料的归档、转储、借阅、使用。与安全播出有关的技术档案资料应存档规范，易于查找、检索。

2. 法律法规条文及内容如下表

《广播电视安全播出管理规定》第十一条规定：采用录音、录像或者保存技术监测信息等方式对本单位播出、传输、发射的节目信号的质量和效果进行记录。记录方式应当符合省、自治区、直辖市以上人民政府广播影视行政部门的有关规定，记录信息应当保存一周以上。

各专业实施细则中明确了对技术资料、记录的管理要求，如：《电视中心实施细则》第七十六条、《广播中心实施细则》第五十九条、《无线发射转播台实施细则》第四十七条、《卫星广播电视地球站实施细则》第三十九条、《有线广播电视网实施细则》

第八十一条、《光缆传输干线网实施细则》第五十四条、《微波传输电路实施细则》第四十八条，要求应建立技术资料库，有条件的应逐步建立电子化技术资料库。资料库应包含：技术审批文件、运维与技术管理制度、设备档案、运维档案（含运维工作记录、系统操作记录、运行监测记录等）、应急预案、事故档案、系统方案、系统图纸、系统重大技改资料、有关技术标准规范及安全播出文件、报表等；由专人负责对技术资料及时更新整理；运维档案应保存一年以上。

3. 评价指南

本条文明确了安全播出责任单位应建立并形成的记录，提出了技术档案资料管理的要求。

（1）评价重点：记录设置的适宜性、充分性；技术档案管理的规范性。

（2）信息收集：本条结合对安全播出责任单位评估时获得的信息进行综合评价。查阅安全播出责任单位的记录管理制度，是否对记录进行规范化管理；通过与部门负责人交谈及查阅相关记录清单，评估其是否明确本部门工作应形成的记录。通过与各岗位员工的交谈及查阅相关清单，了解员工是否明确其岗位的各项工作应形成的哪些记录。在评估其他管理内容的过程中，可通过其对记录的调阅，观察部门日常所形成的记录的管理是否便于检索和查阅，是否明确哪些是应归档的记录。查阅与安全播出有关的档案信息目录，所调阅的档案信息完整情况。

4. 常见问题

（1）应设置但未能按要求设置记录的；

（2）记录设计不科学、不合理，相关信息记载不全的；

（3）技术资料未按要求存档的，或技术资料存档不及时的；

（4）技术资料不完整的；

（5）存档资料不易于查找、检索。

四、经费保障

《广播电视安全播出保障能力评估规范》4.1.4 条文内容

安全播出责任单位应根据控制风险的需要科学编制经费预算①，按照规定要求合理合规地使用资金，经费用于：

a）技术系统更新改造、优化的需要；

b）技术系统检维修、维护保养的需要；

c）应急资源储备和维护更新的需要；

d）安全防范工作的需要。

1. 条文理解

①安全播出责任单位资金需求主要体现在这几方面：技术系统的更新改造、优化、维护保养和检维修所需的经费；为提升人员能力，培训需求所需经费；应急资源储备和维护更新所需经费；日常运转保障资金；其他专项资金保障等。各项资金、经费应履行审核审批手续，按照相关法律、法规及相关要求管理和使用资金。

2. 相关法律法规条文内容

《广播电视安全播出管理规定》第十三条规定：安全播出责任单位应当保障技术系统运行维护、更新改造和安全防范等安全播出所需经费。第三十四条规定：安全播出责任单位应当投入必要的资金用于应急资源储备和维护更新，应急资源储备目录、维护更新情况应当报广播影视行政部门备案。

3. 评价指南

本条文明确了安全播出责任单位要保障安全播出所需经费，对专项资金、各种经费的申请、使用要履行审核审批手续，并进行有效监管。

（1）评价重点：经费审核审批情况。

（2）信息收集：根据已识别的重大风险情况，查阅安全播出责任单位经费预算信息、资金使用信息。通过与部门负责人的交谈及查阅相关文件，确定经费是否满足安全播出管理需要。

4. 常见问题

（1）存在的重大安全播出隐患、风险无资金保障；

（2）技术系统更新、改造计划无对应的资金计划；

（3）技术系统运维资金未得到有效落实；

（4）应急所需资金未有效落实。

第二节 日常运维保障能力评估

一、信号源与节目源安全

（一）信号源安全

《广播电视安全播出保障能力评估规范》4.2.1.1 条文内容

安全播出责任单位应与信号源提供方共同确认信号输入路由，提供方与接入方应清晰界定各自的维护范围，明确双方责任，建立上下游业务协调机制，共同识别信号输入可能存在的风险并制定预控措施和应对措施，确保信号输入的安全。要求：

a）接入外来信号源[①]应得到广播影视行政部门的批准，信号接入路由应报备；

b）不擅自接入境外广播电视节目；

c）使用专用信道完整传输必转的广播电视节目；

d）根据节目重要性采取多路由接收信号。

安全播出责任单位应对接入的信号源进行内容监视和技术指标监测[②]，确保信源接入安全。

1. 条文理解

①为加强广播电视业务链的安全，规避外来信号源质量差、安全不稳定等因素对安全播出责任单位的影响，接入外来信号源前应向广播影视行政部门报告。

②对接入的信号源进行内容监视和技术指标监测，是确保信源接入安全的重要措施，只有抓好源头控制才能避免安全播出风险的发生。

2. 相关法律法规及其要求

《广播电视安全播出管理规定》第十五条规定：从事广播电视传输、覆盖业务的安全播出责任单位应当使用专用信道完整传输必转的广播电视节目；不得擅自接入、传送、播出境外广播电视节目。第十九条规定：安全播出责任单位的技术系统运行管理，应按照省、自治区、直辖市以上人民政府广播影视行政部门批准的节目、传输方式、覆盖范围以及相关技术参数播出、传输、发射广播电视信号，未经批准不得擅自停止或者变更服务。

根据专业不同，相关实施细则中规定了信号源的管理要求，如：

1. 《电视中心实施细则》第二十三条规定：单边连线配置的卫星传输系统应应具备中频自环和卫星自环监看视频信号能力和信号源监听监看能力；应配备便携式频谱分析仪监测卫星信号；宜配置波形监视器监测基带信号源。第二十六条规定：外场转播系统辅助设备：三级应有监看监听系统，宜接收播出信号供监看；二级在符合三级保障要求的基础上，应配置指示（Tally）系统；应具备监看监听监测各级信号技术质量及指标的功能。第四十二条规定：节目集成平台应能对信号源、集成播出链路关键节点、平台输出点以及接收的自台播出信号进行视音频监看监听和主要技术指标监测。第五十二条规定：转播中央一套节目或省卫视节目时，应有两路不同路由的信号源。

2. 《有线广播电视网实施细则》第八条规定：三级、二级前端的重要节目应接入两路不同传输路由的信号源。一级前端的重要节目、主要节目应接入两路不同传输路由的信号源，且能够实现不同信号源的自动、手动切换和应急跳接。来自外部网络的节目源应不直接接入播出系统，先经过隔离和审核后方能接入。第九条规定：卫星接收安全监控系统应符合以下规定：（一）三级应对本地接收的卫星信号源节目进行监听监看，应配置满足安全监控要求的卫星接收机；（二）二级应对本地接收的卫星信号源节目进行监听监看，应配置卫星接收安全监控系统或满足安全监控要求的卫星接收机，系统或接收机应具备卫星信号异态声光报警和迅速进行节目源信号切换或关断的功能；（三）一级应对本地接收的卫星信号源节目进行监听监看，应配置卫星接收安全监控系统，系统应具备卫星信号异态声光报警和迅速进行节目源信号切换或关断的功能。

3. 《网络广播电视台实施细则》第十二条规定：信源技术系统主要完成包括信源接入、信号处理、信号分配传送等功能。第十三条规定：重要节目信源接入应采用至少两路不同物理路由或不同传输方式的链路，且能够满足主备信源间自动、手动切换和应急跳接。信源分配链路应具备冗余，各分配环节关键设备应根据节目重要程度进行合理规划。第十四条规定：应对所有信源接入进行安全性检测，严格管理有关端口和登录账号、密码及操作权限；应对通过网络传输的信源进行安全检测过滤，并采取防入侵攻击措施，并设置内容审核接口。对于有群众参与或外来信号的现场直播节目，应通过演播室进行信号连接，并配置延时和切断装置。

3. 评价指南

本条文根据可能影响安全播出的外来信号源，从接入、责任划分等提出的要求。

（1）评价重点：信号源接入路由，接入信号的内容监测、技术指标监测。

（2）信息收集：查阅安全播出责任单位的路由接入审批、备案手续；查阅路由图；查阅提供方与接入方办理的相关手续，了解是否建立了业务协调机制；所涉及的风险是否明确了具体的控制措施；了解外来信号源监测手段及其措施，已实施内容监测、技术指标监测的证据。

4. 常见问题

（1）路由接入无审批、备案手续；

（2）提交方、接入方对信号源管理的边界不清晰，责任不明确；

（3）未提供符合实际情况的路由图；

（4）未使用专用信道传输广播电视节目；重要节目的路由不符合规定要求；

（5）未对接入的信号质量实施内容、指标要监测；监测证据不足；监测信息缺乏分析。

（二）节目源安全

《广播电视安全播出保障能力评估规范》4.2.1.2 条文内容

安全播出责任单位应对不同来源[①]、不同类型的视听节目进行内容审核[②]和技术审核[③]，明确节目内容审查和技术审核的时机、程序、方式、标准，指定审核人员，赋予职责和权限，确保节目质量符合法律法规及其相关标准要求，对存在的风险点实施有效控制。

为确保节目源的安全，应满足：

a）引进的节目履行报批手续；

b）采购的节目进行供方资格、能力评价；

c）集成的节目应追溯节目源的安全；

d）直播的节目应制定直播方案，识别风险并明确控制措施，在适当阶段预先验证风险预控措施和应对措施的可靠性；

e）节目信息完整，节目标识具有唯一性，不被篡改。

视听节目送播路径清晰，送播责任、手段、截止时间明确，节目在入库、上下线过程中存在的风险应得到有效预控。

安全播出责任单位应加强备播节目的管理，要求：

a）对待播的节目应按要求审定；

b）重要节目应有备份，满足应急播出的需要；

c）应提供与所播节目风格一致的垫片节目。

1. 条文理解

①节目源的提供单位一般包括：广播电台、电视台、付费频道播出单位、节目集成平台、网络电台、网络电视台、IP 电视（IPTV）集成播控平台、手机电视集成播控平台，以及其他为节目传输单位提供节目信号源的单位等。节目的提供方式主要包括引进的节目、采购的节目、集成的节目、直播的节目等。对不同来源的节目内容审核和技术审核的要求也不同。

②安全播出责任单位应明确不同节目的内容审核原则，确保节目内容安全。

③安全播出责任单位应对节目的技术指标采用自动检验和人工检验相结合的方式进行审核，确保节目技术安全。

2. 相关法律法规及其要求

《广播电视安全播出管理规定》第十五条规定：安全播出责任单位的广播电视节目源管理，应当符合下列规定：（一）广播电台、电视台在节目制作、节目播出编排、节目交接等环节应当执行复核复审、重播重审制度，避免节目错播、空播，并保证节目制作技术质量符合国家、行业相关标准。

广播中心、电视中心专业实施细则中对节目源管理做了规定，如：

1.《电视中心实施细则》第五十四条规定：节目制作应符合以下规定：（一）标准清晰度节目带制作应符合《标准清晰度数字电视节目录像磁带录制规范》（GY/T 223），高清晰度节目带制作应符合《高清晰度电视节目制作及交换用视频参数》（GY/T 155）；（二）硬盘中的节目文件应具有唯一的文件名作为标识，且标准清晰度节目制作质量参照《标准清晰度数字电视节目录像磁带录制规范》（GY/T 223）执行；高清晰度节目制作质量应符合《高清晰度电视节目制作及交换用视频参数》（GY/T 155）。

2.《电视中心实施细则》第五十六条规定：节目部门应向播出部门提供经审查后的垫片节目。第五十八条规定：节目的播前技审应符合以下规定：（一）节目播出前应进行技审，模拟节目带应符合《电视节目带技术质量检验方法》（GY/T 120），数字节目带应符合《标准清晰度数字电视录像磁带录制规范》(GY/T 223);高清晰度节目带参照《数字电视图像质量主观评价方法》(GY/T 134)有关内容执行;(二)采用硬盘播出方式的电视中心应有头尾检测环节,对入库节目文件进行可播性检测;(三)节目文件技审宜采取内容质量监测系统自动审查与人工复审相结合的方式,先执行自动审查,自动审查选出有问题的文件再由人工复审;(四)重播节目应重审。

第五十七条规定:节目送播管理应符合以下规定:(一)送播节目应通过内容审查和技术审查,应与节目编排内容相符,并由专人负责送播,特别重要的节目应有备份送播手段。节目带一旦送播,任何人不得擅自取走或修改;送播节目带应至少提前一天完成上载;送播节目带再播时,应再审再送;(二)临时送播带应建立专项管理机制,明确规定节目带送达播出部门的截止时间;(三)在文件送播的所有迁移过程中均应有相应的校验机制,且采用开放的接口,使得各环节都能获取其信息。根据实际情况,应设置节目迁移至播出平台的截止时间;(四)节目带管理人员应核查节目带的播出信息并做好出入库记录,对于有问题或者不能按时入库的节目带应及时与节目部门协调解决。

3.《广播中心实施细则》第四十一条规定:节目制作应符合以下规定:(一)节目制作质量应符合《广播节目声音质量主观评价方法和技术指标要求》(GB/T 16463)和《数字音频设备的满度电平》(GY/T 192);(二)制作人员在发送录播节目的信息中应完整标注相关节目信息,录播节目标识应唯一;(三)对于重要节目,应制作符合审查规定的备播节目,并发至相应的直播机房,供应急播出时使用。第四十二条:节目审定及编排应符合以下规定:(一)应由专人对待播节目进行节目审定;第四十三条:节目部门应提供垫播节目,经审查后发至相应的直播机房和播出工作站,内容应符合本部门节目特点,垫播节目应适宜随时切出并恢复到正常节目。

4.《有线广播电视网实施细则》第五十八条规定:互动电视节目内容库管理应符合以下规定:(一)应使用文件完整性监控工具定期进行扫描,及时发现内容被篡改的文件;(二)应对入库的节目内容进行内容审核,符合各级广播电视管理部门所发布的相关要求和规范;(三)应能够对入库的节目进行技术审核,判别节目中出现的黑场、彩条、静帧、彩场、色彩丢失、静音等故障,并形成结果报表。

第五十九条规定:互动电视节目上下线应符合以下规定:(一)节目上下线过程中应配置人工审核环节,完成内容审核和技术审核后方可正常上线;(三)点播节目重新发布需重新入库上线时,应再次进行内容审核和技术审核,通过后方可再度设置上线;(四)对新上线的节目内容,应通过不同型号、版本和权限的终端进行验证。

第六十条规定：互动电视 EPG 系统应符合以下规定：（一）EPG 模板在正式发布前，应进行预发布和审核，待审核通过后方可发布，EPG 模板应在媒体实体内容上线之后发布。EPG 正式发布前应进行严格的节目关联测试，确认内容发布的有效性。内容下线时，对应的 EPG 条目应先于实体媒体文件下线；平台应具备应急 EPG 模板发布功能；第六十一条规定：EPG 广告、邮件等数据信息应实行内容和技术审核，通过内容审核和技术审核后方能进入数据信息发布环节。

第二十二条规定：对将发布的内容应设置内容和技术审核环节，经审核通过后方可发布。内容发布过程应具备日志记录、审计功能，并应采取措施对已经发布的内容进行监控。内容发布系统应通过内容分发网络与互联网连接。

第二十三条规定：应将节目发布库和对应节目数据库分别存储于不同设备。应支持数据库自动备份与恢复功能，支持屏蔽前台提交的敏感字符。

5.《网络广播电视台实施细则》第十九条规定：在编目、加工等环节应设定多重强制性人工审核，在确认审核通过之后，方可进入媒资管理及发布环节。第二十条：应在节目入库、节目上线前配置内容和技术审核环节，确保节目的准确性及完整性。第六十九条：应定期对存储介质的完整性、可用性检查，确保数据或软件没有损坏、丢失；应建立存储介质入库、转储、借阅、使用、归档、检查、销毁登记制度。 第二十一条：页面模板在正式发布前，应进行预发布和审核，待审核通过后方可发布；应进行发布节目关联测试，确保内容发布的有效性；应对发布的页面模板进行归档备份，页面模板压缩包应加密保存；使用备份的页面模板前应进行文件完整性检查，以防止内容被篡改。

6.《IPTV 集成播控平台实施细则》第十三条规定：为保证直播信号传输稳定可靠，直播分系统网络应采用独立的网络及传输链路，以实现组播与单播有效分离，避免相互干扰。

第十四条规定：信源播控应包括节目单提交确认、串联单逻辑时间检查、播出素材就绪情况检查、节目自动技审、数据校验、人工播前审核、主备信号同播等功能。

第十六条规定：重要节目信源接入应采用至少两路不同物理路由或不同传输方式的链路，且能够满足主备信源间自动、手动切换和应急跳接。信源分配链路应具备冗余，各分配环节关键设备应根据节目重要程度进行合理规划。

第十七条规定：信源编码码率应满足信号质量要求和网络传输带宽要求。重要节目编、转码设备应采用 1+1 备份方式，其他节目应采用 N+1 备份方式。直播流输出应采用两路不同物理路由或不同传输方式的链路。

第十九条规定：点播分系统主要实现节目库管理、节目编排、节目审核、节目上下线、节目迁移分发等功能。

第二十条规定：应在节目入库、节目上线前配置内容和技术审核环节，确保节目的准确及完整性。节目库应具备恢复机制，并定期进行节目文件完整性校验。

第二十一条规定：节目上下线环节应具备日志记录、审计功能，对已上线的节目应具备监看环境。下线节目恢复上线时，应重新审核。

第二十二条规定：节目迁移分发应启用校验及认证机制，并确保分发链路的畅通。分发链路宜具备冗余，且采用不同物理路由或不同传输方式。

第二十四条规定：EPG 模板在正式发布前，应进行预发布和审核，待审核通过后方可发布；应对已发布的 EPG 模板进行归档备份，模板压缩包应采用加密方式予以保护；EPG 模板文件应定期进行文件完整性检查，以防止被篡改。EPG 服务器应实施防篡改机制，禁止通过互联网远程登录 EPG 系统进行相关操作。

第二十五条规定：应对用户开机登录、业务订购、业务使用等过程进行认证鉴权，并产生用户费用信息详单。应通过与运营商之间的接口实现用户信息、用户操作记录、业务订购信息的同步。

第二十六条规定：用户、计费等核心数据应进行备份，并配备相关安全防护措施，以防止数据被泄露、窃取及篡改。每次备份数量不少于 2 份，备份介质应异地存放，妥善保管。

3. 评价指南

本条文明确了涉及影响节目源安全有关的节目制作与采集、外来节目引进、节目上载提交、节目存储等环节的风险控制要求。

（1）评价重点：不同节目内容审核标准及其实施情况，不同节目技术指标审核标准及其实施情况，节目送播过程的安全，节目备播安全。

（2）信息收集：查阅安全播出责任单位的节目播出单，了解播出的节目类别，查阅不同节目其内容审核的标准、技术审核标准，查阅某一时期内审核的证据，审核发现问题的处理；查阅外来节目供方的信息，查阅外来节目采购信息、接收登记的信息，了解外来节目技审和内容审查的标准及其审核的证据；抽查节目标识情况；询问节目送播流程并查阅相关证实性资料；查阅垫播的节目信息；查阅直播节目方案，了解风险及其控制措施；查阅节目内容库、节目上下线、EPG 模板涉及的风险信息并对应查看安全防范措施；新上线节目安全验证信息；查阅媒资管理制度及定期完整性校验的证据。

4. 常见问题

（1）外来节目供方资质无效；

（2）外来节目接收不规范，内容审核、技术指标审核程序不规范，未提供相关审核证据；审核发现的问题未能落实整改；

（3）本单位制作的节目内容审核程序不规范，未提供内容审核、技术指标审核的证据；审核发现的问题未能落实整改；

（4）集成的节目不能存在风险无有效防范措施；

（5）送播程序不规范，送播截止时间不明确、重要节目无备份送播手段；

（6）硬盘播出未进行头尾检测、可播性检测；

（7）重播节目未履行重审手续；

（8）字幕播出无相关通知或程序不合规；

（9）提供的节目垫片与播出的节目风格不一致；

（10）节目内容、技术审核程序不规范，无记录或记录信息存在缺失；

（11）确保节目内容库、上下线、EPG 模板的安全措施不完善；

（12）新节目未履行安全验证；

（13）媒资安全存在风险未有效控制，文件未定期进行完整性校验；

（14）节目发布库、数据库安全存在风险未有效控制。

二、业务调度管理

（一）日常业务调度

《广播电视安全播出保障能力评估规范》4.2.2.1 条文内容

安全播出责任单位应依照行业主管部门审批的业务范围从事视听节目播出和信号传输、覆盖业务[①]。

安全播出责任单位应规定日常业务的调度程序，明确调度部门及其责任人，协调单位内部各业务之间关系以及与安全播出有关的外部单位之间的业务关系，确保各项业务有序、规范。业务调度[②]应：

a) 跨单位、跨部门的业务调度和操作指令应采取适宜方式及时、准确地传递至相关人员；

b）业务计划的编制依据应准确、充分，编制的结果应履行必要的审核审批手续；

c）应对业务计划执行情况进行监督；

d）当内外部环境发生变化时，应对计划做出调整，重新履行审核审批程序。

1. 条文理解

①从事广播电视播出、传输、覆盖业务实行许可制度，应按广播影视行政部门的法律法规办理相关手续，取得相关运营资质。

②业务调度是一个单位的重要指挥机构，服务于整个业务的运行，在自身因素以及外界因素的影响时，科学、合理地实施调度，通过调度实现统一管理和指挥工作的每一环节，随时协调，确保业务安全有序运行。

2. 相关法律法规及其要求

专业不同，涉及的调度范围、内容也有所不同，相关专业实施细则中对业务调度环节应控制的风险做了相关规定，如：《电视中心实施细则》第五十五条规定、《广播中心实施细则》第四十二条规定：节目审定及编排应由专人负责节目串联单的编排管理、审定工作；对入库的待播节目进行确认；节目和串联单应通过审定后播出，重播节目应重审；播出节目变更信息和编排信息等应及时发至相应部门，各环节均应有责任人检查、复核并签字。

3. 评价指南

本条文规范了安全播出责任单位的日常业务调度工作，根据所涉及的风险明确相关控制要求。

（1）评价重点：业务调度的程序科学性、规范性；跨单位、跨部门业务调度的管理。

（2）信息收集：查阅安全播出责任单位运营资质，核对相关信息；与相关部门负责人沟通，了解日常业务调度的程序，依据程序抽查相关调度实施的证据；通过沟通了解跨单位、跨部门的业务调度情况并查阅相关信息记录（通话联络的录音和文档记录）；查阅业务计划制订的科学、合理性，是否履行审核审批手续；业务计划执行过程中是否进行监督。

4. 常见问题

（1）所从事的广播电视播出、传输、覆盖业务未能提供出经行业主管部门审批的证据；因单位业务变化，原有的审批材料与实际不符；

（2）业务调度程序不清晰；业务调度程序不合理；

（3）跨单位、跨部门的业务调度、操作指令未能准确、及时地传递相关人员；

（4）业务计划制订不科学、不合理，未履行审核审批手续。

（二）业务变更管理

《广播电视安全播出保障能力评估规范》4.2.2.2 条文内容

安全播出责任单位应在业务变更前，按照主管部门的规定履行报审、报批、备案手续[①]。业务变更应：

a）停播、停传根据影响的范围逐级报批；

b）凡是播出方式、传输覆盖方式、运行参数等变更的，按要求报批；

c）凡是运行变更影响下游安全播出责任单位的，在变更前通知下游单位并做好配合[②]。

1. 条文理解

①安全播出责任单位应有计划地控制组织内人员、场所、活动、系统等永久性或暂时性的变更，以避免对播出安全产生影响。确需业务变更时，须事先按照相关规定履行报审、报批、备案手续。

②安全播出责任单位的业务变更可能对下游单位产生影响，应提前如实向下游单位告之业务变更的时间、内容、可能存在的风险及其发生的紧急突发情况，配合下游做好风险防范工作，减少对下游单位安全播出的影响。

2. 相关法律法规及其要求

《广播电视安全播出管理规定》第十九条规定：安全播出责任单位的技术系统运行管理，应按照省、自治区、直辖市以上人民政府广播影视行政部门批准的节目、传输方式、覆盖范围以及相关技术参数播出、传输、发射广播电视信号，未经批准不得擅自停止或者变更服务。

不同专业实施细则中对业务变更环节的管理做了明确要求，如：

1.《电视中心实施细则》第七十一条、《广播中心实施细则》第五十四条、《卫星广播电视地球站实施细则》第三十三条、《微波传输电路实施细则》第四十一条、《有线广播电视网实施细则》第七十四条、《光缆传输干线网实施细则》第四十九条，均规定：临时停播停传管理应符合以下规定：（一）临时停播停传涉及总局直属单位的，以及播出影响范围涉及全国或者跨省的，应提前5个以上工作日逐级报至总局批准；其他临时停播停传的申请程序、管理要求由省级广播影视行政部门另行规定；（二）申请临时停播停传前应做好与相关单位和部门的沟通协调；（三）临时停播停传申请材料应说明申请原因、起止日期和时间、涉及的节目、影响范围、操作方案、应急措施等；（四）临时停播停传批准后，广播影视行政部门应通知监测监管部门，申请单位应在操作前通知相关播出单位。

2.《电视中心实施细则》第七十二条、《广播中心实施细则》第五十五条、《卫星广播电视地球站实施细则》第三十四条、《微波传输电路实施细则》第四十二条、《有线广播电视网实施细则》第七十五条、《光缆传输干线网实施细则》第五十条，均规定：运行变更管理应符合以下规定：（一）播出方式（如是否加密等）、传输覆盖方式、播出技术参数等的变更，应根据有关规定报广播影视行政部门审批；批准变更的，审批部门应同时将批复意见抄送监测监管部门，申请单位应在变更前通知相关播出单位；（二）变更后应进行测试，测试通过后方可投入运行；应及时修改播出系统图等技术资料，妥善保存变更前后相关档案。

3.《无线发射转播台实施细则》第四十一条规定：例行停机检修管理应符合以下规定：（一）应对技术系统定期进行例行停机检修，并将例行停机检修时间逐级报省级以上广播影视行政部门批准；（二）省级广播影视行政部门应合理安排同城市和相邻城市的例行停机检修时间，并报总局备案；（三）例行停机检修申报材料应说明例行停机检修的周期、起止时间、涉及的节目及频率、影响范围等内容。第四十二条：临时停机管理应符合以下规定：（一）总局直属发射台，需临时停机3天（不含）以上的，应提前7个以上工作日报至总局批准；需临时停机3天（含）以内的，应提前2个以上工作日报至总局备案；（二）地方转播中央广播电视节目，发射台发射功率在50瓦以上（不含）的发射机，需临时停机7天（不含）以上的，应提前7个以上工作日逐级报至总局批准；需临时停机7天（含）以内的，应提前2个以上工作日逐级报至总局备案；（三）地方发射台转播地方广播电视节目或转播中央节目发射功率在50瓦（含）以下的发射机，需临时停机的，申请程序、管理要求由省级广播影视行政部门另行规定；（四）申请临时停机前，应做好与相关单位和部门的沟通协调；（五）临时停机申报材料应说明临时停机原因、起止日期和时间、涉及的节目及频率、影响范围、操作方案、应急措施等内容；（六）临时停机批准或备案后，广播影视行政部门应通知监测监管部门，申请单位应在操作前通知相关播出单位。

4.《卫星广播电视地球站实施细则》第二十五条规定：运行工作应符合：播出中需要进行主备设备或播出系统手动切换时，应提前报国家新闻出版广电总局（以下简称总局）批准，应急处置时可先操作后报告；对标定上行功率等相关运行参数的调整操作，应报总局批准；

5.《网络广播电视台实施细则》第七十七条、《IPTV集成播控平台实施细则》第六十八条对运行变更管理做如下规定：（一）业务范围、播出方式、传输方式、播出技术参数等有重大变更的，应根据有关规定报广播影视行政部门审批；批准变更的，审批部门应同时将批复意见抄送监测监管机构；申请单位应在变更前通知相关业务合作单位；（二）变更前应进行模拟测试，测试通过后方可进行变更；应及时修改播出系统图等技术资料，妥善保存变更前后相关档案。

3. 评价指南

本条文明确了安全播出责任单位要对业务变更进行有效管理，按要求履行相关手续。对于业务变更可能影响其他相关单位的情况，应共同做好风险防范工作。

（1）评价重点：不同业务变更事由，履行的业务变更手续及其相关风险防控措施。

（2）信息收集：与相关部门人员沟通，了解不同业务变更的信息，查阅业务变更程序及其相关实施某项业务变更的全过程证据。

4. 常见问题

（1）业务变更未履行报审、报批、报备手续；

（2）业务变更程序不科学、不合理；

（3）业务变更证据不充分；

（4）业务变更存在的风险未制定有效的控制措施；

（5）变更信息传递不及时、不到位。

三、业务操作处理

（一）业务操作控制

《广播电视安全播出保障能力评估规范》4.2.3.1 条文内容

安全播出责任单位应对每项与安全播出有关的业务按照 PDCA 方法（策划、实施、检查、改进）[1]进行管理，在策划阶段识别风险并制定风险预控措施[2]，确保业务过程的安全。

a）安全播出责任单位在业务实施前确认操作条件；

b）影响安全播出的风险得到评估，风险预控措施完备；

c）业务处理的程序清晰，明确责任和各环节控制要求，业务有关信息已传递至相关操作人员并得到理解和沟通；

d）当业务处理的结果不能由后续的监视和测量活动加以验证时，应对该业务的各环节及其资源预先确认；

e）减少业务操作对上下游活动的影响；

f）确认工作环境适宜。

安全播出在业务实施过程中应：

a）按策划的要求实施业务活动的过程控制，业务操作应符合相关法律法规、标准及其他要求，保留其相关信息；

b）按策划的要求对业务实现的结果进行检查，确保满足安全播出要求；

c）业务处理条件发生变更时，对变更进行评审，确保适宜性；

d）业务实施过程中发生紧急突发情况时，应及时采取应急措施或启动应急预案，消除风险带来的不良影响。

1. 条文理解

①应用 PDCA 方法，实现所有活动按照策划、实施、检查、改进进行闭环管理。其中策划是指为达到一定目标，在调查、分析有关信息的基础上，遵循一定的程序和方法，对未来某项工作进行全面的思考和安排，制定和选择合理可行的方案，并根据预期目标要求和环境变化动态调整方案。活动策划一般在活动开展前进行，明确活动的目标、预知的风险、工作步骤、职责、风险控制方法等。

②安全播出责任单位应在活动开展前全面识别可能存在影响安全播出的风险因素，

在策划阶段考虑风险的预控措施，评价措施的有效性，做好各方面的资源保障。

2. 相关法律法规及其要求

《广播电视安全播出管理规定》第十五条规定：广播电台、电视台直播节目应当具备必要的延时手段和应急措施，加强对节目的监听监看，监督参与直播的人员遵守直播管理制度和技术设备操作规范。发现广播电视节目中含有法律、行政法规禁止的内容的，应当立即采取措施予以消除或者停止播出、传输、覆盖，保存有关记录，并向广播影视行政部门报告。

各专业实施细则根据其业务特点，明确了业务操作控制的具体要求，如：

1.《电视中心实施细则》第五十一条、《广播中心实施细则》第三十八条和第三十九条对直播管理做如下规定：（一）开办有群众参与的电视直播节目，应经当地广播影视行政部门批准并报上级广播影视行政部门备案；（二）经批准开办的群众参与的电视直播节目应进行延时播出，使用的热线电话应开通来电显示，并具有录音功能；（三）对有群众参与的直播节目，应制定突发事件应急预案，并指定现场负责人员；（四）外出直播，应事先详细考察，在直播设备进场前逐一确认供电、停车位置、电缆走向及保护、安全保卫、通信及指挥、照明、对外接口等，保证直播安全；重大直播应在先期考察和协调的基础上，制定详尽的技术和实施方案；（五）每次直播前应对系统设施进行播前测试，检查延时器等相关设备的运行情况，并核对开播时间、播出长度等；开播前30分钟应完成视音频信号测试（包括声画同步测试）并保持畅通。外场转播时，各转播点应提前和播控中心确认时钟；单边连线时，应事先完成相应的通话测试、摄像机电池检查等；（六）节目部门应有专门人员负责直播现场和播控中心的协调，并负责节目的调整；（七）大型和重要现场直播需由主管领导负责组织协调，部署现场直播的宣传、技术方案和节目调整等事宜。应确定技术总指挥，负责技术保障方案和应急预案的落实。

2.《电视中心实施细则》第五十二条、《广播中心实施细则》第四十条对转播管理做如下规定：（一）对非本台播出节目进行转播前，应经过节目主管部门批准，并制定完善可行的保障方案和应急预案；（二）转播时，节目部门应有专人在播控中心负责，保证完整转播，并做好转播前后的节目切换和衔接工作；应按上级要求使用延时器；（三）转播中央一套节目或省卫视节目时，应有两路不同路由的信号源。

3.《卫星广播电视地球站实施细则》第二十五条对运行工作做如下规定：（一）载波应保持连续发送，单一载波占用全转发器时应保证转发器工作在饱和状态，多载波共用转发器时应保证转发器工作在最小输出功率回退点；（二）应使用本站最大功率高功放和最高增益天线作为主用上行系统，确保最强上行能力；（三）主用上行系统的主备高功放均应接入自动功率控制系统，并保持主备高功放功率一致；除系统检修、日凌、雨雪衰、协调降功率等特殊情况外，自动功率提升系统应工作于自动状态。

3. 评价指南

本条文明确了安全播出责任单位对业务操作的控制要求，在操作前应对风险进行识别并做好风险防范，在操作过程中应按确定的风险防控措施认真落实。

（1）评价重点：业务操作规范性，影响业务操作的因素是否有效控制。

（2）信息收集：与相关岗位人员沟通，了解某项活动操作的依据性文件、操作程序、操作可能存在的影响安全播出风险，查阅操作的相关记录。对于业务处理的结果不能由后续的监视和测量活动加以验证的，如直播活动、切换活动等，了解可能存在的风险及其确认的要求；询问哪些业务操作对上、下游活动产生影响，了解与上、下游工作协调机制；现场查看工作环境的适宜情况，包括机房环境、场站环境、人员的工作环境。

了解是否对各项业务操作情况进行自检，业务操作涉及的风险是否有效控制。当业务条件变更时，是否进行了评审，风险防范措施是否完善。

询问了解，遇业务操作过程中发生紧急情况时，是否按照应急措施执行，评价应急措施的有效性。

4. 常见问题

（1）业务操作缺乏策划，准备不充分；

（2）业务操作涉及的风险识别不全面；涉及的风险缺少风险预控措施；

（3）业务操作依据性文件缺失或失效；

（4）业务操作条件不具备，如人员能力不足、工作环境不符合要求、技术系统存在缺陷、操作程序不合理等；

（5）业务操作时对上、下游单位产生影响但未能提前告知；

（6）特殊操作未能在执行前对其条件充分性进行确认；

（7）发生紧急情况下，操作失误；

（8）人员操作失误、责任心不到位未及时发现异态并采取挽救措施；业务不过硬造成的处理不当或处理不及时；

（9）安全意识差，心存侥幸或图省事、盲目蛮干、心神不定等，对工作不负责任随时可能发生错误的指挥，发生不安全行为，造成安全播出事故的发生。

（二）技术系统运行操作

《广播电视安全播出保障能力评估规范》4.2.3.2 条文内容

相关岗位人员应按照技术系统有关的管理类文件、技术类文件实施规范化、标准化操作。

技术系统运行稳定、可靠，环境条件适宜，无安全播出隐患，主要参数设置科学，技术系统运行参数控制在合理区间内[①]。

1. 条文理解

①技术系统运行参数是系统性能的主要指标，每个指标一般规定了区间值，即两个特定实数之间的所有实数，结合技术系统运行经验，安全播出责任单位应确定指标波动的合理区间，通过对技术操作调整和运维工作，使之达到最佳的工作状态。

2. 相关法律法规及其要求

对于技术系统的运行管理，不同专业实施细则中提出了规范操作、安全操作的要求，如：《电视中心实施细则》第七十七条、《广播中心实施细则》第六十条、《无线发射转播台实施细则》第四十八条、《卫星广播电视地球站》第四十条、《光缆传输干线网》第五十五条、《有线广播电视网实施细则》第八十三条、《微波传输电路实施细则》第四十九条、《网络广播电视台实施细则》第八十二条、《IPTV 集成播控平台实施细则》第七十三条，均对技术安全管理方面规定：（一）应遵守《中华人民共和国安全生产法》等有关法律、法规中有关技术安全的规定，遵循《安全规程》、《运维规程》等行业标准中的有关技术安全要求；（二）应按照国家、行业相关规定和标准，制定和细化相关的管理制度和操作流程，强化广播电视从业人员安全意识教育，落实安全责任和措施，加强监督检查，避免发生技术安全事故。

3. 评价指南

本条文明确了安全播出责任单位要按照文件规定的要求实施技术系统，并确保系统运行状态最优。

（1）评价重点：技术系统运行状态，技术系统操作的规范性。

（2）信息收集：现场观察技术系统运行情况，了解不同系统运行的要求，对照文件和实际指标，判断设备运行状态；与工作人员沟通了解技术系统运行状况，了解技术系统可能存在的隐患、操作风险，询问风险控制措施情况；查阅技术系统运行记录。

4. 常见问题

（1）操作人员未按文件要求操作技术系统；

（2）技术系统软硬件存在缺陷；

（3）技术系统存在安全隐患、操作风险，但无有效的预防或应对措施；

（4）技术系统运行不稳定，未明确相关技术指标；运行指标发生偏离。

四、技术系统更新、改造管理

《广播电视安全播出保障能力评估规范》4.2.4 条文内容

安全播出责任单位涉及技术系统更新、改造、优化的项目[1]，应在实施前识别因项目实施可能产生的安全播出风险，制定项目实施方案，经论证[2]，履行必要的审核审批手续后方可实施。

技术系统更新、改造项目应按照策划的结果及其相关法律法规、标准进行测试、验收。技术系统需试运行的，应明确试运行时间，履行报审、报批、报备程序。试运行期间，应对主要参数进行记录，以证实技术系统运行的稳定性。

1. 条文理解

①项目是由一组有起止日期的、相互协调的受控活动组成的独特过程，该过程要达到符合包括时间、成本和资源的约束条件在内的规定要求的目标。这里需要注意的是：风险隐含在项目实施过程中，应在项目实施前辨识风险并制定预控措施；随着项目的进展，按策划的结果实施风险预控，同时动态辨识风险并对预控措施改进。

②项目在实施前应对整个项目过程进行策划，形成项目实施方案，组织相关专家或委托专业评估机构对项目实施方案进行评估。

2. 相关法律法规及其要求

《广播电视安全播出管理规定》第十六条规定：对新建、扩建或者更新改造广播电视技术系统的工程项目，安全播出责任单位在实施前应当组织相关专家或者委托专业评估机构对技术方案进行安全播出评估。

由于技术系统更新、改造等项目在实施过程中可能影响安全播出的稳定运行，若项目质量把关不严还容易在技术系统投入运行后带来安全隐患，对此，不同专业实施细则做了明确规定，如：

1.《电视中心实施细则》第七十三条、《广播中心实施细则》第五十六条、《无线发射转播台实施细则》第四十四条、《卫星广播电视地球站实施细则》第三十六条、《光缆传输干线网实施细则》第五十一条、《有线广播电视网实施细则》第七十六条、《微波传输电路实施细则》第四十三条对施工涉及或可能涉及安全播出的，施工管理应符合以下规定：（一）施工安排应以减少对播出影响为原则，尽量安排在例行检修时间进行，需要临时停播的，应做好临时停播申请和操作通知等工作；（二）施工前，应制定详细的施工方案和应急预案。施工方案和应急预案应明确：施工的目的和要达到的效果、施工内容和施工区域、详细操作步骤和时间进度；施工过程中的技术、消防等各项安全保障及应急措施；施工可能对安全播出造成的影响、防范措施、应急操作处理流程以及相关责任人和需要协调配合的部门等；（三）施工过程中，应遵守相关安全规范，并做到：严格隔离出施工区域，放置警示牌，并进行有效管控；安排熟悉安全播出的人员监督整个施工过程，发生威胁安全播出的行为，立即予以制止；在播出机房内施工，应与播出运行设施隔离，并加强对播出设备、机房环境的巡视；施工用电应与播出用电分离。

2.《电视中心实施细则》第六十七条规定：新建播出系统需要申请试播期的，应提前7个以上工作日逐级报请省级以上广播影视行政部门批准。其中，涉及国家新闻出版广电总局（以下简称总局）直属单位的，以及播出影响范围涉及全国或者跨省的，应逐级报请总局批准。审批部门应及时回复意见；批准试播的，应同时将批复意见抄送广播电视监测监管部门。

3.《无线发射转播台实施细则》第三十一条规定：应遵循《运维规程》的规定，建立"计划科学、分界明确、操作规范、管理严格"的维护机制，做好各技术系统日常维护以及大修、更新改造等工作。第四十条规定：新建发射系统需要申请试播期的，应提前7个以上工作日逐级报至省级以上广播影视行政部门批准。其中，由中央投资建设的应逐级报至国家新闻出版广电总局（以下简称总局）批准。审批部门应及时回复意见。批准试播的，应同时将批复意见抄送广播电视监测监管部门。

4.《卫星广播电视地球站实施细则》第二十五条规定：运行工作应符合以下规定：根据总局有关文件批复承担新的上星播出任务的地球站，应在正式上行前10个工作日报总局备案。第三十五条：技术系统新建、改扩建、迁建管理应符合以下规定：（一）

规定拟承担播出任务的技术系统的新建、扩建及迁建应由省级广播影视行政部门报总局审核；（二）承担播出任务的技术系统的系统性改造，应报省级广播影视行政部门审批，并报总局备案；（三）新建、扩建、迁建或经系统性改造的技术系统，应在通过审批单位验收后投入使用；（四）系统扩建或系统性改造完成后，应进行全系统测试和调整，及时修改相关技术资料，合理调整操作流程，对相关人员进行培训和演练。

5.《有线广播电视网实施细则》第七十一条规定：技术改造与网络优化应符合：技术改造与网络优化应按项目方式进行管理，实施流程应包括方案论证、报批、审核、实施、培训、验收等内容。项目验收应符合《广播电影电视工程建设项目竣工验收工作规程》（GY/T5006）的第 3、4、5 章条款的规定。

6.《微波传输电路实施细则》第三十九条规定：新建微波电路需要试播的，应提前 7 个以上工作日逐级报至省级以上广播影视行政部门批准。其中，涉及国家新闻出版广电总局（以下简称总局）直属单位的，以及播出影响范围涉及全国或者跨省、自治区、直辖市的，应逐级报至总局批准。第四十条规定：涉及站址迁移、扩容、更新的技术改造，国家干线应报国家总局批准；省内干线应报省级广播影视行政部门批准，并报总局备案；支线微波电路应报上级广播影视行政部门批准。

3. 评价指南

本条文明确了安全播出责任单位技术系统更新、改造、优化项目的全过程风险控制要求。

（1）评价重点：项目履行报审报批备案手续；项目测试和验收环节的控制；技术系统试运行的管理。

（2）信息收集：根据安全播出责任单位年度工作计划，了解技术系统更新、改造、优化的工作计划，查阅项目实施方案，了解项目实施或项目完成投入运行后可能影响安全播出的风险及其措施，查阅项目报审、报批、备案手续。

查阅某一项目的实施方案，了解项目施工全过程的管理，通过交谈了解项目不同阶段存在的风险及其风险控制情况，查阅安全播出责任单位对项目过程监督管理的记录；查阅技术系统测试方案、测试记录以及测试过程中存在的问题解决情况；查阅技术系统验收的证据。

查阅项目试运行方案及其试运行报审、报批、报备手续，查阅技术系统试运行记录。

4. 常见问题

（1）项目实施前未履行审核审批手续；

（2）项目实施前未对可能影响安全播出的风险进行识别，抽查时发现存在风险无有效应对措施；

（3）项目实施过程中缺乏有效监督，风险未能有效控制；

（4）项目未按要求测试、验收，或测试、验收不能证实已完成预期目标；

（5）项目验收后，仍存在缺陷未能进行处理；

（6）技术系统试运行期间存在隐患、风险，无有效控制应对；

（7）技术系统试运行期间无记录，不能反映技术系统试运行的工作状态。

五、技术系统维护管理

（一）技术系统预防性维护

《广播电视安全播出保障能力评估规范》4.2.5.1 条文内容

安全播出责任单位应策划对技术系统的预防性维护[①]工作，按策划要求予以实施，保留维护保养实施的证据，要求：

a）确定技术系统维护目标，明确维护的责任分工及其范围[②]；

b）依据技术系统配置信息、技术系统维护说明文件以及实际使用情况，科学制订技术系统周期性维护保养计划，内容应包括维护保养的项目、内容、频次、方式、标准，履行审核审批程序；

c）应将维护保养计划传递至相关责任人，做好维护保养的各项准备工作，在维护保养前应确认维护保养条件；

d）技术系统维护保养操作应规范，严格按照维护保养标准的各项要求进行验收。

安全播出责任单位应策划技术系统的检修工作，按策划要求予以实施，保留检修实施的证据，要求：

a）根据本单位安全播出任务和技术系统实际运行情况，科学制订技术系统检修计划，明确检修事由、项目、程序及其标准，制定检修方案，履行审核审批程序；

b）应将检修方案传递至相关人员，在检修前对检修的条件进行确认；

c）技术系统检修操作应操作规范，严格按照检查标准逐一测试、验收。

技术系统维护保养、检修所需的工具、仪器仪表应妥善放置和保管，要求：

a）根据需要对工具、仪器仪表进行检查、维护；

b）按照相关法律法规及其标准的要求对仪器仪表进行检定、校准，确保其精确度和准确度。

1．条文理解

①技术系统预防性维护工作是保证广播电视技术系统正常运行的重要措施，各级管理人员和维护人员应掌握技术系统及其设备运行规律，保持技术系统运行指标符合要求，性能处于最佳工作状态。

②技术系统维护应实行岗位责任制，应明确划分维护区域，落实责任人，确定维护对象、项目、内容、频次方式、标准等。

另外，对于委托其他单位承担技术系统运维工作的，应选择具有代维资质的单位，双方应签订服务协议，确定代维内容、服务范围、维护周期、服务标准等，明确双方责任和义务，指定专人对代维单位的运维进行监督、检查和管理，应对代维服务相关服务记录进行确认。

2．相关法律法规及其要求

《广播电视安全播出管理规定》第二十条规定：安全播出责任单位的技术系统维护管理，应当符合下列规定：（一）遵守国家、行业有关标准，建立健全维护管理制度；（二）安全播出责任单位之间、播出环节之间做到维护界限清晰、责任明确；（三）安全播出责任单位委托其他单位承担技术维护或者播出运行工作的，应当选择具备相应技术实力的单位，并与其签订委托协议。

不同专业实施细则均对预防性维修工作做出了相应要求，如：

1.《电视中心实施细则》第六十四条、《广播中心实施细则》第四十八条、《卫星广播电视地球站实施细则》第二十七条对维护管理应符合以下规定：（一）参照《维护规程》的相关要求，针对不同系统和设备分类制订周检、月检、季检、年检等周期性维护计划，并按计划组织实施；（二）应将播出及相关系统各个环节的设备、线路维护落实到机房、班组、个人，做到界面清晰、责任明确，不漏检、不重叠；（三）应与上、下游相关播出单位明确信号源主、备用关系，划清维护分界，并签订维护协议，协议主要内容应包括维护分界图、各方保障责任、故障处理协调机制、联络电话等；（四）对网络系统、服务器、存储系统、工作站等应定期重启，进行必要的系统补丁更新，并对重要数据进行整理、备份。

2.《电视中心实施细则》第六十六条、《广播中心实施细则》第五十条、《卫星广播电视地球站实施细则》第二十九条、《光缆传输干线网实施细则》第四十四条、《无线发射转播台实施细则》第三十六条、《有线广播电视网实施细则》第七十条、《微波传输电路实施细则》第三十七条：代维管理应符合以下规定：（一）委托其他单位承担运行维护任务时，安全播出责任仍由委托方承担，委托方应选择具有相应保障能力的代维单位并签订有效协议，明确双方的责任和义务；（二）应指定专人对代维单位的运行维护质量进行监督、检查和管理；应对代维单位的操作进行规范，在代维单位进行维护操作时，应安排内部人员监护；应禁止代维单位的远程维护；（三）设备所在地单位应承担设备运行监测、故障应急处置等代维任务，并与委托方签订有效协议，明确双方的责任和义务；应严格履行协议范围内的相关责任和义务，及时向委托方反馈运行维护情况。

3.《无线发射转播台实施细则》第三十一条规定：应遵循《运维规程》的规定，建立"计划科学、分界明确、操作规范、管理严格"的维护机制，做好各技术系统日常维护以及大修、更新改造等工作。

4.《无线发射转播台实施细则》第三十二条、《光缆传输干线网实施细则》第三十九条、《有线广播电视网实施细则》第六十五条、《微波传输电路实施细则》第三十一条规定：应参照《运维规程》的相关要求，针对不同系统和设备分类制订周检、月检、季检、年检等周期性的维护计划，并按计划组织实施；维护工作应做好记录并存档。

5.《无线发射转播台实施细则》第三十三条、《光缆传输干线网实施细则》第四十条、《有线广播电视网实施细则》第六十六条、《微波传输电路实施细则》第三十二条：应根据国家、行业有关技术标准，并结合自身承担的维护任务、各类设备设施的特点，制定供配电系统、信号源系统、发射系统、自台监测系统等的维护操作规程。

6.《无线发射转播台实施细则》第三十四条、《光缆传输干线网实施细则》第四十一条、《有线广播电视网实施细则》第六十七条、《微波传输电路实施细则》第三十三条：维护分工、分界管理应符合以下规定：（一）应将台内技术系统各环节的维护责任落实到部门、班组、个人，做到界面清晰、责任明确、不漏检、不重叠；（二）应与上、下游相关播出单位明确信号源主、备用关系，划清维护分界，并签订维护协议。协议主要内容应包括维护分界图、各方保障责任、故障处理协调机制、联络电话等。

7.《微波传输电路实施细则》第三十五条规定：微波总站应参照《运维规程》的相关要求每年组织有关技术人员对微波传输电路进行线路组巡、检查、测量、调试系统设备的技术指标，检查维护计划的执行情况，重点检查天馈线、铁塔、电源等易引发重大播出事故的设备及设施。

3. 评价指南

本条文明确了安全播出责任单位对技术系统的预防性维护和检修工作的风险控制的要求。

（1）评价重点：技术系统维护保养策划的科学、合理性以及实施情况；技术系统检修工作的策划及实施情况。

（2）信息收集：通过与安全播出主责部门沟通了解本单位的技术系统维护责任划分情况；在技术系统维护部门沟通了解维护计划的制订情况，查阅维护计划，评价计划科学、合理性以及内容是否完善，是否履行审核审批手续；抽查某一项维护活动，了解维护前的准备、维护操作以及验收是否与策划要求一致。

通过与技术系统相关主管部门沟通，了解单位技术系统检修计划，评价计划科学、合理性以及内容是否完善，是否履行审核审批手续；抽查某一项检修活动，了解检修前的准备、检修以及验收是否与策划要求一致。

4. 常见问题

（1）技术系统预防性维护计划覆盖不全面；计划是制订不科学、不合理；计划未履行审核审批手续；

（2）未按维护计划的规定落实维护工作；未能提供已维护的证据；维护记录的内容与计划不一致，或存在缺失；

（3）维护操作不规范而导致安全播出事故；

（4）维护保养的质量不符合规定的要求；

（5）检修方案、计划制订不科学、不合理；检修方案未履行审核审批手续；

（6）检修操作不规范，导致安全播出事故或影响上、下游单位的安全播出；

（7）未能证实检修达到规定的检修标准；检修后未进行验收；

（8）维护保养、检修所需的工具、仪器仪表等配置不足，或存在缺陷，或管理不善；

（9）代维人员操作失误或对代维单位监管不到位，导致安全播出事故。

（二）技术系统故障性维修

《广播电视安全播出保障能力评估规范》4.2.5.2条文内容

安全播出责任单位应明确报修信息的接收渠道，落实责任部门、责任人，确定报修响应级别[①]，根据报修的紧急、重要程度按照优先顺序实施报修调度，做到信息传递及时、准确，应保留报修登记、维修调度的证据。要求：

a）维修实施前，根据不同故障信息识别已存在的风险以及因维修活动可能引发新的风险，策划维修程序及过程控制要求，由具备能力的维修人员对维修条件进行确认[②]；

b）维修实施过程应操作规范，维修结果应得到相关人员的验收。

安全播出责任单位应科学制订备品备件供应计划，按要求对备品备件进行保管、检查检测、维护，其质量、数量应满足技术系统维修的需求。

1. 条文理解

[①]不同故障报修响应级别应不同，一般按影响的范围、影响的程度、持续的时间来确定，根据故障级别（一般划分为一般故障、较大故障、重大故障）按照响应级别（一般分为一级、二级、三级响应级别）执行调度工作，响应级别越高处理就应该越及时。

[②]单机设备故障是不可避免的，需要通过系统备份策略、快速故障维修来避免或缩短因其造成的影响。设备故障的快速排除主要靠平时严格深入的业务培训和各种故障演练等措施，提高维护人员的业务素质，从而快速恢复设备的正常运转。

2. 相关法律法规及其要求

不同专业实施细则中对技术系统故障性维修做了规定，如：

1.《光缆传输干线网实施细则》第三十三条规定：光缆干线网运行维护单位应对故障处理遵循"先抢通后修复、先主用后备用、先一级后二级、及时通报"的原则实施。

2.《光缆传输干线网实施细则》第四十三条、《有线广播电视网实施细则》第六十八条、《微波传输电路实施细则》第三十四条规定：应规定定型故障的故障定位、到达现场、完成抢修的时限，并根据抢修时限要求制定抢修预案和应急抢修流程，落实参与抢修的人员、器材、通讯及交通工具。

3. 评价指南

通过本条文明确了安全播出责任单位对技术系统故障性维修的管理要求。

（1）评价重点：技术系统故障性维修调度管理；不同故障的处置情况。

（2）信息收集：与技术系统故障接收部门沟通了解报修渠道，查阅报修记录；通过交谈了解故障分类情况、报修响应级别的划分、报修调度的程序，查阅相关派工单、调度单；抽查某一时期技术系统维修的记录，了解维修的程序；抽查维修的验收记录；查阅备品备件供应计划及其相关保管的记录、维护的记录。

4. 常见问题

（1）报修流程不清晰，报修处理不及时、调度不合理、信息传递不准确；

（2）报修信息无登记或内容缺失；

（3）维修验收未经确认，维修记录不完整；

（4）维修过程带来新的风险，未得到有效控制，造成安全播出事故；

（5）维修所需备品备件供应不及时；备品备件管理不善，影响维修的使用。

第三节 重要保障期保障能力评估

一、重要保障期前管理

（一）组织保障、人员保障确认

《广播电视安全播出保障能力评估规范》4.3.1.1 条文内容

安全播出责任单位接到重要保障期通知后，按照重要保障期应急预案要求做好动员部署①，做到组织保障、人员保障②，确认重要保障期间：

a）安全播出相关领导、部门及其岗位的职责；

b）安全播出相关人员的数量及其人员能力；

c）协调外部相关单位做好电力供应、线路传输、通信联络等保障工作。

1. 条文理解

①重要保障期前，应由单位领导召开动员会议，及时传达上级指示精神，做好人员思想动员，强调有关工作纪律，组织学习相关制度和预案，明确提出重要保障期的工作要求，排查存在的各类问题，要求与安全播出有关部门制定并落实相关措施。

②安全播出相关人员应有"政治意识、大局意识、责任意识"，人员配置的数量、能力和素质满足安全播出要求，业务水平、制度落实能够到位。

2. 相关法律法规及其要求

《广播电视安全播出管理规定》第二十六条规定：重要保障期前，安全播出责任单位应当制定重要保障期预案，做好动员部署、安全防范和技术准备。

不同专业实施细则对重要保障期在组织保障、人员保障方面做了相关要求，如：

1.《电视中心实施细则》第七十条、《广播中心实施细则》第五十二条，《无线发射转播台》第三十九条、《卫星广播电视地球站实施细则》第三十一条、《光缆传输干线网实施细则》第四十七条、《有线广播电视网实施细则》第七十八条、《微波传输电路实施细则》第四十五条，要求重要保障期前应提前协调电力供应、线路传输、通信联络、设备生产商、系统集成商等相关单位、部门为播出提供保障支持。

2.《微波传输电路实施细则》第四十五条规定，要求各微波站应增加值班人员配备，实行定时汇报，应加强对无人值守站的巡视和监控。

3. 评价指南

本条主要对重要保障期的组织保障、人员保障提出要求。

（1）评价重点：在重要保障期前安全播出主要负责人动员部署安全播出工作；组织保障、人员保障到位情况。

（2）信息收集：与安全播出主要负责人交谈，了解某一重要保障期的动员部署情况，了解领导小组组成及职责，查阅重要保障期的动员部署相关会议纪要；与安全播出有关部门了解重要保障期人员配置情况、与相关单位业务配合情况。

4. 常见问题

（1）重要保障期前未开展动员部署工作，与安全播出有关工作任务没有落实；

（2）安全播出相关领导、部门、岗位职责不明确，部分工作存在扯皮；

（3）安全播出相关人员配置不到位；

（4）与外部相关单位未建立有效的工作协调机制。

（二）技术系统保障能力确认

《广播电视安全播出保障能力评估规范》4.3.1.2 条文内容

安全播出责任单位应在重要保障期前对技术系统进行全面检修、测试[①]，确保性能稳定，运行安全可靠。对应急工具、灾备系统进行全面检查，确保满足应急管理的需要。对备品备件进行全面检查并及时补充。

1. 条文理解

①不是局部测试，或对某一设备进行检修，而是根据技术系统涉及的范围，对影响安全播出各设备进行全面的检修、测试，以便掌握整个技术系统的运行状态。

2. 相关法律法规及其要求

不同专业实施对重要保障期前技术安全做了相应规定，如：

1.《电视中心实施细则》第七十条、《广播中心实施细则》第五十二条，《无线发射转播台》第三十九条、《卫星广播电视地球站实施细则》第三十一条、《光缆传输干线网实施细则》第四十七条、《有线广播电视网实施细则》第七十八条、《微波传输电路实施细则》第四十五条，要求重要保障期前应做好技术系统的全面检修、测试工作，应对备品备件、应急工具进行全面检查并及时补充。

2.《IPTV 集成播控平台实施细则》第六十五条、《网络广播电视台实施细则》第七十四条对重要保障期准备工作要求：重要保障期内应切断与业务无关的网络，禁止采用远程方式进行系统操作，停止除故障处理之外的一切施工和软硬件设备调试，禁止无关人员进入机房，禁止对设备、系统及线路进行其他相关风险操作。

3. 评价指南

本条文明确了在重要保障期前影响技术系统保障能力的因素进行排查的要求。

（1）评价重点：关键设备的检修、测试；技术系统整体性能、隐患情况；

（2）信息收集：与技术系统运维工作有关人员交流，了解技术系统的范围、技术系统中关键的设备有哪些，在重要保障期前对技术系统做了哪些工作，查阅相关证据，评价是否能在排查技术系统隐患的同时，提升技术系统保障能力。为应对紧急突发情况，应配备哪些工具和灾备系统，做了哪些检查和维护工作，查阅相关证据；询问了解技术系统应需要有哪些备品备件，查阅备品备件清单，评价配备是否科学合理。

4. 常见问题

（1）重要保障期前，未对技术系统能力进行确认；

（2）技术系统存在缺陷或运行不稳定，未在重要保障期前得到妥善解决；

（3）备品备件配置不充分，管理不善。

（三）节目源、信源确认

《广播电视安全播出保障能力评估规范》4.3.1.3条文内容

安全播出责任单位应对信号源、节目源[①]可能存在的风险进行排查并落实预控措施，确保其安全。

1. 条文理解

①源头的质量是广播电视安全播出关键因素之一，应对外来信号源、节目源和本单位的信号源、节目源做好质量监测，避免不合格的节目、信号进入下一环节。

2. 相关法律法规及其要求

广播电视信号源、节目源的质量是广播电视播出、传输、覆盖业务的核心内容。

3. 评价指南

本条文明确了重要保障期前做好信号源、节目源风险排查的要求。

（1）评价重点：信号源的质量监测；节目源的质量分析结果。

（2）信息收集：与技术主管部门沟通了解信号源有哪些，信号路由以及可能存在的风险，查阅与信号源提供方之间的协议等文件；与节目接收部门沟通，了解外来节目、内部节目有哪些，不同节目的内容审核和技术审查所发现的问题清单，是否存在未能纠正的问题。

4. 常见问题

（1）信号源路由不清晰；信号源质量不稳定；

（2）节目质量不稳定。

（四）业务流程确认

《广播电视安全播出保障能力评估规范》4.3.1.4 条文内容

安全播出责任单位应对业务流程①可能存在的风险进行排查并落实预控措施，确保业务操作规范、安全。

1. 条文理解

①识别与安全播出有关的业务活动，包括播出、传输、覆盖主要的业务活动，以及相关辅助活动，如技术系统维护、维修等活动。

2. 相关法律法规及其要求

《广播电视安全播出管理规定》及其实施细则均对与安全播出有关的业务流程做了明确规定，其目的是对不同业务活动可能存在的风险提出了规范控制的要求。

3. 评价指南

本条文明确了对影响安全播出的业务活动进行风险排查的要求。

（1）评价重点：各部门对本部门的业务活动进行自检情况。

（2）信息收集：与安全播出有关的部门负责人沟通，了解在重要保障期前，是否对本部门的各项业务流程进行了检查，查阅相关检查的结果。

4. 常见问题

（1）与安全播出有关的业务流程沟通交流不畅通；

（2）业务流程存在变更，相关人员能力、设备能力等不符合实际需要。

（五）工作环境确认

《广播电视安全播出保障能力评估规范》4.3.1.5 条文内容

安全播出责任单位应对技术系统运行环境①、人员工作环境②进行确认，确保不影响安全播出。

1. 条文理解

①环境对技术系统运行有较大影响，机房温度过高、接地不良等环境因素易引起安

全播出事故。

②工作环境的硬件条件固然重要，但更重要的是工作软环境（工作氛围）对人员的影响，应增强人员的责任心和使命感，调整人员的工作状态，更好地参与广播电视安全播出工作。

2. 相关法律法规及其要求

各专业实施细则中对技术系统的运行环境做了明确要求，如：《电视中心实施细则》第四十六条、第四十七条，《电视中心实施细则》第三十三条、第三十四条对机房环境的要求，如：技术系统运行环境，主要是设备所在机房的温度、湿度、防尘、静电防护、接地及外部环境，应符合《电子信息系统机房设计规范》（GB50174）、《广播电影电视系统重点单位重要部位的风险等级和安全防护级别》（GA586）的相关规定。机房的消防应符合《广播电视建筑设计防火规范》（GY5067）的有关规定。

3. 评价指南

本条文明确了对技术系统运行环境、人员工作环境的要求，旨在规范外部环境或适当调整相关环境以更好地发挥技术系统的功能，发挥人员的能力。

（1）评价重点：影响技术系统运行环境的主要因素的控制。

（2）信息收集：根据技术系统的运行条件要求，现场观察技术系统运行环境，查阅监测系统的相关数据信息，判定是否满足运行条件要求；与安全播出不同层级的人员沟通交流，了解单位在安全播出管理方面的要求。

4. 常见问题

（1）技术系统供电不符合规定的要求，存在安全隐患；

（2）技术系统所在的机房环境不符合规定的要求，存在安全隐患；

（3）由于技术系统自身存在一定的缺陷，给外部提供了干扰的机会；

（4）因外部环境因素，对技术系统造成影响；

（5）工作氛围不佳，人员工作消极，安全播出工作质量好坏无考核。

二、重要保障期间管理

《广播电视安全播出保障能力评估规范》4.3.2 条文内容

安全播出责任单位应按照重要保障期方案落实各项措施[①]，有效控制和应对各类影响安全播出的风险。

1. 条文理解

①在重要保障期间，安全播出责任单位强化了各项工作要求，落实各项措施应分清重点，确定工作的优先序，将各项措施落实到各部门，明确对工作的监督要求。

在重要保障期间，安全播出责任单位领导现场指挥，技术骨干人员现场值守，值班人员严格按值班运行要求开展工作。安全播出责任单位应与相关协作单位、上下游单位、广播电视监测机构保持通信联络畅通。

2. 相关法律法规及其要求

《广播电视安全播出管理规定》第二十七条规定：重要保障期间，安全播出责任单位应当全面落实重要保障期预案的措施、要求，加强值班和监测，并做好应急准备。重要节目和重点时段，主管领导应当现场指挥。广播影视行政部门应当对安全播出责任单位在重要保障期的各项工作加强监督、检查。第二十八条规定：重要保障期间，安全播出责任单位不得进行例行检修或者有可能影响安全播出的施工；因排除故障等特殊情况必须检修并可能造成广播电视节目停播（传）的，应当报省、自治区、直辖市以上人民政府广播影视行政部门批准。第二十九条规定：因重要保障期取消例行检修时段的，广播电台、电视台应当提前做好节目安排和节目单核查，避免造成节目空播。

3. 评价指南

本条文明确了安全播出责任单位在安全播出重要保障期间的各项管理工作要求。

（1）评价重点：重要保障期措施的落实情况。

（2）信息收集：查阅重要保障期间的值班记录、交接班记录、巡视记录，访谈单位负责人、部门负责人、员工了解重要保障期间单位人员工作情况、了解设备运行情况。依据重要保障期工作方案，了解各项工作的落实情况。

4. 常见问题

（1）未按照重要保障期工作方案的要求落实各项风险防范措施；

（2）安全播出责任单位主要领导未按要求带班；

（3）人员能力与所承担的工作不相适应，管理人员指挥不当、作业人员操作不当，导致安全播出事故。

第四节 应急管理能力评估

一、应急准备

（一）应急资源管理

《广播电视安全播出保障能力评估规范》4.4.1.1条文内容

安全播出责任单位应按照应急预案、应急处理措施的安排，储备应急物资并定期进行检查，满足应对紧急突发情况的需要。

安全播出责任单位应测试、检测应急设备，验证其应急能力，确保随时可用[①]。

1. 条文理解

①各项应急物资、应急设备、器材应处于随时可用状态，确保在关键时刻发挥关键作用。安全播出责任单位对应急设备应定期维护保养、检查与试验，以了解设备性能，验证其能力。

2. 相关法律法规及其要求

安全播出责任单位配备的应急物资、应急设备应发挥，其在紧急、突发情况下应有的作用，这是对其管理的必然要求。

3. 评价指南

本条文对安全播出责任单位的应急资源（物资、设备）提出了相关管理要求。

（1）评价重点：了解应急物资、设备状态。

（2）信息收集：根据安全播出责任单位所提供的应急预案、应急措施，了解应该配备的物资及其对应急设备的要求，在相关部门查阅物资清单、应急设备维护保养情况。

4. 常见问题

（1）应急物资储备不足，管理不善；

（2）应急设备维护不到位，无法正常使用。

（二）应急人员管理

《广播电视安全播出保障能力评估规范》4.4.1.2 条文内容

安全播出责任单位应按照应急预案的要求，采取适当方式对参与应急的人员[①]进行培训，组织应急演练[②]，验证人员理论与实操能力[③]。

1. 条文理解

①建立一支应急队伍是从预防准备到应对恢复整个过程的核心力量，是应急工作的实际执行者，应急人员能力的强弱直接关系到应急的成效。

②应急演练按照演练内容分为综合演练和单项演练，按照演练形式分为现场演练和桌面推演，不同类型的演练可相互组合。应急演练应按预案实施，符合相关法律法规及其相关要求，符合单位所识别的可能发生的事件事故组织演练，应提高指挥协调能力、应急处置能力为主要出发点组织开展演练，保证参演人员及设备设施安全以及所开展的广播电视播出安全不受影响。

③应急能力的强弱关键在人员素质。提升应急人员素质，一是要进行专业培训，增强应急知识；二是必须进行实战训练。理论知识是重要的，但光学不练是不能在应急中解决问题的，因此必须要进行应急演练。应急演练要做到模拟逼真、不搞花架子、不能自欺欺人，确保收到实际效果，只有平时多训练才能在急险情况出现时沉着应对，化险为夷。

2. 相关法律法规及其要求

提升应急人员理论与实操能力是应对紧急突发情况，做好应急的必备要求。

3. 评价指南

无论是对应急预案的制定还是对突发事件中的应急处理，应急人员都起着决定性作用。本条文围绕提升应急人员能力，从培训、应急演练方面提出要求。

（1）评价重点：应急人员能力是否满足紧急情况下风险的应对。

（2）信息收集：抽查某一应急预案，与该应急有关部门的相关人员沟通了解，是否组织对相关人员进行了培训或应急演练，查阅培训或应急演练的证据，了解是通过何种方式对人员能力进行评价的，查阅人员考核信息、应急演练总结的信息。

4. 常见问题

（1）应急人员缺乏针对性培训，理论与实操能力不足；

（2）应急演练策划、组织不到位，演练走过场，未达到预期目标。

（三）应急程序测试

《广播电视安全播出保障能力评估规范》4.4.1.3 条文内容

安全播出责任单位应按照应急预案的安排，设计紧急突发情况场景[1]，组织相关人员测试应急程序[2]，以验证程序的适宜性及其应急响应能力。

1. 条文理解

[1]紧急突发事件发生的时间无法预料，发生时具有对安全播出产生一定的影响且伴有其他风险发生，应急培训很难依托突发事件真实情境进行学习。只能通过情景模拟去还原、建构灾害情景，力求达到培训目标。

[2]对应急程序全流程的检验，了解程序的科学、合理性，对应急指挥能力、应急组织能力、快速反应能力、应急处置能力、应急设备及物资保障能力等进行全面验证。

2. 相关法律法规及其要求

《广播电视安全播出管理规定》第三十三条规定：安全播出责任单位应当根据安全播出突发事件的分类、级别和处置原则，制定和适时修订应急预案，定期组织演练，并将预案报广播影视行政部门备案。

为应对紧急突发情况，各专业实施细则中对应急管理明确了具体要求，如：《广播中心实施细则》第五十一条、《无线发射转播台实施细则》第三十八条、《卫星广播电视地球站实施细则》第三十条、《光缆传输干线网实施细则》第四十六条、《有线广播电视网实施细则》第七十七条、《微波传输电路实施细则》第四十四条，对应急预案管理规定：各相关部门和岗位应根据应急预案制定具体的应急处置流程；应根据实际情况及时修订应急预案和流程，定期对相关人员进行培训并组织演练。

3. 评价指南

本条文明确了安全播出责任单位应按照应急预案要求，模拟场景，对应急各项能力进行检验。

（1）评价重点：应急程序的科学、合理性。

（2）信息收集：与应急领导小组或应急牵头组织部门了解应急程序测试情况，查阅应急程序测试的计划，测试的记录及其总结情况。

4. 常见问题

（1）应急预案与实际应急程序测试不一致，应急预案或实际应急程序存在不科学、不合理；

（2）应急程序测试走过场，没有真正检验程序的科学、合理性；

（3）应急程序测试后无任何总结信息，不利于应急程序的优化、改进。

二、应急响应与处置

《广播电视安全播出保障能力评估规范》4.4.2 条文内容

一旦发生紧急突发情况，应按程序进行信息沟通与传递，其上报、处置应符合相关法律法规及其相关要求①。

紧急情况下，相关人员应迅速反应、及时处置②，做到指挥调度有序，处置方法得当③，尽可能减少风险对安全播出的影响。

1. 条文理解

①事故发生后，安全播出责任单位必须及时按相关操作规程所规定的要求进行紧急处理，同时按规定要求向上级汇报。在紧急状态下，安全播出责任单位应当服从广播影视行政部门对应急资源的统一调配。

发生安全播出突发事件时，安全播出责任单位应当按照如下要求落实：播出、传输、发射、接收的广播电视节目信号受到侵扰或者发现异常信号时，应当立即切断异常信号传播，并在可能的情况下倒换正常信号；发现无线信号受到干扰时，应当立即报请所在地人民政府无线电管理部门排查干扰；发生危及人身安全或者设施安全的突发事件时，应当在保证人身安全、设施安全的情况下，采取措施尽快恢复播出。

②在处理突发事件时，应遵循时间性原则、效率性原则、协同性原则、科学性原则、

安全性原则、合法性原则、适度性原则和程序性原则等。处理突发事件反应一定要迅速、处理要果断，是避免重大事故的关键。反应快是建立在责任心强的基础上。处理果断是建立在业务功底强的基础上。

③清晰的处理程序，简洁的操作步骤，简练的口令是争取时间的关键。

2. 相关法律法规及其要求

《广播电视安全播出管理规定》第三十条规定：广播影视行政部门对本行政区域内广播电视安全播出突发事件应急管理工作负责。安全播出责任单位负责本单位安全播出突发事件的应急处置工作，并服从广播影视行政部门的统一管理。第三十二条规定：发生安全播出突发事件时，安全播出责任单位应当遵循下列处置原则：（一）播出、传输、发射、接收的广播电视节目信号受到侵扰或者发现异常信号时，应当立即切断异常信号传播，并在可能的情况下倒换正常信号；（二）发现无线信号受到干扰时，应当立即报请所在地人民政府无线电管理部门排查干扰；（三）发生危及人身安全或者设施安全的突发事件时，应当在保证人身安全、设施安全的情况下，采取措施尽快恢复播出；（四）恢复节目信号播出时，应当遵循"先中央、后地方；先公益、后付费"的原则。在紧急状态下，安全播出责任单位应当服从广播影视行政部门对应急资源的统一调配，确保重要节目安全播出。

各专业实施细则中对应急情况的响应和处置做了具体要求，如：

《电视中心实施细则》第五十条、《广播中心实施细则》第三十七条、《光缆传输干线网实施细则》第二十一条、《微波传输电路实施细则》第二十六条、《有线广播电视网实施细则》第三十六条、《无线发射转播台实施细则》第二十二条，对灾备与应急播出系统规定：（一）三级应具有一定的防御自然灾害能力，应根据当地地质、气候特点采取相应的防护措施；（二）二级、一级应配置应急播出系统，当发生重大灾害或突发事件，播出系统短时间内无法恢复时，能够应急播出重要节目；（三）一级应配置灾备系统，可设置异地备份播出系统，或配置卫星转播车等移动播出系统。

3. 评价指南

本条文明确了安全播出责任单位应及时响应、处置突发事件事故的要求。

（1）评价重点：不同紧急突发情况下的响应、处置能力。

（2）信息收集：与相关部门沟通了解有哪些紧急突发情况，查阅突发事件的登记信息，抽取不同情况的紧急突发情况，了解信息传递是否及时、准确，是否按要求上报，是否对紧急突发情况进行了分级管理，如何调度指挥并组织处置。从紧急突发信息的接收到处置全过程了解情况并查阅相关证据，以充分评价应急响应与处置能力。

4. 常见问题

（1）紧急突发情况信息传递不准确、不及时；

（2）未按规定的程序将紧急突发情况传递至有关部门、岗位；

（3）调度指挥失灵或错误，影响了紧急突发情况的处置，错失良机；

（4）处置紧急突发情况的程序、方法有误，未有效控制风险；

（5）紧急突发情况处置不及时，风险影响范围扩大；

（6）在处置突发情况时，由于操作失误或人员能力不足、技术系统因素、错误指挥等因素，带来的新的风险，或产生了更严重的后果。

第五节 自监自测与自查能力评估

一、业务运行指标监测

《广播电视安全播出保障能力评估规范》4.5.1 条文内容

安全播出责任单位应科学设置业务指标监测点[①]，明确监测方式、频次、标准，对播出、传输、覆盖的信号质量进行动态监测，随时掌握业务运行水平。

安全播出责任单位通过业务运行指标参数的统计分析[②]，了解业务运行趋势及其质量波动范围，必要时做出调整，确保业务运行指标稳定。

1. 条文理解

①业务指标监测点。各项影响广播电视安全播出的业务活动的开展均应按照策划的要求实施，对活动实施的过程或结果通过相应的措施进行检查，确保实施预期目标。对与安全播出有关的活动的过程及其结果的检查、分析和改进应贯穿安全播出各个方面，采取如下方式进行：对管理活动过程的监督；各种方式的工作检查；工作完成情况的报告；活动结果的分析等。

②通过对业务运行质量的监测，收集各项业务运行指标并进行统计、分析，可以发

现工作中存在的问题，同时反映某一时期技术系统运行状况和安全播出管理水平。

2. 相关法律法规及其要求

《广播电视安全播出管理规定》第十一条规定：安全播出责任单位的技术系统配置，应当采用录音、录像或者保存技术监测信息等方式对本单位播出、传输、发射的节目信号的质量和效果进行记录。

不同专业实施细则对业务运行指标监测提出了相关要求，如：

1. 《电视中心实施细则》第三十四条：信号监测系统应符合以下规定：（一）三级应能对播出链路上的关键节点、节目输出点以及接收的自台播出信号进行视音频监看监听，应配置信号异态报警设备；应采用录音、录像或者保存技术监测信息等方式对输出的电视节目及信号的质量和效果进行记录。正常信息应保存一周以上，异态信息应保存一年以上；宜配备解码监看、码流分析、智能网管等故障定位手段；（二）二级、一级在符合三级保障要求的基础上，应能对关键节点信号的主要技术指标进行监测。第四十二条：节目集成平台应能对信号源、集成播出链路关键节点、平台输出点以及接收的自台播出信号进行视音频监看监听和主要技术指标监测；应配置信号异态声光报警设备；应采用录音、录像或者保存技术监测信息等方式对信号源、平台输出的广播电视节目及信号的质量进行记录，异态信息应保存一年以上。

2. 《广播中心实施细则》第二十七条：播出监测系统应符合以下规定：（一）三级应监测播出通路输出信号电平；应配置峰值电平显示设备；总控应至少配置一对专业级音箱，能够选择监听所有播出信号和当地开路接收信号；应采用录音、录像或者保存技术监测信息等方式对输出的广播节目及信号的质量和效果进行记录，正常信息应当保存一周以上，异态信息应保存一年以上；（二）二级在符合三级保障要求的基础上，应监测总控系统输入、输出、直播室信号的电平、相位；总控应能选择监听每套节目的播出信号和关键节点的音频信号；应配置彩条监视屏；应配置各机房的视频监控；应配置报警设备，出现电平过高、电平过低、单通道、反相等异常时，应能立刻给出报警；（三）一级在符合二级保障要求的基础上，应实时监测播出通路关键环节的信号电平、相位；监测点出现故障时应能及时给出报警；应能灵活设置不同报警信息；应具备全时段录音功能。 第二十九条：二级、一级应配置转播系统，转播系统应能够对转播信号进行监听、监看，转播信号源应至少通过两个不同路由或手段传输至总控。

3. 《无线发射转播台实施细则》第十二条：播出信号监测应符合以下规定：（一）

三级应对自台所有播出节目的信号源和发射信号进行监听监看；宜采用录音、录像或者保存技术监测信息等方式对自台播出节目的信号源和发射信号质量、效果进行记录，异态记录信息宜保存一年以上。（二）二级、一级应建立播出信号监测系统，对自台所有播出节目的信号源和发射信号等重要节点信号进行监听监看，具备信号异态声光报警功能；应采用录音、录像或者保存技术监测信息等方式对自台播出节目的信号源和发射信号质量、效果进行记录，异态信息应保存一年以上。

4.《卫星广播电视地球站》第十三条：播出监测应符合以下规定：（一）应对重要节点信号进行视音频实时监听监看，重要节点信号包括：所有播出节目源信号、上行链路主要播出环节信号、本站节目上行播出天线接收的信号及 3 米以下（含）小口径天线接收的信号、同转发器电视节目的接收信号；采用录音、录像或者记录码流等方式对信号源、上行自环信号及上行播出天线接收的本站节目信号质量进行记录；（二）应配置对本转发器接收信号频谱的实时监看、记录设备；（三）应配置地球站网管系统，全面监控播出系统设备，实现设备或运行状态异常声／光告警、异态数据存储等运行监控功能，并与全国地球站运行监测平台对接，提供相关运行数据；（四）各类监测异态记录信息应保存一年以上。

5.《光缆传输干线网》第二十五条：节目监测系统应符合以下规定：（一）应对二级业务系统的输入、输出主路节目信号进行监听监看，备路信号可采用轮巡方式监听监看。应配置异态声光报警设备；应采用录音、录像或者保存技术监测信息等方式对输入、输出电视节目信号的质量进行记录，异态信息应保存一年以上；（二）应对一级业务系统的输入、输出主备路节目信号进行监听监看，对节目信号码流进行监测，并具备信号异态声光报警功能；异态信息记录要求同二级业务系统。

6.《有线广播电视网实施细则》第二十八条：播出信号监测系统应符合以下规定：（一）三级应能对所播出的节目、图片、文字等信息内容，EPG 广告、字幕通知、邮件等数据内容以及接收终端呈现内容进行监听监看，应能采取录音、录像或记录码流等方式对前端输出点重要节目信号的异态进行记录，异态信息应保存一年以上；数字前端应配置码流分析设备对重要节目信号源和输出点进行分析；（二）二级在符合三级保障要求的基础上，应能采取录音、录像或记录码流等方式对前端输出点的重要节目和主要节目的异态进行记录，异态信息应保存一年以上；数字前端应配置码流监测设备，能对重要节目信号源和输出点以轮询方式进行监测；（三）一级在符合二级保障要求的基础上，应能采取录音、录像或记录码流等方式对前端输出点的全部节目的异态进行记录，异态信息应保存一年以上；应配置码流监测设备，监测全部信号源和输出点；应对重要节目输出点实时监测；对其他取样点应能以轮询或实时方式进行监测。

7.《微波传输电路实施细则》第十七条规定：上、下节目的微波站应对发送信号的分配、切换以及接收信号的输出等环节设置具备异态声光报警功能的监听监看系统。首站应设置对信号码流的监测。上、下节目的微波站应采用录音、录像或者保存技术监测信息等方式对本站所上、下的广播电视节目信号的质量进行记录，异态信息应保存一年以上。

8.《网络广播电视台实施细则》第四十二条：监控系统应符合以下规定：（一）应具备对远程访问、信源接入、信号分配传送等环节实时监听监看能力；应对编码器输出、内容发布、内容分发网络等重要节点信号的码流、视音频等进行自动监测，并具备信号、码流异态声光报警功能。

9.《IPTV 集成播控平台实施细则》第三十四条：对监控系统做了相关规定：（一）应具备对远程访问、信源接入、编转码、分配、传输、回看等环节监测能力。重要节目应进行视音频实时监听监看；应对编码器输出、播出链路输出、分发业务回传等重要节点信号的码流、视音频等进行自动监测，并具备信号、码流异态声光报警功能；（二）应具备对分发至网络运营商目标站点的节目分发状态进行监控的能力。

3. 评价指南

本条文明确了安全播出责任单位要科学设置业务指标监测点，对信号质量进行动态监测，并对业务运行指标参数进行统计分析的要求。

（1）评价重点：业务指标监测记录；运行指标统计分析结果。

（2）信息收集：访谈负责业务指标监测的人员，了解信号监测点信息及其监测频次、标准，查看相关监测数据。抽查一定时间内监测的异态信息记录；查看年度运行指标统计记录。

4. 常见问题

（1）未设置业务运行指标监测点，或设置的业务运行指标监测点存在缺失；

（2）设置的监测点不科学、不合理；

（3）监测的方式不科学、不合理；

（4）监测的频次不明确、标准不规范；

（5）监测数据不完整，保存时间不符合要求；

（6）监测数据缺少统计分析。

二、技术系统异态监测

《广播电视安全播出保障能力评估规范》4.5.2 条文内容

安全播出责任单位应监视技术系统运行状态，设置异态监测点①，明确监测方式、频次、标准，随时掌握技术系统的运行情况。

安全播出责任单位应对技术系统所处的工作环境进行监视，以了解其环境适宜性。

安全播出责任单位通过技术系统异态监测、工作环境数据的统计分析，了解技术系统运行情况及环境的变化，必要时做出调整，确保技术系统运行可靠、稳定。

1. 条文理解

①技术系统异态监测一般是通过软件或设备对技术系统关键节点与系统中影响安全播出的各种相关因素进行实时监测，可通过监测设备辅助及时发现问题、判断问题、解决问题。 技术系统监测可将设备的工作状态信息进行采集、监测，异态时给出故障定位和报警提示。如广播电视播出、传输、覆盖有关的设备运行的主要技术数据、运行时间和停机时间进行监控；设备倒换状态和时间以及主要设备的技术参数信息；供配电系统中的主要运行参数和关键设备运行技术参数进行实时监测，并对机房温度、相对湿度等环境状态进行监测；对重点部位进行安防监控，及时记录监控信息。

2. 相关法律法规及其要求

相关专业实施细则对技术系统的异态监测做了相关要求，如：

1.《网络广播电视台实施细则》第四十二条规定：监控系统应配置网管监控系统，对系统中主要设备具备远程管控能力，对播出及信息系统关键设备、软件、网络、存储等状态等进行实时监测，并具备异态声光报警功能。

2.《IPTV 集成播控平台实施细则》第三十四条：对监控系统做了相关规定：应配置网管监控系统，对系统中主要设备具备管控能力，对播出及信息系统关键设备、软件、网络、存储等状态等进行实时监测，并具备异态声光报警功能。

3. 评价指南

本条文明确了安全播出责任单位应对技术系统的运行状态、异态及其所处工作环境进行监测，并对技术系统监测、工作环境数据进行统计分析的要求。

（1）评价重点：技术系统异态信息的记录与分析。

（2）信息收集：与技术系统主管部门相关人员沟通了解对哪些技术系统的运行状态进行监测，是否存在未监测的技术系统；所监测的技术系统运行状态设置了哪些监测点，监测的要求及其标准有哪些，查阅某一时期内监测的数据；了解所监测的数据统计分析情况。

4. 常见问题

（1）未对技术系统异态监测，或监测未全覆盖；

（2）技术系统异态监测点设置不科学、不合理；

（3）监测方式不适宜，监测频次不明确，监测标准不规范；

（4）技术系统所处的工作环境监视方式、频次不科学；

（5）技术系统异态监测的数据、工作环境监视的信息不完整，或未按要求实施监测、监视；

（6）监测的数据未进行统计分析。

三、安全播出保障体系的自查

《广播电视安全播出保障能力评估规范》4.5.4条文内容

安全播出责任单位应对本单位安全播出保障体系（包括管理类文件、技术类文件及其相关方案、预案）建立与运行情况进行自查①，制订检查计划并按计划予以落实，形成自查报告②。

1. 条文理解

①安全播出责任单位应选择适当的方式对安全播出保障体系运行情况进行检查与运行监督，明确监督检查的职责、依据和方法，将监督检查的结果进行分析，并根据分析结果明确改进的目标，采取适当的改进措施，增强体系运行的有效性。

②安全播出责任单位组织的自查活动，一般需要确定自查小组，制订工作计划，明确评估的范围、内容、程序以及时间安排、检查人员工作分工等，按计划落实检查，并根据检查获得的信息形成报告。

2. 相关法律法规及其要求

《广播电视安全播出管理规定》第十九条规定：安全播出责任单位的技术系统运行管理应当定期对安全播出风险进行自评估。

各专业实施细则中对安全播出责任单位实施安全检查的要求，如《电视中心实施细则》第九十七条、《广播中心实施细则》第六十二条、《无线发射转播台实施细则》第五十条、《卫星广播电视地球站实施细则》第四十二条、《光缆传输干线网实施细则》第五十七条、《有线广播电视网实施细则》第八十五条、《微波传输电路实施细则》第五十一条、《网络广播电视台实施细则》第八十四条、《IPTV 集成播控平台实施细则》第七十五条，规定应对技术系统和播出管理进行安全播出风险评估，对评估发现的不足和薄弱环节应及时整改。

3. 评价指南

本条文明确了安全播出责任单位应定期对本单位安全播出保障体系建设和运行情况进行自评的要求。

（1）评价重点：自评估计划科学、合理性；评估报告反映安全播出保障体系的成熟度水平。

（2）信息收集：与安全播出主要负责人沟通了解是否定期组织对安全播出保障体系进行评估，查阅安全播出保障体系评估计划，评估组成员及其分工，抽查评估记录，查阅安全播出保障体系评估报告；根据评估报告中反映的安全播出保障体系运行过程中存在的不符合或不足，查阅相关整改的信息。

4. 常见问题

（1）未组织开展安全播出保障体系自查；

（2）未提供安全播出保障体系评估计划；

（3）安全播出保障体系评估检查覆盖不全面；

（4）未根据安全播出保障体系检查情况形成评估报告；

（5）评估发现的问题未落实整改。

四、业务链上下游相关方评价

《广播电视安全播出保障能力评估规范》4.5.5 条文内容

安全播出责任单位应确定本单位与单位外部的业务接口，收集业务链上下游单位[①]对本单位安全播出工作的意见和建议及其评价的信息。

1. 条文理解

①业务链上下游单位主要指外部单位，通过外部单位的评价可以使安全播出责任单位及时发现问题并改正。安全播出责任单位通过与相关方沟通交流，收集相关方对体系的评价信息，以寻求改进机会。

2. 相关法律法规及其要求

因安全播出责任单位所从事的广播电视播出、传输、覆盖业务是整个业务链上重要组成部分，会受上、下游相关单位的影响，同时也会影响上、下游单位的安全播出，对此，应定期征求上、下游单位对本单位安全播出管理的意见和建议。

3. 评价指南

本条文明确了安全播出责任单位要收集相关方的评价信息，以提高自身的安全播出保障能力的要求。

（1）评价重点：相关方评价记录；因安全播出事件事故反馈的信息。

（2）信息收集：与相关部门沟通，了解与外部有关单位之间的业务，识别双方单位之间业务相互关系，查阅与外部单位有关的评价信息、反馈信息的证据。了解安全播出责任单位是否主动、积极与上、下游单位进行信息沟通，是否识别、评估风险并共同有效应对风险。

4. 常见问题

（1）与外部单位有关的业务流程接口不清晰，职责不明确；

（2）与外部单位沟通不畅；

（3）因本单位业务控制问题影响了上、下游单位的安全播出工作；

（4）外部单位反映的信息缺乏反馈，或未能妥善处理。

第六节 持续改进能力评估

一、不符合改进

《广播电视安全播出保障能力评估规范》4.6.1 条文内容

不符合[①]来自：业务运行指标监测、技术系统异态监测、信息系统安全等级保护测评、安全播出保障体系的自查、业务链上下游相关方评价，对不符合应：

a）评审不符合并分析其原因；

b）制定纠正措施、预防措施，评审纠正措施、预防措施的有效性；

c）落实纠正措施和预防措施并验证其效果。

1. 条文理解

①不符合是指不满足要求，如：不满足法律法规、标准，不满足本单位安全播出保障体系文件的要求等。不符合一般来源于各方监督检查的结果，如：业务运行指标监测发现的不符合，技术系统异态监测获得的结果，信息系统安全等级保护测评发现的问题，安全播出保障体系运行过程中存在的各类问题，以及相关方对安全播出责任单位的评价，如上、下游单位，广播影视行政部门，广播电视监测机构等。

为不断提升广播电视安全播出保障能力，改进是安全播出永恒的主题，以便适应内外部不断变化的环境。改进是在管理现状基础上，分析问题，针对薄弱的事项，增强能力，本条款主要涉及两个方面的内容。一是针对已经存在的问题进行改进，一般是发现问题，分析问题，提出纠正措施，并跟踪措施的落实。二是预防措施的制定，针对潜在的问题分析原因，评估采取措施的需求，控制措施的实施并保证其效果。

2. 相关法律法规及其要求

《广播电视安全播出管理规定》第四十一条：违反本规定，有下列行为之一的，由县级以上人民政府广播影视行政部门给予警告，下达《安全播出整改通知书》；逾期未改正的，给予通报批评，可并处三万元以下罚款；情节严重的，对直接负责的主管人员和直接责任人员依法给予处分：（一）机构和人员设置、技术系统配置、管理制度、运行流程、应急预案等不符合有关规定，导致播出质量达不到要求的；（三）安全播出责任单位之间责任界限不清晰，导致故障处置不及时的；（四）节目播出、传送质量不好影响用户正常接收广播电视节目的；（五）从事广播电视传输、覆盖业务的安全播出责任单位未使用专用信道完整传输必转的广播电视节目的。第四十二条规定：广播电台、电视台违反本规定，县级以上人民政府广播影视行政部门可以依照《广播电视管理条例》和国家有关规定予以处理。

各相关实施细则中对安全播出责任单位发现的不足和薄弱环节要求整改，如《电视中心实施细则》第七十九条、《广播中心实施细则》第六十二条、《无线发射转播台实施细则》第五十条、《卫星广播电视地球站实施细则》第四十二条、《光缆传输干线网实施细则》第五十七条、《有线广播电视网实施细则》第八十五条、《微波传输电路实施细则》第五十一条、《网络广播电视台实施细则》第八十四条、《IPTV集成播控平台实施细则》第七十五条规定：应对技术系统和播出管理进行安全播出风险评估，对评估发现的不足和薄弱环节应及时整改。

3. 评价指南

本条文明确了安全播出责任单位要对安全播出涉及的各方面不符合进行确认并提出改进要求。

（1）评价重点：不同问题的评审、整改落实。

（2）信息收集：通过与相关部门人员沟通，了解不符合信息的来源，查阅不符合信息记录，追踪不符合的原因分析，纠正措施制定、评审，纠正措施的落实情况；查阅预防措施制定、评审，预防措施的落实情况。

4. 常见问题

（1）不符合缺乏记录或记录信息不全面；

（2）未对不符合原因进行分析，或分析不到位；

（3）不符合的纠正措施、预防措施制定不合理；

（4）未按照纠正措施、预防措施落实整改工作，或整改工作不到位。

二、事件事故调查处理及预防能力

《广播电视安全播出保障能力评估规范》4.6.2 条文内容

安全播出责任单位应对已发生的事件事故组织调查，查明事件事故发生的经过、原因、影响程度，认定事件事故的性质和责任[①]，提出对责任者的处理建议，总结事件事故教训，提出防范和整改措施，提交事件事故调查报告。

事故应按照"四不放过"原则进行处理，即：事故原因未查清不放过，事故责任人未受到处理不放过，事故责任人和相关人员未受到教育不放过，事故没有制定切实可行的整改措施不放过。

对于已发生的安全播出事件事故应分析原因，制定行之有效的预防措施[②]，避免事件事故再发生。

1. 条文理解

（1）按事故发生的因果关系来划分有直接责任和间接责任。直接责任是指行为人的行为与事故有着直接的因果关系。而间接责任是指行为人的行为与事故有着间接的因果关系。

按事故责任人的过错严重程度来划分有主要责任与次要（重要）责任，全部责任与同等责任。主要责任是指行为人的行为导致事故的直接发生，对事故的发生起主要作用。一般由当事人或有关人员负主要责任。次要（重要）责任是指行为人的行为不一定导致事故的发生，但由于不履行或不正确履行其职责，对事故的发生起重要作用或间接作用。全部责任是指行为人的行为导致事故的直接发生，与其他行为人的行为无关。同等责任是指两个或两个以上行为人的行为共同导致事故的发生，对事故的发生起同等的作用，承担相同的责任。

按领导的隶属关系或管理与被管理的关系来划分，可分为直接领导责任与领导责任。直接领导责任是指事故行为人的直接领导者对事故的发生应当承担的责任。领导责任是指除事故行为人的直接领导者外的有层级管理关系的其他领导者对事故的发生应当承担的责任。

事故责任的追究原则一般遵循：①因果原则，即有因果关系的才认定与追究，无因果关系的不认定与追究。②法定原则，即法无明文规定不处罚、不定罪。③公开、公正原则，即执法的依据、程序事先公开公布，责任与违法行为相衡相当。④及时原则，即追究应在法定的时效内进行。

（2）事故发生主要是由于技术系统缺乏安全技术措施，管理上有缺陷和安全教育不足三个方面原因而引起。技术（Engineering）、教育（Education）、管理措施（Enforcement），又称为"三 E"措施，是防止事故的三根支柱。

技术措施包括预防事故发生和减少事故损失两个方面，这些措施归纳起来主要有：①减少潜在风险；②降低风险影响的程度；③关联措施；④规范操作；⑤强化薄弱环节的管理；⑥警示管理；等等。教育培训是对各级安全播出有关的领导、管理人员及操作人员进行安全思想教育和安全技术知识教育。管理措施是通过制定和监督实施有关安全播出方面的制度等，规范人员在业务活动中的行为准则，使安全播出各项工作有法可依，有章可循，用法制手段保护安全播出工作。

2. 相关法律法规及其要求

《广播电视安全播出管理规定》第二十三条：广播电视安全播出事故管理，应当符合下列规定：（一）广播电视安全播出事故分为责任事故、技术事故、其他事故三类，事故级别分为特大、重大和一般三级；（二）安全播出责任单位发生特大、重大事故后，应当立即向省、自治区、直辖市以上人民政府广播影视行政部门报告；（三）特大安全播出事故由国务院广播影视行政部门组织事故调查，重大事故由省、自治区、直辖市以上人民政府广播影视行政部门组织事故调查；（四）发生安全播出事故的，安全播出责任单位的上级主管部门应当根据调查结果依法予以处理。

各专业实施细则细化了事件事故管理要求，如《电视中心实施细则》第七十四条、《广播中心实施细则》第五十七条、《无线发射转播台实施细则》第四十五条、《卫星广播电视地球站实施细则》第三十七条、《光缆传输干线网实施细则》第五十二条、《有线广播电视网实施细则》第七十九条、《微波传输电路实施细则》第四十六条、《网络广播电视台实施细则》第七十九条、《IPTV 集成播控平台实施细则》第七十条规定：安全播出事故管理应符合以下规定：（一）安全播出事故的界定、分类、分级、统计和上报应按广播影视行政部门的有关规定和行业标准执行；（二）应根据上级管理部门的有关规定和安全播出要求，制定本单位的事故管理制度；（三）对于重大事故应成立调查组，对事故原因、处置过程进行调查，对处置方式、方法进行分析，形成调查分析报告；（四）根据重大事故的分析调查，编写事故案例，并及时组织召开案例分析会，通报情况，总结经验教训；（五）应按照有关规定对事故责任人予以处理，对排查发现的播出事故隐患应及时进行整改。

《安全播出事件事故管理实施细则》对事件事故管理全过程进行了明确，如：

1. 该细则第三条规定：国务院广播影视行政部门负责全国广播电视安全播出事件、事故管理工作；地方广播影视行政部门负责本行政区域内的广播电视安全播出事件、事故管理工作。第五条：安全播出责任单位负责本单位发生的安全播出事件事故的处置、上报、记录、分析和整改等工作，并配合广播影视行政部门和监测监管部门开展事件事故调查。

2. 该细则第十八条规定：发生安全播出事件、事故后，安全播出责任单位应立即按照相关预案采取有效措施，防止事件、事故扩大。第十九条：安全播出事件和特大事故、重大事故的报告流程应符合下列规定：

（一）发生安全播出事件、事故后，安全播出责任单位应立即报告当地广播影视行政部门或监测监管部门，其中，属于重大事件或特别重大事件的，应电话报告总局监测监管部门和省级监测监管部门。需要报送至总局的事件、事故，安全播出责任单位还应在事件、事故发生后2小时内将快速报告单报至总局监测监管部门和省级监测监管部门，或通过总局安全播出事件事故管理系统填报。

（二）各级监测监管部门在监测、接报事件事故后，应核实事件事故有关情况，及时报告广播影视行政部门，并根据事件事故的影响程度提交书面报告。

（三）需要报总局的安全播出较大事件、重大事故，省级监测监管部门应在事件、事故发生2小时内，通过总局安全播出事件事故管理系统填报有关情况，12小时内向总局监测监管部门报简要书面报告，24小时内报送详细书面报告。

（四）发生安全播出重大事件、特别重大事件和特大事故，省级广播影视行政部门应在事件、事故发生4小时内向总局报简要书面报告，12小时内报送详细书面报告。

（五）事件、事故书面报告应说明事件事故发生时间、地点，受影响的频率（频道）、节目、设备，停播时长，发生和处理详细过程、起因、性质、造成的损失等，必要时应附有关部门的鉴定意见，并总结经验教训，提出事件、事故的处理意见和改进措施。

3. 评价指南

本条文明确了安全播出责任单位对事件事故调查、处理、整改全过程的控制要求。

（1）评价重点：事件事故调查处理流程及其不同事件事故认定情况、整改与预防情况。

（2）信息收集：通过与安全播出主要负责人沟通，了解安全播出责任单位连续 2 年事件事故台账信息，与广播电视监测机构提供的数据进行核对。查阅几起安全播出事故，了解事故调查、原因分析、责任认定、整改与预防全过程的管理情况。

4. 常见问题

（1）事件事故发生后未调查，或调查不及时；

（2）事件事故缺乏原因分析，或原因分析不到位；

（3）事件事故责任认定未认定，或认定不准确；

（4）事件事故未按照"四不放过"原则落实；

（5）事件事故预防工作落实不到位。

第七节 技术系统配置保障能力评估

一、专业技术系统配置

《广播电视安全播出保障能力评估规范》4.7.1 条文内容

安全播出责任单位应根据本单位的安全播出保障等级[1]，依据相关专业实施细则的要求实施技术系统配置[2]，技术系统配置包括：业务系统、灾备与应急系统、动力系统、工作环境及其控制系统、监测监控系统五个方面。

1. 条文理解

①广播电视业务系统安全播出保障等级分为一级、二级、三级，一级为最高保障等级。保障等级越高，对技术系统配置的保障要求越高。有条件的安全播出责任单位应提高安全播出保障等级。

②技术系统，是指与广播电视安全播出有关的系统、设备、线路及其附属设施的统称。包括：广播电视播出、传输、发射系统以及相关监测、监控系统，相关供配电系统，相关附属设施。技术系统配置是保障广播电视安全播出的基础保障，应从设备的可靠性、系统安全的科学性、环境安全的重要性、容灾备份的有效性等方面综合考虑，其中设备的可靠性是基础，系统安全是重点，环境安全是保证，容灾备份是应急手段。

安全播出责任单位应配置与其保障等级相适应的技术系统，硬件未能达标的单位应制定可行、有效的应对措施，提高安全播出保障能力，以有效控制风险，满足广播电视安全播出的需要。

2. 相关法律法规及其要求

《广播电视安全播出管理规定》第六条规定：广播电视安全播出实行分类分组保障制度。安全播出责任单位应当符合本规定和国务院广播影视行政部门关于广播电视安全播出的有关要求；不符合的，不得从事广播电视播出、传输、覆盖活动。

《广播电视安全播出管理规定》第十一条规定：安全播出责任单位的技术系统配置，应当符合下列规定：（一）符合国家、行业相关技术规范和国务院广播影视行政部门规定的分级配置要求；（二）针对播出系统特点采取相应的防范干扰、插播等恶意破坏的技术措施；（三）采用录音、录像或者保存技术监测信息等方式对本单位播出、传输、发射的节目信号的质量和效果进行记录。记录方式应当符合省、自治区、直辖市以上人民政府广播影视行政部门的有关规定，记录信息应当保存一周以上；（四）使用依法取得广播电视设备器材入网认定的设备、器材和软件，并建立设备更新机制，提高设备运行可靠性；（五）省级以上广播电台、电视台、卫星地球站应当配置完整、有效的容灾系统，保证特殊情况下主要节目安全播出。

各专业实施细则中规定：安全播出责任单位应建立安全播出检查和考核制度，定期检查技术系统分级保障的配置及验收情况，评估技术系统的可靠程度。

3. 评价指南

本条文明确了安全播出责任单位的技术系统的配置要求，安全播出责任单位应根据本相关专业实施细则的规定做好技术系统配置工作。

（1）评价重点：技术系统配置符合性信息。

（2）信息收集：通过与技术系统主管部门沟通，了解安全播出保障等级，查阅技术系统配置符合性评价记录及其报告，了解技术系统配置不达标的项目，查阅相关整改的措施、风险控制的措施。

4. 常见问题

（1）技术系统配置与专业实施细则规定不符；

（2）技术系统配置存在的不符合项，未制定有效的风险预防和控制措施。

二、器材及备品备件配置

《广播电视安全播出保障能力评估规范》4.7.3 条文内容

工具、器材、仪器仪表①应满足技术系统维护保养、检修、维修的需要。

科学合理地配置相关备品备件②，以满足技术系统维护保养、检修、维修的需要。

1. 条文理解

①不同专业技术系统的维护、维修需要配置的仪器仪表有所不同，如：光缆线路的维护常用仪器仪表主要有：OTDR、熔接机、在用纤识别器、小功率发电机等，重要的机房还需要配置 OTDR、光功率计。

②配置备品备件应以有效保证安全播出为前提，对易损、消耗及重要部件器件应本着高配额原则，根据配额及时补充。配置时应考虑：备品备件的使用寿命；备品备件的实际运行时间；备品备件的实际运行统计故障率；器件实际使用数量；消耗类备品备件的实际消耗量；设备在技术系统中的重要程度；器件在设备中的重要性；备品备件的供货期等。

2. 相关法律法规及其要求

为满足技术系统预防性维护和故障性维修的需要，各专业实施细则对器材及备品备件配置做了明确规定，如：

1.《电视中心实施细则》第四十八条、《广播中心实施细则》第三十五条规定：单一节点设备应有备件，二级、一级应有其他重要设备的备品备件。

2.《电视中心实施细则》第六十五条、《广播中心实施细则》第四十九条、《无线发射转播台实施细则》第三十五条、《卫星广播电视地球站实施细则》第二十八条、《有线广播电视网实施细则》第六十九条、《微波传输电路实施细则》第三十六条、《光缆传输干线网实施细则》第四十二条，对运行维护所需的各种工具和器材要求：应妥善放置、专人管理、定期检查补充、定期标校；备品备件应进行登记造册，放置于满足器件存储环境要求的指定位置，并定期检测和维护。

3.《无线发射转播台实施细则》第二十条、《卫星广播电视地球站实施细则》第十八条、《有线广播电视网实施细则》第四十七条、《光缆传输干线网实施细则》第二十九条：应备齐关键设备的备份单元，备足设备维修所需的常用元器件，满足应急处置工作要求。

4.《光缆传输干线网实施细则》第十九条，对备品备件规定：二级基础网络的中心站所需重要备件应在 4 小时内送达，节点站所需重要备件应在 6 小时内送达，中继站所需重要备件应在 10 小时内送达；一级基础网络的中心站所需重要备件应在 2 小时内送达，节点站所需重要备件应在 4 小时内送达；中继站所需重要备件应在 10 小时内送达。

5.《微波传输电路实施细则》第二十四条，对干线微波电路，微波总站应按一定的比例配置全电路所需的备份单元和抢修材料。路段中心站应配备主要设备的备份单元和抢修材料；对支线微波电路，微波总站应参照干线微波电路路段中心站配置备品备件。

6.《网络广播电视台实施细则》第五十八条、《IPTV 集成播控平台实施细则》第四十八条，要求应设立备品备件库，系统核心服务器、交换机重要部件应配置备件，常规服务器、工作站、交换机等应根据系统规模配置相应数量的备品，系统应常备线缆、跳线等应急工具。

7.《网络广播电视台实施细则》第七十条、《IPTV 集成播控平台实施细则》第六十一条，规定运行维护所需的各种工具和器材应妥善放置、专人管理，定期检查补充、定期标校；备品备件应进行登记造册，放置于满足器件存储环境要求的指定位置，并定期加电检测和维护。

为准确监测业务运行指标、技术系统异态，各专业实施细则明确了仪器仪表配置及管理要求如：《电视中心实施细则》第四十九条、《广播中心实施细则》第三十六条、《无线发射转播台实施细则》第二十一条、《卫星广播电视地球站实施细则》第十九条、《光缆传输干线网实施细则》第二十条、《有线广播电视网实施细则》第三十五条、《微波传输电路实施细则》第二十五条、《网络广播电视台实施细则》第五十九条、《IPTV 集成播控平台实施细则》第四十九条规定：二级、一级安全播出保障单位应按照实际情况配置码流分析仪、视音频测试仪、频谱仪、示波器等必要的仪器仪表。

3. 评价指南

本条文明确了安全播出责任单位在工具、器材、仪器仪表、备品备件等方面的配置要求。

（1）评价重点：工具、器材、仪器仪表、备品备件配置方面的符合性信息；

（2）信息收集：根据专业实施细则要求、其安全播出责任单位技术系统运维的要求，经与相关部门人员沟通，了解工具、器材、仪器仪表、备品备件配置是否满足实际工作需要。查阅工具、器材、仪器仪表、备品备件清单及其维护情况的信息。

4. 常见问题

（1）工具、器材、仪器仪表、备品备件配置不充分，或配置不适宜；

（2）工具、器材、仪器仪表、备品备件管理不善，仪器仪表未按期检定。

第八节 广播电视相关信息系统安全保障能力评估

广播电视相关信息系统安全保障是一个动态持续的过程，涉及信息系统整个生命周期，通过对信息系统定级、等级保护、测评等，促进安全播出责任单位的信息系统安全保障能力逐步提升。

一、广播电视相关信息系统安全等级保护定级

《广播电视安全播出保障能力评估规范》4.8.1 条文内容

安全播出责任单位与生产业务相关的信息系统[①]应按照 GD/J037《广播电视相关信息系统安全等级保护定级指南》要求确定本单位定级对象[②]和安全保护等级[③]，在当地公安机关备案。

安全播出责任单位应按照 GD/J038《广播电视相关信息系统安全等级保护基本要求》，对广播电视相关信息系统按照确定的定级等级实施保护。

1. 条文理解

①广播电视相关信息系统，是承载广播电视制作、播出、传输、覆盖等生产业务相关的信息系统。

②安全播出责任单位内部运行的信息系统可能比较庞大，为了体现重要部分重点保护、有效控制信息安全建设成本、优化信息安全资源配置的等级保护原则，可将较大的信息系统划分为若干个较小的、可能具有不同安全保护等级的定级对象。

在确定定级对象时，要了解信息系统的网络拓扑结构、硬件设备部署情况、网络边界，确定定级别象的范围。《广播电视相关信息系统安全等级保护定级指南》对承担不同生产业务的信息系统提出了定级建议，二级最低，四级最高。各安全播出责任单位根据本单位信息系统业务功能参照定级，安全等级应不低于建议级别。

③信息系统的安全保护等级由两个定级要素决定：等级保护对象受到破坏时所侵害

的客体和对客体造成侵害的程度。根据业务信息安全被破坏时所侵害的客体以及对相应客体的侵害程度，依据业务信息安全保护等级矩阵表，即可得到业务信息安全保护等级。

信息系统安全等级保护应按照 GD/J038《广播电视相关信息系统安全等级保护基本要求》配置信息系统，确保信息安全。存在不符合的项目应制定可行、有效的措施、方案，有效控制风险，达到安全播出的目的。

2. 相关法律法规及其要求

《广播电视安全播出管理规定》第二十二条规定：安全播出责任单位在播出、传输、覆盖及相关活动中，应当遵守有关安全生产的法律、法规和技术标准。安全播出责任单位应当遵守有关信息安全的法律、法规和技术标准，对涉及安全播出的信息系统开展风险评估和等级保护工作。

各专业实施细则规定安全播出责任单位应按照《广播电视相关信息系统安全等级保护定级指南》（GD/J037）的要求，划分播出相关信息系统的安全保护等级。播出相关信息系统应符合《广播电视相关信息系统安全等级保护基本要求》（GD/J038）的相关规定，并按照相应等级要求进行规划、设计、建设、评估和整改。

3. 评价指南

本条文是对与广播电视相关的信息系统安全等级保护方面提出的要求。

（1）评价重点：信息系统安全等级保护风险评估情况。

（2）信息收集：与信息系统安全等级保护管理部门沟通，了解单位信息系统的分类、分级情况；通过沟通交流，了解信息系统安全等级保护方面所做的工作，查阅风险评估情况以及与《广播电视相关信息系统安全等级保护基本要求》存在的差距情况，存在的风险是否有明确的、有效的措施，风险是否进行了整改。

4. 常见问题

（1）安全播出责任单位未识别与广播电视相关的信息系统；

（2）广播电视相关的信息系统定级与《广播电视相关信息系统安全等级保护定级指南》不符；未按要求备案；

（3）未开展信息系统等级保护工作；

（4）未开展信息系统安全等级保护风险评估工作，信息系统存在的风险不清楚；

（5）所开展的信息系统安全等级保护风险评估未准确识别出与《广播电视相关信息

系统安全等级保护基本要求》之间的差距；

（6）存在风险未能明确具体的、有效的措施。

二、广播电视相关信息系统安全等级保护测评

《广播电视安全播出保障能力评估规范》4.8.2 条文内容

安全播出责任单位应依据 GD/J044《广播电视相关信息系统安全等级保护测评要求》制定测评方案[①]，按方案组织落实对信息系统的测评工作，形成测评报告[②]。

1. 条文理解

①等级保护测评是信息安全工作的主要内容和重要环节之一。等级保护测评是按照有关标准，对信息系统安全等级保护状况进行检测评估的活动，其目的是查找信息系统安全隐患、漏洞和薄弱环节，查找信息系统安全保护情况与基本要求的差距。

②安全播出责任单位应定期对影响广播电视播出、传输、覆盖的相关信息系统进行测评。测评工作分为测评准备、方案编制、现场测评、分析及报告编制。安全播出责任单位应按照《广播电视相关信息系统安全等级保护测评要求》，定期对信息系统进行自查，检查的过程包括检查准备、检查方案编制、检查实施、检查结果的分析并编写检查报告。通过对信息系统的安全状况、安全管理制度及安全技术措施的落实情况进行检查，对系统维护岗位、系统管理员、安全管理员以及相关安全主管人员进行安全责任落实情况的检查，分析与评价现有安全措施的有效性，安全事件产生的可能性，与《广播电视相关信息系统安全等级保护基本要求》对比，识别信息系统在安全方面的差距，形成自查报告。

2. 相关法律法规及其要求

《广播电视安全播出管理规定》第二十二条规定：安全播出责任单位应当遵守有关信息安全的法律、法规和技术标准，对涉及安全播出的信息系统开展风险评估和等级保护工作。

相关专业实施细则对广播电视相关信息系统安全等级保护测评做了相关要求，如：《电视中心实施细则》第八十一条、《广播中心实施细则》第六十四条、《无线发射转播台实施细则》第五十二条、《卫星广播电视地球站实施细则》第四十三条、《光缆传输干线网实施细则》第五十九条、《有线广播电视网实施细则》第八十七条、《微波传输电路

实施细则》第五十二条、《IPTV 集成播控平台实施细则》第七十七条，规定安全播出责任单位应按照《广播电视相关信息系统安全等级保护定级指南》（GD/J037）的要求，划分播出相关信息系统的安全保护等级。播出相关信息系统应符合《广播电视相关信息系统安全等级保护基本要求》（GD/J038）的相关规定，并按照相应等级要求进行规划、设计、建设、评估和整改。

3. 评价指南

本条文明确了安全播出责任单位应定期对信息系统实施安全等级保护测评的要求。

（1）评价重点：信息系统安全等级保护测评实施及其测评的结果。

（2）信息收集：与信息安全主管部门沟通了解信息安全等级测评情况，查阅信息安全等级测评自评估方案、测评记录及测评报告情况。从测评报告中获得单位信息安全等级单元测评和整体测评的结果，对发现的问题追踪是否进行了整改落实。

4. 常见问题

（1）未定期对信息系统进行安全等级保护测评工作；

（2）信息安全等级测评所反映的信息与实际不一致，测评结果不能真实反映安全播出责任单位信息系统安全等级保护实际情况；

（3）信息系统安全等级保护测评不完整；缺少单元测评；缺少整体测评；

（4）信息系统安全等级保护测评发现的问题未采取纠正措施。

第四章

安全播出保障能力评估方法研究

安全播出保障能力评估方法论是基于开展评估工作的一般途径和方式方法，其实质是以一种系统的观点将众多的评价方法以某种形式组织起来，便于理解和选择具体的评估方法，应用于评估对象的评估。

评估方法是实现评估目的的技术手段，评估目标与方法的匹配是体现评估科学性的重要方面，评估组人员应掌握各种评估方法，根据对评估对象的认识，从众多的评估方法中选择最恰当的方法实施评估。

第一节 常用的评估方法

在实施广播电视安全播出保障能力评估时，可以采用以下评估方法：

一、观察法

观察法是指评估人员通过察看现场来了解被评估单位与安全播出有关的业务活动，以及对评审、分析中所发现的问题或对安全播出产生重大影响的活动，通过亲临现场巡视获得证据的一种评估技术。评估人员可运用观察法了解被评估单位的技术系统配置情况、安全播出工作环境、工作人员状态等情况。运用观察法获得的评估证据通常是亲历证据，其证据的可信度比其他证据都高，应注意影响其可信性的相关因素。影响观察法应用的因素涉及：一是评估人员的实践经验和业务水平；二是评估人员的工作态度；三是被评估单位的管理人员对待问题的态度。

评估人员运用观察法应注意：

（1）观察时应仔细留意周围的一切情况，不要放过任何细微的差异、疑点。

（2）谨慎查证，与所观察的事物、获得的证据相关联的信息应通过询问、调查表等方式进一步了解，注意询问的策略和技巧。

（3）综合分析，透过现象抓本质。

（4）必要时应由被评估单位现场见证所观察到的情况。

（5）所观察获得的证据信息，应做好详细记录，形成初步结论，并在后续证据充分的情况下，做好准确的结论。

二、询问法

询问是评估人员通过直接与安全播出有关的人员进行面谈，以取得必要的资料或对某一事实给予证实的一种评估取证技术，也称面询。询问是评估常用的方法之一，通过询问发现更多管理问题的线索，获取有用的信息。询问过程是评估人员同被评估单位人员进行交往的过程，通过与有关人员沟通谈话来实现评估的目的。

评估人员恰当而有效地运用询问法，应选择恰当的询问方式。对于以下7种情况应采用个别询问（单个交谈）如：

（1）询问内容极为重要，且需要控制扩散范围的；

（2）被询人知晓的情况可能对他人利益构成损害的；

（3）被询人是某些人的打击报复对象的；

（4）被询人性格内向，不善交谈的；

（5）被询人提出要求，需要单个面谈的；

（6）对当事人的对质，以核实问题的；

（7）评估人员认为询问将可能对被询人产生不利影响的。

对下以下5种情况应采用集体询问如：

（1）调查了解的只是一般情况或一般性问题；

（2）调查内容对有关人员不构成影响的；

（3）被询问人性情活泼开朗，善于交谈的；

（4）评估人员认为询问内容对被询问人不构成不利影响的；

（5）询问内容不存在保密问题的。

评估人员应善于运用询问策略，以便被询人员能将所知道的有关情况提供给评估人员。创造适宜的询问气氛，有助于完成评估工作。适宜的气氛形成取决于：

（1）评估人员的态度。对于管理层的询问应是偏单位宏观方面的管理信息，应表现出容易接近的态度。而对于具体的基层人员应仔细了解具体工作，表现出严肃认真的态度；

（2）被询问人的陈述。被询问人员能自由表达自己的看法或所知情况，容易活跃询问气氛。在自由表达时所获得的证据是被询问人对有关问题的认识或回忆是连续的、轻松的，提供的资料也是比较可靠的；

（3）评估人员的引导。选择便于活跃思维的询问场所，最好是有关事物的工作现场，以便通过接触有关境况来活跃思维；可与被询问者沟通有关主题的内容和相关问题，以便被询问者通过近似联想启发其思维。

评估人员恰当地提出问题也有助于获得与评估有关的信息。恰当的提问取决于：

（1）措辞得当，避免造成误解；

（2）提出问题应有针对性，有明确的目的；

（3）所提出的问题应以存在的事实为根据；

（4）应讲究一定的逻辑顺序，如先提出一般问题，再到个别问题，最后再深入到实质性问题。

为了确保询问法的有效运用，在具体运用时应注意：

（1）在准备与有关人员询问之前，应根据问题性质预约询问时间；

（2）评估人员应注重自己的修养、言谈，易于被评估人员接受；

（3）询问过程中应注意倾听并做好记录，使被询问人能够意识到他所提供的信息是重要的；

（4）所获得的言词证据不能直接用作证据，只能作为重要证据的补充信息。

三、分析法

分析法是在评估时通过对被评估的事项涉及的有关内容对比与分解，从中找出信息之间的差异以及各信息的构成因素，以揭示其中有无问题，从而为进一步评估提供线索或方向的一种评估技术。评估的分析技术包括比较分析、因素分析、关联分析、趋势分析等。

1. 比较分析法。比较分析技术是指直接通过对有关评估信息之间的对比，揭示其中的差异所在，并在此基础上分析判断差异是否正常及其形成的原因，从而判明活动是否合理、有效。对比分析之前，评估人员应对于对比的信息资料所反映的内容的正确性予以认可，所对比的信息具有可比性且明确了对比的内容。

2. 关联分析法。关联分析技术是指对存在关联的被评估信息进行对比，揭示其中的差异所在并判明可能存在问题的一种分析技术。在应用关联分析法时，应找出所评估事项之间的关联，能够从相关事项的异常现象背后把握问题的实质。

3. 趋势分析法。趋势分析技术也称动态分析技术，是指从发展的观点分析、研究与安全播出有关活动在时间上的变动情况，以揭示其增减变动的幅度及其发展是否正常、合理和有无管理问题的一种分析技术。在分析前，应对用于分析的各种指标本身的可靠性予以认可；用于进行趋势分析的有关指标，在各个时期应具备可比性。

第二节 抽样技术与取证方法

一、评估抽样技术

评估时，若遇记录太过庞大或评估的项目／内容地域分布分散，无法对总体中的每个项目进行评价，可采取抽样。

评估人员应根据所评估的内容，选择适当的抽样方案：

1. 简单随机抽样。是从总体 N 个单位中任意抽取 n 个单位作为样本，使每个可能的样本被抽中的概率相等的一种抽样方式。

2. 系统抽样。将总体各单位按一定标志或次序排列成为图形或一览表式（也就是通常所说的排队），然后按相等的距离或间隔抽取样本单位。

3. 分层抽样。先将总体的单位按某种特征分为若干次级总体（层），然后再从每一层内进行单纯随机抽样，组成一个样本。

4. 整群抽样。将总体中各单位归并成若干个互不交叉、互不重复的集合，称之为群，然后以群为抽样单位抽取样本的一种抽样方式。

遇评估的各场所开展的活动或过程本质上属于同一类，并基本上按照相同的方法和程序开展的，纳入安全播出保障体系文件落实的，可考虑多场所抽样。

通过在总体（数据批）中抽样，以获取并评价总体某些特征的证据。当然抽样也存在一定的风险，从总体中抽取的样本不具有代表性，导致评价出现偏差，与对总体全面检查的结果不一致。

评估人员在抽样时，应按如下步骤进行：

（1）明确抽样方案目标，选择总体的范围和组成；

（2）选择抽样方法；

（3）确定样本量；

（4）实施抽样；

（5）收集、评价和报告结果，形成文件。

二、评估取证方法

评估的核心内容是取证，主要采取以下几种方法：

1. 因果分析法与果因分析法。因果分析法是从事件的起因查起，最终查出所对应的结果的一种分析方法。而果因分析法则正好相反，是从事件所产生的结果查起，最终分析出问题产生的原因的一种分析方法。因果分析法的优点在于循序渐进，环环相扣，评估内容比较全面，但所用时间长，难度大。果因分析法的优点在于溯果撷因，方法简便，用时短，但评估过程容易以点带面，评估内容不够全面。无线索的应采用因果分析法，掌握了线索的则使用果因分析法。

2. 先入为主法。评估人员根据所掌握的信息，基于自身职业判断，向"左"追查某一问题产生的原因的整体脉络，向"右"验证分析自身判断的准确性。该方法优点是效率高，缺点是由于人员经验不足可能会出现判断失误。

3. 宏观与微观相结合的方法。评估人员既要深入细致地分析、剖析某一问题，又要站在一定的高度，对微观事物进行总结、提炼，上升到一定高度，系统地进行分析。

4. 保守与创新相结合的方法。评估人员既要依据已有的评估模式和固有的思想，对问题的是与非做出判断，又要思维创新，换角度思考、分析问题，会得出不出的结论。

5. 否定之否定评估方法。因所处环境和评估人员知识、阅历的影响，不同的评估人员做出的评估结论往往有一定的差异，评估人员只有善于否定自我，才能使评估发现更具有说服力，结论才能更正确。

三、评估的沟通方法

评估过程是信息沟通的过程，沟通的充分性也决定了评估工作的质量。

从评估准备至评估结束全过程中，需要与评估委托单位、被评估单位进行沟通交流。应注意：

1. 沟通必须是完全客观的。评估活动必须遵循既定的原则，评估报告反映的信息是真实的、相关的和准确的。要求实事求是、不偏不倚、不歪曲事实。

2. 沟通的观点应是清晰的。评估报告在语言上应内容简明扼要，避免使用未经清楚解释的专业术语。评估人员应考虑信息使用者的知识背景，为其提供足够的信息以便于其理解。

3. 沟通信息简明，报告信息及时。报告表现的思想和论点应该具有一定逻辑性，用词准确。及时沟通有助于被评估单位及时采取相关行动改进被评估的工作。为加快问题的解决，可采取非正式的会谈等方式与被评估单位进行沟通，若采用书面形式沟通的，则要求报告方式应专业化。

4. 沟通应具有建设性，关注评估委托方和被评估单位的需求。评估人员与被评估单位之间的沟通应是适当的、专业的。评估人员应识别评估委托方、被评估单位对评估工作的期望、感受和需求，保持谨慎的工作作风，根据实际情况提出有关评估信息。

第三节 评估中的"望闻问切"方法

北京国睿智鼎信息科学研究院在现场评估实践中，结合信息源以及可能获得信息的途径，总结出一套有效的基本调查手段与方法，按照中医诊病的四诊方法，即望、闻、问、切四个方面进行。

一、现场评估之"望"

"望"即对现场的观察。现场观察，是评估员带着一定的目的与要求，对评估现场的人员、活动、工作环境、资源条件等仔细地审视、排查、调查的过程；目的是获取与评估的目的、范围和准则有关的信息。现场观察不能简单地解释为"看"。

1. 需要重点观察的对象主要有：

①现场的环境；②现场的设备状况；③业务水平；④过程状态和实施记录；⑤现场

人员的工作状态；⑥面谈人员的神态等。

2. 现场观察的通常做法，是先宏观、后细察；在获取总体信息的基础上，再有针对性地察看一些具体问题。评估员可以结合现场情况，灵活掌握。

①宏观察看

是评估员依据单位安全播出保障理念、安全播出保障要求，对现场的单位文化氛围、定置管理状态、视觉形象、安全环境、原材料与设备的管理状况、各类标识与防护要求的醒目与周全状况、设备维护与保养状况、人员专注工作的状态、业务操作的规范程度、人流与物流的有序运行情况等整体状况的察看过程。目的在于对现场的第一印象进行宏观评价，为深入地评估查找、选择突破点。

②仔细察看

在宏观察看的基础上，评估员依据获取的线索和选择的突破点，对评估对象进行深入追踪、洞察细微、追根溯源，分析比较地深入核查有关信息，并依据事先的策划与准备，在与被评估对象的评估准则和相关要求进行比对、验证印象的过程中获得客观证据。这是评估员直接获得或证实评估证据的过程。

评估员应当事先对"现场观察"的重点对象、观察内容进行策划，并熟悉被察看对象的相关要求、评估准则，形成察有目的、看有要求、心有尺度、脑有评价。现场观察是直接获取管理第一印象、直接获取现场真实状况的重要查证方法，必须防止无目的的、无要求的"浏览"。

需要指出，现场观察到的有用信息，应当及时做好记录，并且一定要注意发挥被评估方陪同人员的见证作用，要求对方确认问题的存在，同时要求对方也应当做好记录，以利于推进后续的整改工作。

二、现场评估之"问"

提问与交谈，也是现场评估与调查中最基本的手段。所以，评估员应当十分明确这种手段的应用目的和应用要求，并且需要充分地策划、准备，才能艺术地、灵巧地运用语言工具，驾驭这种属于"特殊过程"范畴的查证方法。作为评估服务的"特殊过程"，评估员应当对提问与交谈的准备、实施、结果进行确认。

评估员向被评估方提问、与之交谈的主要目的，自然是要获得评估信息，但绝不仅此而已，利用语言工具，评估员可以实现多种目的：

①调节评估气氛，在理解、和谐、共识中，能够实现双方有效配合，提升评估的效

率与效果；

②这种方法可以起到评估向导的作用，并可及时转移话题、调整评估思路，围绕评估的主题，从不同角度（职责、过程、时间、地点等）了解情况；

③评估员能够获得、拓展调查所需的大量"隐性"（如：原因、接口、对某些事项的认识、管理意图、创新思路、应深入追踪的问题等）信息，以得到更多的评估证据和评估发现；

④通过对问题细节的交谈，以核实、验证所获信息的真实度、准确性；

⑤利用不同的提问方式，可以灵活地调整交谈的节奏与繁简，控制评估进度。

1. 提问的类型

①开放式提问。开放式提问是针对某一主题让对方自由回答，对方回答的信息、观点、立场都不受限制，发挥余地较大。例如：为什么会出现这一问题？这是怎么回事？需要获得较多的信息时，应使用开放式提问。

②封闭式提问。封闭式提问要求对方只能在限定的几种情况中选择答案或结果。通常来说，问卷调查中的单选或多选相当于封闭式提问，对错判断题也是封闭式提问。需要确认信息的准确性或对初步信息进行追踪时应使用封闭式提问。

③诱导式提问。诱导式提问通常不是为了从对方那里获得答案，而是为了诱导对方接受自己的观点和意见。

④澄清式提问。澄清式提问是针对对方的答复或已经提供的信息重新措辞进行提问，以便确认提问者的理解与回答者的本意是否一致。

2. 提问技巧

由于回答问题的人员可能会掩饰真实的想法，甚至是说假话，因此提问时需要讲究策略，要掌握被问者的心理，采取一定的技巧来获取真实的信息。提问者应针对同一主题，考虑不同立场或意图，改变提问的方式以反映被问者的实际情况，不同的提问方式会导致结果的差异。

在面临敏感问题时，或者被问者掩饰的可能性较大时，不能使用直接提问法，应使用旁敲侧击方式，从具体细节中自己推断，才能获得真实的信息，做出正确的判断。如：为了验证信息的真实性，使用对称化亲历细节描述的方法，由被问者从正面、反面分别描述亲自经历的事项细节，若需要更加具体，可以从STAR四个方面进一步描述，STAR是指：情境（Situation），当时的情境和背景是怎样的？任务（Task），当时要完成什么任务？面临着什么问题要解决？行为（Action），采取了体系措施、行动？结果（Result），结果如何？

3. 提问的方法

全面提问法5W2H。5W2H是从为什么（Why）、什么时间（When）、在哪里（Where）、谁（Who）、什么（What）、怎么样（How）、多少（How Much）七个方面来分析的。该方法可用于分析很多问题，对于不同的问题，分析的侧重点有所不同。该方法也可用于某项业务活动，如：What，活动的名称是什么？Why，活动的目的是什么？Where，活动的地点在哪里？When，什么时间开始活动？Who，活动由哪些人参与完成？How，活动如何开展以及所用的方法是什么？How Much，活动所需资源有哪些？

评估员通常按检查表组织提问，提问时应做到和蔼、耐心、礼貌，营造良好的评估气氛，切忌态度生硬，居高临下，给被提问者制造心理压力，要善于使用提问的方法和技巧。

4. 提问与交谈时应注意的问题

①应当基本依据检查表中单位的问题，围绕评估的主要事项、需要了解查证的信息进行提问交谈；

②提问交谈时，应当言简意赅、自然顺畅，防止照本宣科式的刻板提问，应及时调整提问的思路、灵活地变换谈话方式，通过多角度地沟通获取信息；

③应当结合查证问题的必要性、重要性，控制话题详略、节奏；

④对方回答问题时，应注意观察与交流，仔细地听取、认真地记录；

⑤应当认真思辨对方的回答与阐述，对照从多方接口中获得的信息与证据和评估准则，迅速形成评估发现，确定与评估准则的符合性或者判断出继续追问的必要性；

⑥必要时，应当与被评估方一起评审不符合、确认评估证据的准确性，使被评估方理解不符合的相关情况；

⑦提问时应认真听被评估方的陈述，倾听时要专注，切忌粗暴地打断对方的谈话。

三、现场评估之"闻"

1. 查阅并评审相关文件

查文件，例如方针、目标、计划、程序、标准、指导书等；查记录，例如事件事故记录、检验记录、会议纪要、审核报告，监视方案和测量结果的记录等。

查阅文件和记录的主要目的有两个：一是结合现场实际工作，进行文件评审；二是将行为依据（文件）、现场工作活动（过程）、行为证据（记录）"三者合一"的评估过程，是查证、评价与确认管理系统活动有效的过程。

这种调查手段与方法，有利于快速评价文件的充分性、适宜性、符合性、使用程度与控制管理的规范性，有利于验证活动或过程的规范化程度、职责落实程度、程序或规范的实施程度、实现预期要求的有效程度，有利于查证各类过程证据（记录）的完整性、证据性、可追溯性、关联性及其建立、使用的必要性和管理控制程度。这种调查方法，在现场评估中具有无可替代的重要作用。

查阅文件和记录的基本思路：

①应围绕部门、岗位的主管职能、主要职责、对照查阅行为依据与证据；

②应以各类"清单、计划"为纲，查阅其充分性与宏观管理控制状况；

③从"清单、计划"中抽样，查阅与相关过程的符合、适宜、控制状况；

④查阅时，应注意对文件、记录对安全播出责任单位个性化要求实现的控制功能；

⑤应注意文件和记录的标识、检索、贮存，外来文件与作废文件的管理；

⑥应注意文件的结构层次、格式、表达方式，在单位内部的统一性；

⑦注意文件的描述方式，应当"适合于单位的顺序"及信息化管理要求；

⑧应评价引用文件的适宜度，评价体系文件各层接口的关联性与系统性。

2. 验证出示的证据性资料

评估中获得的各种信息、资质证书、检验试验报告、鉴定合格报告、现场监控测定的数据、校准标示与各类合格标识等，在没有进行真实性、完整性、合法性验证、评价与确认之前，不应作为客观事实予以采信为评估证据。因此，评估员验证被评估方的各种信息、证据，不仅仅是为了对这些评估信息的确认，更重要的是从中进一步获得业务活动与结果的有效性、实证性信息或深入评估的线索。

验证一般可采取下列方法：

①可以利用核对各类证书原件的方法；

②有网络查询条件的事项，可以进行网络查询、验证的方式；

③可以利用多种资料相互印证的方式；例如：对检验试验报告、校准标识与各类合格证标识等资料，利用查阅鉴定周计划、检验合格证、检验记录、鉴定记录、检验或鉴

定人员资格证书等资料进行综合验证；

④对重要的运行数据和资料，可以利用现场技术测定等方法进行复核。

3. 技术测定

技术测定，是一种依据部门岗位的主要职能、主要职责、目标和过程的技术标准、检验规范等要求，对安全播出的过程、结果、环境因素与安全播出风险控制状况，进行现场抽样测定、技术验证的手段；获取技术状态有效性的实测数据，与技术标准、标准要求的内容（项、点、技术参数、公差与相关技术要求等）进行比较，形成评估发现，最终实现评估技术管理的有效目的。

测定时应注意的问题：

①现场实际测定的过程，是一个抽样调查的过程，应按照国家标准的抽样规定或通常的随机抽样、分层抽样的要求进行；

②应选择对安全播出、环境、管理起着重要影响的过程和关键测定；

③评估员应当准确地掌握测定对象的技术标准、测定内容与项目要求、检验规范，确保能够辨析数据的真实、可靠性；

④评估员应当保存监控、检验、试验人员进行技术测定的数据、报告等资料的复印件，必要时为实施追溯要求或证实评估的有效性提供依据；

⑤评估员不应单独、自行取样测定，以防止影响样本与数据的可信性；应由具有检测责任的人员取样、检验，评估员与陪同人员进行监督、跟踪确认。

技术测定不仅可以获得技术事项过程状态、结果状态的合格评价数据，更重要的是利用测定的过程，检验了相关岗位遵守检验规程、正确进行测量分析操作、掌握技术标准和判定技术的状态，验证检测结果的真实可信程度；审核记录中，应保存检测人员的资格与授权资料、技术测定结果的复印件；必要时，评估员可以直接取样，送交技术测定，取样时，应有被评估方人员陪同在场见证，双方都应做好记录，对取证过程和样本状况予以证实。

评估员应当在评审过程中，学会和掌握技术标准、工作标准、管理标准同步评估的思路与方法，提高综合评估、全面观察、控制评估效率的能力。

四、现场评估之"切"

现场评估要识别关键控制点，比较、分析、评价获取的信息。评估员对评估对象的相关信息，不能简单地从"有没有""完成指标没有"的角度来索取和提问，以这种思路获得的信息即使是真实、可信的客观事实，有时也并不能直接证实相关活动是符合要求的，而需要将它们汇集、比较、分析，进行综合评价才能真正形成评估发现。

要做到对安全播出过程的控制与管理，就必须有效地收集、获取行为和环境中那些瞬息万变的状况与信息数据，及时评价其波动范围与趋势、符合与不符合情况，符合与不符合程度、管理措施的实施与有效性状态。这种评价的重要输入信息，就是对各种动态信息的快速记录。

快速记录的方式，除了监控录像以外，还有拍照、录音、信息数据的自动记录、监督管理与操作人员将直接观察到的信息，迅速地形成书面记录等。

这些保障对象的动态变化信息，对评价相关岗位、过程满足符合性、有效性要求，对形成组织新的改进措施具有重要意义。这种取证手段，自然被纳入评估之中，成为评估现场对动态信息获取证据的方法。

这种快速记录、实现可追溯要求的调查方法，应当能够从动态、变化的过程中，及时获得客观证据。所截取的活动、行为、状态信息，极有可能是难以重现或就此不复存在的。因此，对这类信息调查的获取，必须力求做到内容完整、时间准确、问题具体，环境、场景与事物相关信息清晰，能够印证事实的存在或具有充分的关联性、证据性，能够实现可追溯、可重查的要求。

1. 评估记录的内容：

①时间；②地点；③访问调查的对象（人员、设备等）；④见证人；⑤观察到的事实（过程与结果）；⑥凭证材料；⑦涉及的文件、标准；⑧各种标识等。

2. 评估记录的要求：

①评估记录同样具有证据的性质。因此，应当做到内容完整，数据翔实准确，相关信息齐备（人员的岗位、设备的编号、文件的名称、文号和条款），凭证性资料的来源，事实事件的主要因素内容清晰。应当能够清楚地反映出现场的状态、特点、合格程度与问题所在。

②评估记录必须具有的真实性。对于动态、变化的现场活动，应当记录出评估当时的情景、证据性因素，还应当记录出现场变化因素，以备重查、追溯当时的情况与问题。

第四节 评估报告方法

评估报告是在现场评估工作结束之前，由评估人员根据评估工作的完成情况和评估的结果编写并报送被评估单位的书面文件。编写评估报告是评估人员对被评估事项进行的全面总结，并提出书面建议。

一、评估报告的设计

评估人员在编写评估报告前应对整个报告进行设计，其内容包括对评估报告的格式、表达方式及其内容等提出的构想。

1. 格式的设计

评估报告的基本格式主要涉及以下内容：

（1）报告的标题。报告的标题应能准确反映评估活动的主题。

（2）报告的接受者。管理评估的主要目的在于根据发现的问题，提出改进建议以帮助被评估单位改进工作。

（3）报告的具体内容。按照技术系统配置符合性检查要求、安全播出保障体系评估要求、信息安全等级保护评估要求，对各部分内容的评估情况进行说明。

（4）报告的落款。

2. 报告内容的设计

无论采用何种表达方式，评估报告有：标题、导语、概况介绍、评估过程及其评价、总结和结论、问题、建议，以及所附的材料等。由此形成的评估报告结构，就包括标题、导语、正文、结尾和落款。其中：

（1）标题。评估报告的标题有单标题和双标题两类。所谓单标题，就是一个标题。所谓双标题，就是两个标题，即一个正题、一个副题。

（2）导语。导语部分是报告的前言，简洁明了地介绍有关评估工作的情况，或提出报告的引子，为正文写作做好铺垫。常见的导语有：

①简介式导语。对评估主题、对象、时间、地点、方式、经过等作简明的介绍；

②概括式导语。对报告的内容（包括评估内容、评估结果和分析的结论等）作概括的说明；

③交代式导语。即对评估产生的由来作简明的介绍和说明。一般导语部分会将评估的基本情况进行介绍，主要包括评估工作的基本情况和被评估单位的基本情况两个方面。评估工作基本情况包括评估依据、评估委托单位、评估组构成情况、评估时间安排、评估类别、评估范围及目的、评估的方法等。被评估单位基本情况包括单位性质、规模、与评估内容有关的基本情况等。

（3）正文。正文是评估报告的主体。正文的结构有不同的框架，一般框架有：

①根据逻辑关系安排的框架有：纵式结构、横式结构、纵横式结构。

②按照内容表达的层次组成的框架有："事项基本情况→符合评估准则的程度→发现的问题、不足或缺陷→改进建议"式结构。评估组应根据所评估的内容确定报告的框架结构，分清层次，对照评估依据进行恰如其分的评价，确保每项内容要有科学依据、有说服力，说明性的数据、依据可作为报告附件。报告正文应对所评估内容符合要求的给予认可，同时对存在的不足与缺陷提出改进的建议。其中评估所发现的问题，分清主要问题和次要问题，每个问题应说明判定问题的准确依据是什么，对于存在同样问题的应归纳整理、集中说明。评估时发现的不足应根据评估人员的经验，结合被评估单位的实际情况分析，提出有针对性、可行性的改进建议供被评估单位参考。

（4）结尾。结尾的内容大多是评估人员对评估的总体结论。对评估报告的公正性、客观性进行说明。

3. 表达方式的设计

评估报告从具体表达方式上分为两种，一是在外在形式上，采用简式的，或是详式的。对于能帮助被评估单位解决安全播出管理方面的问题，应采用详式表达形式编写评估报告。二是在体裁上，采用条文式、表格式、叙述式或是综合式。在表达体裁选择上，详式表达的评估报告一般选择叙述式报告；条文式报告由于用简明扼要的文字说明，对评估结果、最终评估结论及意见归纳成简单的陈述句，适用于被评估对象较为简单的情况，一般不常使用；表格式表达是用设计出的一定格式的图表列示客观事实、对评估内容的评价和建议等内容，一般在被评估单位管理上存在问题不严重的情况下使用。综合式表达可同时使用多种表达形式对评估中发现的问题、建议等进行表述，适用于对被评估单位较复杂的情况下使用。

二、评估报告编写步骤与方法

评估组长根据评估报告的设计结果，开始编写评估报告，应掌握评估报告的编写步骤和方法。

评估组成员一般是对评估工作底稿进行整理和分析，根据评估工作分工在此基础上形成评估概要，对照正文各部分评估内容进行评价和提出存在的不足、缺陷以及改进建议，由评估组组长执笔编写报告。主要工作步骤是：

1. 收集和选择资料。通过对照评估工作计划和评估工作底稿进行检查，判明评估计划的安排内容均进行了评估，无遗漏，再审核、检查评估工作底稿中的有关事项，判明评估过程是否规范，再分析评价的证据是否充分可靠。对于未覆盖的范围、证据不足或数据不充分的情况应安排重新补充评估。如符合评估规定的要求则对工作底稿根据评估内容进行分类，对评估资料进行整理。

2. 整理资料，拟定报告提纲。评估报告执笔人员根据工作底稿反映的信息，写出评估报告的概要，初步确定评估报告正文结构及其内容、评估结论等，组织评估组人员集体讨论研究决定。撰写报告提纲时应考虑评估报告每个部分的内容排列顺序。

3. 评估报告佐证材料整理。评估以事实为依据，为了证实评估报告中列举的信息正确无误，需要部分验证性证明材料，作为报告中反映问题的支撑，放在报告的附件部分。

4. 编写报告。评估报告执笔人员可根据报告提纲，做好评估组人员编写工作的分工，由评估组组长汇总。报告初稿完成后，应在评估组内讨论，达成一致意见后，形成最终稿，由评估组组长签字确认。必要时，评估组组长应将评估报告交评估委托单位确认，适当时征求被评估单位意见。

评估报告是对被评估单位在安全播出管理方面的总结，是评估人员向被评估单位提出的评价，应注意：

（1）抓住重点，切忌面面俱到。

（2）信息充分，切忌言之空洞。

（3）反复核实，切忌粗枝大叶。

（4）简洁明了，切忌冗长乏味。

第五章

广播电视安全播出保障能力评估实践

本章结合对安全播出责任单位的评估实践经验，从技术系统配置符合性自评、安全播出保障体系成熟度评估、信息系统安全等级测评三方面阐述评估工作的操作流程。

第一节 专业技术系统配置符合性自评实践

技术系统是广播电视各项业务正常进行的基础，做好技术系统优化配置工作关系到广播电视的安全播出质量。各安全播出责任单位应认真做好专业技术系统配置符合性自评工作，以确保技术系统配置满足安全播出的要求。

一、技术系统配置符合性自评计划

技术系统配置符合性自评工作一般由上级主管部门通知或单位自行组织进行，自评组由自评单位组织组建，并按照自评方案实施评估工作。技术系统配置符合性自评工作要求各单位对安全播出相关的技术系统进行全面细致的逐一排查，包括播出系统、传输系统、控制系统、信息发布系统及附属设施等，再对照专业技术系统配置要求判定其符合情况。

二、自评准备阶段

（一）自评估活动注意事项

自评估活动在争取领导支持与重视方面，要主动做好的工作包括：

①深入理解单位领导开展自评估的意图和目的；

②认真汇报评估方案和评估活动计划；

③积极向领导层汇报评估的困难与风险；

④及时向领导层汇报评估中遇到的问题及解决问题的建议和办法；

⑤及时向领导层汇报评估进度；

⑥发现重要不符合项时，及时向领导层汇报，以便得到确认；

⑦在评估结论产生以前，及时和领导层沟通，取得领导层认可；

⑧依据评估过程和评估发现，向领导层提出改进意见和措施。

（二）成立自评组

安全播出责任单位自评估活动，一般由安全播出主管领导主持开展，安全播出主管领导任组长，在单位内选择评估成员，必要时在外面聘请，评估员必须具备一定的资格与能力。

1. 对自评估人员的资格要求

自评估活动是单位最高"合格标准"的客观评价活动，内部评估人员也必须证实自己具有合格性评价的知识与能力，或组织认可的工作履历（或）和经验是最直接、最具体的方式。

安全播出责任单位应当建立一支掌握评估知识与技能，经评价合格的骨干人员组成内部评估员队伍。内部评估人员经验不足或不能适应某方面要求时，可以外聘专业评价人员现场指导参与内部评估工作。

2. 自评估评估员的知识与能力要求

承担安全播出责任单位内部自评估活动的评估人员，应当具有相当娴熟的本行业、本单位专业知识，应当对单位个性化要求的管理策划、运作过程与控制要求等，有一定程度的掌握，应当对管理理论、国家法律法规及其标准熟练地运用，具有一定的综合驾驭与应用能力，能够胜任发展性评价、增值性评估的要求。

对单位内部评估人员的这种要求，强调的是在专业管理知识和技能上的"纵深发展"；目的并不局限于内部评估的需要，而在于通过掌握这些知识与技能的骨干人员，去实现单位安全播出绩效持续提升的需要。

3. 自评评估人员的基本职责

安全播出责任单位在选择评估人员时要严格把控人员素质，确保人员能严格掌握评估的基本知识，顺利完成评估任务。

（1）应当有效地完成所承担的评估工作，认真地履行内部评估人员的职责：

①应评审与评估工作有关的信息，准备工作文件，包括：检查表和评估抽样计划、记录信息的表格等；

②按评估任务分工，现场评估前应当评审被评估方的文件；

③按评估分工进行现场评估，收集信息、证据，共同评审评估发现；

④应当记录不符合和支持的评估证据，与被评估方一起评审不符合，确认评估证据的准确性，并使被评估方理解不符合；

⑤参与评估组内部以及评估组与被评估方的沟通；

⑥认真参加评估组准备评估结论的讨论，评审信息，对评估结论达成一致，准备建议性意见，讨论评估后续活动；

⑦参加评估过程中的各种会议，履行报告义务，做好组内的配合工作。

（2）完成规定的评估后续活动要求，验证纠正措施的有效性，实现评估增值。

（3）认真遵守内部评估人员的行为准则、规范，保守被评估部门、岗位的秘密。

（4）内部评估人员赋有帮助安全播出责任单位、指导部门和岗位提升管理的义务，不应当评估本部门的工作。自评过程中，不应中断评估进行指导活动，应当确保评估的进度与力度。

（三）评估前的培训

评估前应对内部评估人员进行培训，评估前培训的主要目的，是明确评估分工、落实评估责任、沟通评估工作安排和要求、统一评估思路和认识，以便协调一致地完成评估任务。

评估组培训参加人员，除参评估组人员以外，还应当包括主管安全播出保障工作的职能部门负责人、应邀参加本次自评估的技术专家等。必要时领导层代表应当参加自评估的培训会议，传达领导层对本次自评估的设想和要求，将有利于将评估意图与领导层的管理思路相配合。

自评估培训会的主要内容，主要有以下几个方面：

1. 介绍评估组的组成。宣布指定评估组长的决定，宣布本次评估组的成员；

2. 介绍单位的领导层对本次评估的总体设想、期望和要求；

3. 宣布本次内部评估的计划。介绍本次评估工作的总体安排，请内评员在共同讨论中，确认计划、明确评估组成员的分工范围、落实评估职责；

4. 宣布评估的有关要求。申明评估目的、评估范围、评估准则、评估程序、评估纪律（包括保密要求）等方面的评估要求；

5. 介绍部分部门、场所、岗位的业务内容和工作流程。使不熟悉这些部门、岗位情况的评估人员，在培训学习中获得评估的必要知识与信息；

6. 结合评估要求，讨论保障工作中的问题，归纳出评估重点；

7. 提出疑难问题，进行评估技术交流。这对于新、老评估员都是十分必要的，有助于准确地运用评估技术，正确地分析、识别评估中遇到的问题。

三、自评实施阶段

（一）自评首次会议

自评实施前，一般应举行首次会议，明确内部评估的要求，突出评估工作的严肃性，提高对自评估的认识。单位应当考虑本次评估的目的和要求，依据评估的层次性质（总体评估、分体评估）、实际工作的需要，对首次会议做出相应安排。自评估首次会议的主持工作，一般应当由单位主管领导担任。

自评估首次会议，应当包括布置、明确要求，确认实施计划、进行"战前动员"等工作环节。自评估的决策应由单位领导层做出。

（二）自评估实施

为做好技术系统配置评价，安全播出责任单位应：

1. 设备分类

建立技术系统档案，完善技术系统和子系统、设备的基本信息，对子系统、设备进行分类。一般采用 ABC 分类法（又称主次因素分析法）对技术系统内的设备进行 KIO 分类，找出最关键的少数 K 关键设备（Key），该类设备一旦出现故障将引起停播或安全播出事故；找出 I 重要设备（Important），因设备故障或缺陷间接导致安全播出事故；找出 O 一般设备（Ordinary），该设备对安全播出影响不大。在确定分类标准时，应做到"突出重点、兼顾一般"。

2. 设备分级

对技术系统中的设备进行分级管理。一般分为三级，其中：一级设备运行安全、稳定，技术状态良好；二级设备个别部位有一般性缺陷或项目不合格，但暂时不影响安全运行或影响较小；三级设备有较大缺陷，不能安全运行。

3. 自评估内容

①技术系统配置情况，检查技术系统的配置及验收情况，评估技术系统的可靠程度；检查技术系统、设备及线路的分级保障配置和验收情况；

②技术系统指标，检查系统的主要技术指标，评估技术指标达标等级；

③规章制度，检查与技术系统相关的规章制度的制定情况，评估规章制度的完善和落实情况，为安全播出保障体系成熟度评价输入信息；对涉及安全播出的信息系统进行风险评估，了解等级保护工作，为信息系统安全保护测评输入信息。

4. 自评估流程

评估组成员依据评估计划，通过面谈、观察、文件评审等方式收集与评估准则有关的信息并验证，逐项对照各专业技术系统配置自评表（见附表二）进行评分，评分证据要充分，应对评估信息记录完整、准确、简明、清晰并具有可追溯性。

评估人员在评估过程中若存在扣分项时，应如实记录不符合的评估证据，与安全播出责任单位相关人员一起评估不符合以获得认可。

根据现场自评估获得的信息形成评估结果，评估组应将自评估结果汇报给相关的领导层，并根据评估结果提出适当的纠正或采取纠正措施要求。被评估的区域负责人应确保及时采取措施消除已发现的问题。评估人员应实施跟踪活动，要对采取的纠正措施验证并提出验证结果的报告。

自评估过程，当存在一些尽管满足了要求、但可能存在潜在不足或安全播出风险的情况时，应将这一信息纳入自评估报告，为领导层提供信息，以决定是否适合采取行动。安全播出责任单位应保留自评估结果形成文件的信息，如：自评估报告、纠正或采取的纠正措施的证据等，以作为自评估方案得以实施的证据。

四、自评报告及应用

自评报告内容主要包括：自评项目概述、自评目的、自评依据、自评过程、自评技术系统情况说明、自评结果汇总、自评结果分析、自评结论、整改建议。

自评完成之后，评估组应对自评结果进行总结，对于发现的技术系统配置问题，安全播出责任单位应及时制定详细具体的管理措施进行改进。

第二节 广播电视安全播出保障体系成熟度评估实践

安全播出保障体系成熟度评估是安全播出责任保障水平的重要标志，做好安全播出保障体系成熟度评估工作，对于提高安全播出水平有重要作用。

一、制定安全播出保障体系成熟度评估方案

安全播出保障体系成熟度评估方案是安全播出责任单位进行评估工作的指南，应集中体现以下内容：

评估目的：通过对安全播出责任单位安全播出保障体系进行评估，掌握该单位的安全播出保障管理水平，并及时发现广播电视播出工作中管理的不足。

评估范围与内容：安全播出保障体系成熟度主要包括基础保障、日常运维保障、重要保障期保障、应急准备与响应、自监自测与自评估、体系改进等 6 个部分。

确定广播电视安全播出保障体系的评估范围主要考虑以下 4 个方面：

1. 单位的实际位置。应明确单位坐落的区域位置或活动所在的地理位置。

2. 组织单元。应明确安全播出保障体系涉及的单位部门、职能以及相关岗位。

3. 活动和过程。应明确安全播出保障体系涉及的活动或过程，重点是识别出与安全播出有关的过程或活动。

4. 覆盖的日期。确定安全播出保障体系实施和运行的时间段。

评估方式：安全播出保障体系成熟度评估一般采用自评、互评、联合评审或第三方评估。

评估流程：安全播出保障体系成熟度评估必须按照明确的目标测定对象的属性，并把它变成主观效用的行为。评估基本的过程是根据确定的评估对象，组建评估小组，明确评估目标，建立评估指标体系，选择合适的评估方法，实施现场评估，根据评估现场

发现得到评估结论。

二、评估准备阶段

安全播出保障体系成熟度评估之前，以外部评估组为例应做好各项准备工作。

（一）评估组准备工作

1. 各评估组制订工作计划

评估组要提前掌握所评估地区的基本情况，并制订本组工作计划报评估工作联络办公室统筹，确认后具体落实行程安排。

2. 注意评估重点内容

检查组到达被评估单位后，听取被评估单位关于技术系统配置自评情况的汇报，针对汇报中的主要问题、检查表中未达标项，并结合重点检查项目进行现场抽查。

3. 注意收集材料并做好检查记录

检查组应收集齐一套完整的检查材料，同时要做好检查记录，及时汇总检查情况。

（二）评估检查表

检查表是一种重要评估工具和记录，是评估人员根据相关信息编制的体现评估思路、方法和内容的文件。在现场评估中，检查表不仅起到备忘录的作用，而且可以帮助评估人员控制评估的进度与节奏。评估组应重视检查表的编制与使用，提高评估活动的效率。

1. 评估检查表的编制

评估检查表是为评估活动服务的，评估检查表的编制主要应体现两方面内容：

①评估项目——查什么：即列出评估要点，确保评估覆盖面（过程要求、准则内容、区域范围等）的完整。

②评估方法——怎么查：包括抽样方案设计，确定到哪里，找谁查，采取什么评估方法（询问、查阅、观察收集哪些评估证据，样本量是多少）。

编制检查表首先要了解的基本问题：

①该项工作有哪些主要活动？有哪些要求？结果是什么？

②某项工作由哪几个部门负责？参与部门职责是什么？

③对该工作都做了哪些规定？

④有哪些风险？从哪些方面能反映出对风险的控制？

同时，编制检查表还应注意以下问题：

①按评估准则（标准和体系文件）确定评估项目；

②按部门评估要列出所涉及的主要过程；

③注意逻辑顺序，明确评估步骤；

④抓准重点，抽样有代表性、典型性；

⑤重视评估方法和样本量的合理性；

⑥内容的繁简应根据评估人员的经验决定；

⑦检查表应体现按过程进行评价的方法。

2. 评估检查表的使用

评估检查表对提高评估效率有重要作用，评估组应掌握检查表的使用方法。

（1）使用检查表

评估检查表要根据评估活动的具体情况灵活使用。评估组在进行现场评估过程中可根据实际情况进行调整，检查表记录要详略得当，兼顾评估计划的进度。

（2）检查表使用应注意的问题

当没有检查表可用，或检查表编制得不好时，会存在以下问题：

①检查可能被评估方看成一种威胁；

②检查表的关注范围可能过窄，以至于不能识别出存在问题的特定区域；

③检查表是一种辅助评估人员工作的工具，但如果把它作为评估人员唯一支持工具的话，就会起限制性作用；

④检查表不应成为评估方案的替代品；

⑤对于没有经验的评估人员来说，如果过分依赖检查表指导提问的话，可能影响评估思路；

⑥编制内容有重复或反复的检查表会拖延评估的进度；

⑦不反映特定单位的安全播出保障体系情况的通用检查表，可能会干扰评估工作；

⑧关注面很窄的检查表会使评估人员在评价中提出独特的问题或采用独特方法的机会最小化。

在评估中要严格按照检查表逐项检查，确保检查表填写完整。检查组到达被检查单位后，听取被检查单位关于安全播出情况的汇报，按照检查表逐项检查，确保不漏项、不空项，如果该检查项不适用或因其他特殊情况无法填写时，应在检查表备注栏注明，并针对汇报中的主要问题、自查表中未达标项进行现场抽查。

三、评估实施阶段

（一）首次会的召开

首次会议，是现场评估序幕和开始的标志；是评估方与被评估方首次正式见面的时刻，是双方就评估事宜直接沟通、明确相关要求的第一次对话性会议。首次会议为有效地完成评估工作展现了蓝图，对实现评估部署具有重要意义。

首次会议由评估组长主持，向被评估方介绍保障体系成熟度评估日程安排、评估目的、范围、评估内容及其方式方法，协调、澄清有关问题，到会人员要有签到记录。

1. 外部评估首次会议的目的与要求

外部评估首次会议的主要目的，是明确"合格评价"与"符合性评价"要求。

（1）外部评估首次会议中，对"评估与被评估双方"的要求

外部评估首次会议，是评估、被评估双方合作关系正式启动的时刻，所以会议的主持人是评估组长。首次会议上，评估组就展示出公正、效率和守时的评估风格，应当严格控制会议的程序，营造出坦率、务实而又融洽的气氛，显示出评估组严肃而又认真的风范；被评估方应当守时、遵守会议程序、配合评估组的安排、不提出与评估无关的问题，做好签到记录。

（2）外部评估首次会议的目的

外部评估首次会议的目的，一般情况下主要有4个方面：

①确认评估计划；

②简要介绍评估活动如何实施；

③确认沟通渠道；

④向被评估方提供询问的机会。

2. 首次会议的程序

首次会议的程序一般为：

①介绍与会者，并概述与会者的职责；

②确认评估目标、范围和准则；

③与被评估方确认评估日程以及相关的其他安排；

④评估所用的方法和程序；

⑤确认评估组和被评估方之间正式沟通渠道；

⑥确认已具备评估组所需的资源和设施；

⑦确认有关保密事宜；

⑧确认评估组工作时的安全事项、应急和安全程序；

⑨确认向导的安排、作用和身份；

⑩报告的方法、包括不符合的分级。

评估组可结合不同单位实际情况进行相应调整。

（二）现场评估实施

所谓现场评估，即是通过现场实际状况收集评估信息，通过对评估模型的调整、校正，形成评估结论。

评估员应当建立"获取信息 → 评价真实性 → 汇集分析 → 评价内涵 → 形成评估发现"的基本思路，通过"望、闻、问、切"等现场调查手段与方法所获得的资料与信息，分析、比较其中的关联性、相互印证的事实与程度，从中认识评估对象的本质状态，才能形成具有实际意义的评估发现。

现场评估过程中，评估组要充分利用《广播电视安全播出保障体系成熟度评估表》（附表三），并做好评估记录，最终提高现场评估的效率。

安全播出责任单位现场评估过程如下图：

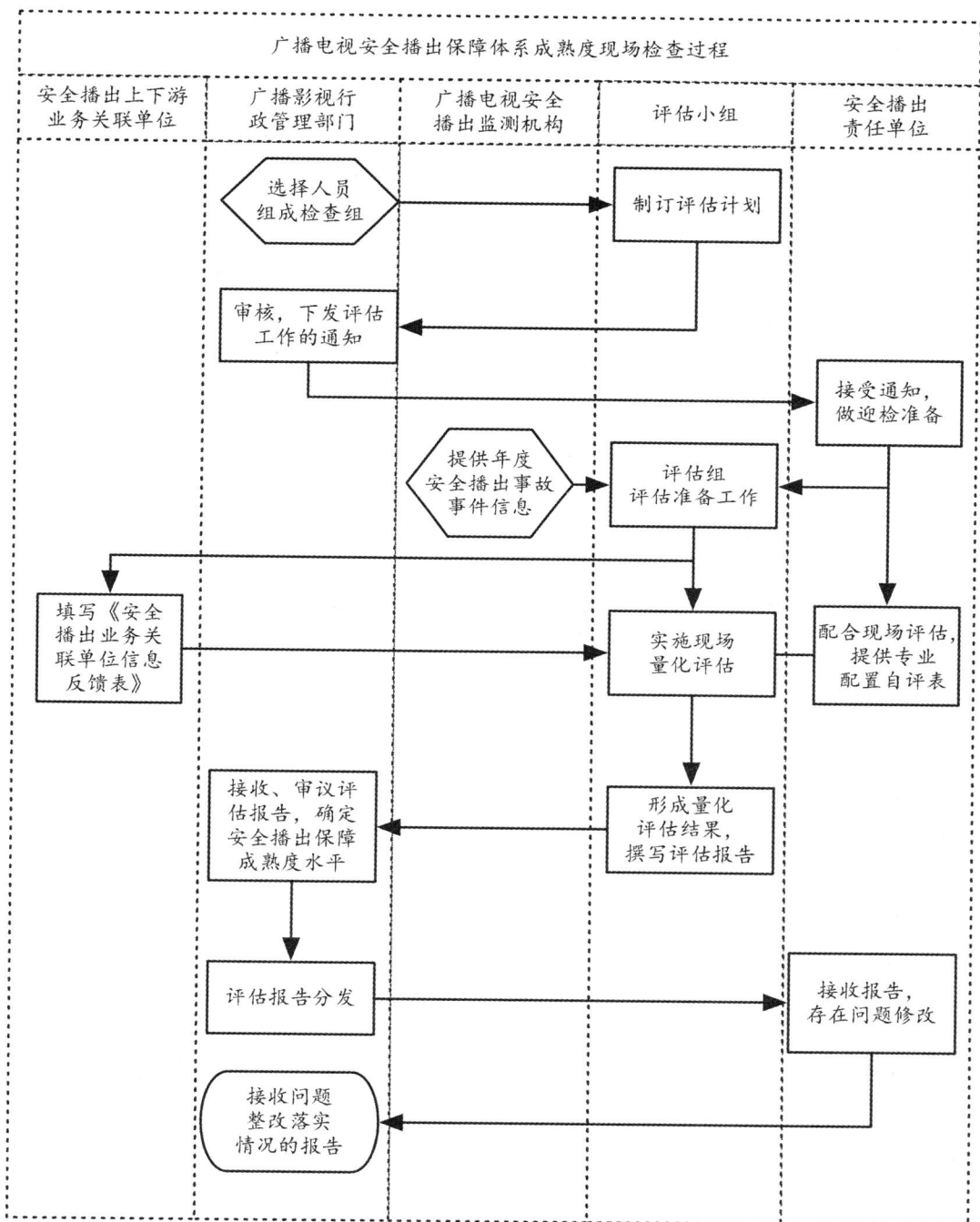

图 5-1 现场评估过程图

（三）末次会

末次会议，是现场评估阶段即将结束的标志性活动，是参与评估活动的各方共同沟通、交流评估发现、确认评估结论、完善评估工作总结的过程；同时也是对评估的后续活动共同协商、达成共识、进行部署的过程；不论对外部评估还是内部评估来说，都具有不可替代的作用。

1. 末次会议的目的

（1）总结评估工作。总结本次评估工作中各个参与方的评估准备、评估实施与评估成效方面的情况，指出改进要求。

（2）做出评估评价。以被评估方能够理解认同的方式，提出本次评估的评估发现和结论；对单位安全播出保障要求的实现程度做出客观评价。

（3）进行沟通。就被评估方提出的纠正和预防措施计划的时间表达成共识；并确定跟踪、验证纠正、预防措施有效性等方面的工作要求与安排。

（4）履行告知义务。评估组向被评估方告知，在评估过程中遇到的可能降低评估结论可信性程度的情况和其他有必要沟通的评估情况。

（5）提出改进建议。参与评估的各方应立足于工作责任的角度，对评估工作存在的问题、评估发现的问题、通过评估发现引申出来的涉及单位安全播出保障体系的各种问题，向单位提出改进建议。

（6）实现上述目的，向领导层汇报评估准备、实施的情况，使与会人员清楚地理解评估结果与评估的作用。

2. 末次会议的程序及主要内容

（1）与会者签到。这是对所有与会者的要求，体现会议的重要性与严肃性。

（2）感谢参与评估各方的合作。由于会议的主持人并不一定由评估组长主持，所以应当从主持方的角度，对评估不同的参与方表达谢意；体现合作关系与服务精神。

（3）评估组长对本次评估实施情况进行总结、汇报，此项内容应由评估组长履行。进行总结汇报的主要内容，应当包括：

①重申本次评估的目的、范围和实施计划安排（依据评估计划）；

②阐明评估、抽样的局限性、风险性，明确对评估发现的客观性；

③评估过程综述：汇报评估过程概况；汇报"安全播出责任单位保障体系评估量的数据、信息"，对安全播出责任单位保障体系成熟度状况做出概括性评价；汇报"关键

控制点评估量的数据、信息";对安全播出责任单位保障体系状况做出概括性评价（符合与不符合、成绩与改进点的概述）；

④宣布评估发现的评价（不符合）结果，提交不符合报告，被评估方确认；

⑤安全播出责任单位保障体系有效性评价总结（宣布评估组对本次评估的评估结论）；

⑥重申评估组全体成员的保密事项与承诺；

⑦澄清问题：听取被评估方的意见，回答提出的问题、阐明评估发现情况、解释对评估准则的理解、出示支持性证据、说明客观评价的公正合理性。这些问题，可以由评估员做出具体回答，也可以由评估组长统一阐述。被评估方可以对评估中的情况、评估发现的情况、评估感受与期望提出问题，表达认识和愿望；形成总结与沟通、研讨的良好氛围；

（4）评估组与被评估方就纠正和预防措施计划的时间表（达成共识）确定。

（5）评估方就本次评估工作简短总结，部署评估后续活动的实施安排。

（6）单位领导讲话：结合首次会议上的领导要求评价本次评估，提出要求。

（7）主持人对参与评估工作的各方及与会者再次致谢。

（8）宣布现场评估结束。

3. 末次会议的要求

（1）会议的主持人，因评估计划类型、范围、规模的不同，必然会有一些变化。一般情况下由评估组长主持。

（2）参加人员，原则上是参加首次会议的人员范围。为使更多的人员对保障体系要求、评估作用、整改方向与要求方面受到"举一反三"的教育和启发，将末次会议的参加人员适当扩大；这是考虑安全播出责任单位的实际需求，有实际意义的做法。

（3）评估末次会议的时间，应当遵循简短有效的原则。但是也应结合会议的具体要求，可以由单位的领导或单位内部的评估部门确定和掌握。

（4）与会各方人员，都应当做好会议记录。这不仅仅是参加会议的证据，更重要的是记录下会议上必要的信息和要求，为正确认识、理解本次评估的作用与改进要求，为会后促进各方面工作的提高做好准备；部分与会人员，还可能借助记录的信息，履行在本部门传达会议精神和要求的使命。

四、评估结果应用

对评估结论中的问题进行改进，是提高安全播出保障体系成熟度水平的重要举措。

首先评估方应将评价结果提供给被评估单位，对问题进行确认，有异议的，评估方应进行补充调查。证实评估证据、评估发现、评估结果确实有误，应对问题的判定进行修正。

被评估单位确认的问题，评估方应查明问题产生的原因，并提出改进建议。被评估单位应认真分析问题，听取评估方改进建议，积极制定改进措施，消除不符合带来的安全隐患，提高安全播出保障能力。

第三节 广播电视相关信息系统安全等级保护测评实践

信息系统安全等级测评一般是由测评机构依据国家信息安全等级保护制度规定，按照有关管理规范和技术标准，对非涉及国家秘密信息系统安全等级保护状况进行检测评估，以确保信息系统的安全保护措施符合相应等级的安全要求的活动。

一、制定信息系统安全等级测评方案

为保证测评工作的顺利进行，测评机构应制定科学的测评方案。测评方案中应明确以下内容：

（1）测评目的

通过对信息系统等级保护进行实际评测，找出与行业等级保护标准基本要求的差距，并根据风险分析结果给出整改建议，以期增强信息系统的信息安全防护能力。

（2）测评依据

《广播电视相关信息系统安全等级保护基本要求》（GD/J 038-2011）、《广播电视相关信息系统安全等级保护测评要求》（GD/J 044-2012）。

（3）测评实施过程

信息系统安全等级测评过程分为四个基本测评活动：测评准备、方案编制、现场测评、分析及报告编制。测评双方之间的沟通与洽谈应贯穿整个测评过程。

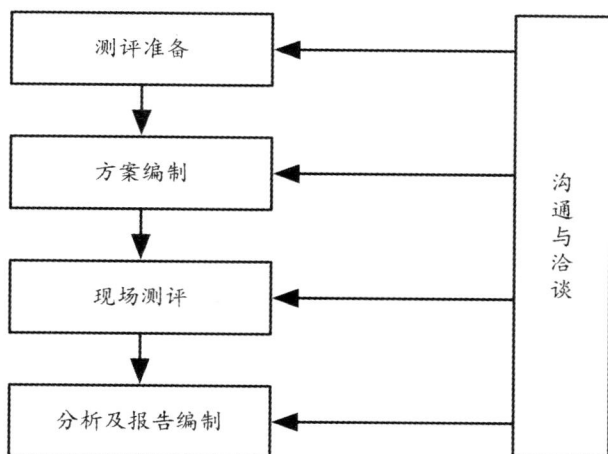

图 5-2 信息系统安全等级测评过程

①测评准备。测评准备活动是开展等级测评工作的前提和基础，是整个等级测评过程有效性的保证。测评准备活动是否充分直接关系到后续工作能否顺利展开。本活动的主要任务是掌握被测系统的详细情况，准备测评所需的相关材料（资料主要是信息方面的，材料可以包含工具类），为实施测评做好文档及测试工具等方面的准备。

②方案编制。方案编制活动是开展等级测评工作的关键，为现场测评提供最基本的文档和指导方案。本活动的主要任务是整理测评准备活动中获取的信息系统相关资料，开发与被测信息系统相适应的测评内容、测评实施文件等，为现场测评活动提供最基本的文档和指导方案。

③现场测评。现场测评活动是开展等级测评工作的核心。本活动的主要任务是按照测评方案的总体要求，严格执行测评实施文件，分步实施所有测评指标，包括单元测评和系统整体测评两个方面，以了解系统的真实保护情况，取得分析与报告编制活动所需的、足够的证据和资料，发现系统可能存在的安全问题。

④分析及报告编制。分析及报告编制活动是等级测评工作的结果，是总结被测系统整体安全保护能力的综合评价活动。本活动的主要任务是根据现场测评结果和本测评要求，通过单元测评结果判定和整体测评分析等方法，分析整个系统的安全保护现状与相应等级的保护要求之间可能存在的差距，综合评价被测信息系统保护状况，并形成等级测评结论，编制测评报告。

（4）测评对象

测评对象包括：承载的业务情况、网络结构表述、信息系统资产情况，包括机房、网络设备、服务器 / 存储设备、终端、业务应用软件、安全相关人员、安全管理文档等；同时应关注被测信息系统基本情况与风险。

表5-1 被测信息系统情况

信息系统			
系统名称	××系统	安全保护等级	一／二／三／四／五级
备案证明编号	××××××	测评结论	符合／不符合

表5-2 被测信息系统风险清单

序号	风险分类	描述
1	管理制度和策略不完善、管理规程缺失、职责不明确、监督控管机制不健全。	安全管理无法落实或不到位，从而破坏信息系统正常有序运行。
2	不承认收到的信息和所做的操作和交易。	原发抵赖、接收抵赖、第三方抵赖。
3	篡改网络配置信息、篡改系统配置信息、篡改安全配置信息、篡改用户身份信息或业务数据信息等。	非法修改信息，破坏信息的完整性使系统的安全性降低或信息不可用。
4	内部信息泄露、外部信息泄露等。	信息泄露给不应了解的他人。
5	网络探测和信息采集、漏洞探测、嗅探（账号、口令、权限等）、用户身份伪造和欺骗、用户或业务数据的窃取和破坏、系统运行的控制和破坏等。	利用工具和技术通过网络对信息系统进行攻击和入侵。
6	非授权访问网络资源、非授权访问系统资源、滥用权限非正常修改系统配置或数据、滥用权限泄露秘密信息等。	通过采用一些措施，超越自己的权限访问了本来无权访问的资源，或者滥用自己的权限，做出破坏信息系统的行为。
7	病毒、特洛伊木马、蠕虫、后门、间谍软件、窃听软件等。	故意在计算机系统上执行恶意任务的程序代码。
8	维护错误、操作失误等。	应该执行而没有执行相应的操作，或无意执行了错误的操作。
9	设备硬件故障、传输设备故障、存储媒体故障、系统软件故障、应用软件故障、数据库软件故障、开发环境故障等。	对业务实施或系统运行产生影响的设备硬件故障、通讯链路中断、系统本身或软件缺陷等问题。
10	物理接触、物理破坏、盗窃等。	通过物理的解除造成对软件、硬件、数据的破坏。

| 11 | 断电、静电、灰尘、潮湿、温度、鼠蚁虫害、电磁干扰、洪灾、火灾、地震等。 | 对信息系统正常运行造成影响的物理环境问题和自然灾害。 |

测评计划应做好以下的基础准备工作：

（1）项目启动准备：包括组建测评项目组、编制项目计划书并确定测评委托单位应提供的资料，资料包括：总体描述文件、详细描述文件、定级报告、自查报告和等级测评报告（如有），以及安全需求分析报告、安全总体方案、系统验收报告等信息系统设计和建设过程的文档。

（2）信息收集和分析：收集、查阅被测系统已有定级报告、系统描述文件、系统安全设计方案、自查报告和等级测评报告（如有）等资料；编制和发放调查表格；协助测评单位填写调查表或现场调查；收回和分析调查结果：整体网络结构和系统组成分析、定级对象边界和系统构成组件分析、定级对象的相互关联分析。涉及安全管理文档有：技术部门岗位职责、人员招聘和培训、档案管理、业务运行管理、机房环境管理、固定资产管理、设备安全管理、网络安全等规定。

（3）工具和表单准备：调试测评工具；模拟被测系统，搭建测评环境；模拟测评；准备和打印表单：现场测评授权书、文档交接单、会议记录表单、会议签到表单等。

在测评项目组设置方面，应做好以下安排：

（1）组长职责：管理测评过程、主持编制测评计划、设计测评方案、负责访谈和检查、组织分析测评结果、主持编制测评总结报告。

（2）访谈和查看组：负责访谈、执行测试，记录和分析测评结果。

（3）测试组：执行测试、记录和分析测评结果。

二、测评准备阶段

1. 等级测评项目启动

（1）向被测单位介绍等级测评的意义和作用，测评工作的基本流程和工作方法。

（2）了解被测单位的信息化建设状况与发展。包括被测系统的行业特征、业务范围、地理位置以及被测系统基本情况，获得被测系统的背景信息和联络方式。

（3）指出被测单位应提供的基本资料，包括被测系统的总体描述文件，详细描述文件，被测系统安全等级定级报告，系统验收报告，安全需求分析报告，被测系统安全总体方案等。

（4）根据测评双方签订的委托测评协议书和系统规模，测评机构组建测评项目组，从人员方面做好准备并编制项目计划书。

2. 信息收集和分析

（1）被测单位积极配合测评机构，为测评机构提供其所需要的各种资料，包括被测单位的各种规章制度及相关过程管理记录、被测系统总体描述文件、被测系统详细描述文件、被测系统安全保护等级定级报告、安全需求分析报告、被测系统安全总体方案、安全现状评价报告、被测系统安全详细设计方案、用户指南、运行步骤、网络图表、配置管理文档等。

（2）测评机构分析被测单位提供的系统相关文件和初步了解到的系统基本情况，将需要补充了解的内容编制成调查表并发放给被测系统运行维护人员。

（3）测评机构收回填写完成的调查表单，并分析调查结果，以进一步了解和熟悉被测系统的实际情况。分析的内容包括被测系统的基本信息、管理框架、被测系统的网络及设备部署、业务种类和特性、业务系统处理的信息资产、用户范围和用户类型等。

3. 编制测评方案

（1）根据被测系统基本情况描述被测系统，包括被测系统基本信息、管理框架、被测系统的网络及设备部署、业务种类和特性、业务信息安全等级、系统服务安全等级、业务流程相关设备、部件和数据、管理模式、用户范围和用户类型等。

（2）根据被测系统规模确定人员分工和测评计划。对于一般规模且业务种类较少的被测系统，分组负责主机、网络、应用安全测评和工具测试。测评计划可以列表的形式给出，包括总体时间安排、分项测评时间安排等。

（3）选择适当的测评对象、方式和工具。

（4）确定测评指标。

（5）确定现场测评实施内容，包括单项测评和系统整体测评。

（6）评审和提交测评方案，测评方案初稿应通过测评项目组全体成员评审、修改。

4. 工具和文档准备

（1）测评人员熟悉被测系统相关的操作系统、数据库及业务流程等。

（2）测评人员调试、熟悉本次测评过程中将用到的测评工具，包括作业指导书、漏洞扫描工具、渗透性测试工具、性能测试工具和协议分析工具等。

（3）准备和打印文档，主要包括：测评方案、现场测评授权文件、作业指导书、测评结果记录表格、文档接收、归还确认表等。

三、现场实施阶段

1. 方案确认和资源协调

（1）召开测评现场首次会，测评机构介绍测评工作，交流测评信息，进一步明确测评计划和方案中的内容，说明测评过程中具体的实施工作内容，测评时间安排等，以便于后面的测评工作开展。

（2）测评双方对测评方案进行最终审定。测评双方确认现场测评需要的各种资源，包括被测单位的配合人员和需要提供的测评条件等；被测单位签署现场授权委托文件；测评人员根据会议沟通结果，对测评结果记录表和测评程序进行必要的更新。

2. 现场测评和结果记录

（1）测评人员进场确认，按照《广播电视相关信息安全等级保护测评表》（附录四）实施测评，测评人员与被测系统有关人员（个人／群体）进行交流、讨论等活动，获取相关证据，了解有关信息。

现场测评方法主要包括访谈、检查和测试三种测评方法。其中，访谈是指测评人员通过引导信息系统相关人员进行有针对性的交流以帮助测评人员理解、分析和取得证据的过程。检查是指测评人员通过对测评对象（如管理制度、操作记录、安全配置等）进行观察、调阅、查验、分析以帮助测评人员理解、分析和取得证据的过程。测试是测评人员使用预定的方法／工具使测评对象产生特定的行为，通过查看和分析对象反馈以帮助测评人员获取证据的过程。需要使用测试测评方法时，应根据广播电视业务系统运行情况，在被测系统小范围内使用。

测评力度反映测评的广度和深度，体现为测评工作的实际投入程度。测评广度越大，测评实施的范围越大，测评实施包含的测评对象就越多；测评深度越深，越需要在细节上展开，测评就越严格，因此就越需要更多的投入。测评的广度和深度落实到访谈、检查和测试三种不同的测评方法上，能体现出测评实施过程中访谈、检查和测试的投入程度的不同。为了检验不同安全保护等级的信息系统是否具有相应等级的安全保护能力，是否满足相应等级的保护要求，需要实施与其安全保护等级相适应的测评，达到应有的测评力度。

（2）测评人员可通过查阅相关文档、上机验证等方式获取相关证据，并做好记录工作；测评人员通过获取系统配置方面的相关证据。

（3）汇总测评记录，如果需要，实施补充测评；最后离场确认。

3. 结果确认和资料归还

（1）测评人员在现场测评完成之后，应首先召开现场测评结束会，汇总现场测评的测评记录，对漏掉和需要进一步验证的内容实施补充测评。

（2）测评委托单位确认测评过程中获取的资料和证据的正确性，并签字认可。

（3）测评双方对测评过程中发现的问题进行现场确认。

（4）测评机构归还测评过程中借阅的所有文档资料，并由被测单位文档资料提供者签字确认。

（5）测评人员归还借阅的各种资料。

四、评估结果及应用

1. 分析测评结果

（1）根据测评结果的符合性判定情况，对现场测评的单个测评对象的单个测评项的测评结果是否符合要求进行判断，即单项判定，形成单项判定结论，判定结论分为两种情况：符合和不符合。

（2）根据单项判定结论将单项测评的数据按照层面进行汇总分析，以表格的形式，分别统计物理安全、网络安全、主机系统安全、应用安全、管理安全等各层面的不同安全控制的不同测评对象的单项测评结论，并对符合项和不符合项进行统计。

（3）根据单项判定结论和数据、汇总统计分析情况进行系统整体测评分析，分析单项判定结果为不符合的测评项是否影响系统的整体安全保护能力，分析系统的整体结构是否合理。

2. 形成等级测评结论

在数据汇总分析的基础上，结合系统整体测评结果及被测系统的实际情况等，分析测评结论为不符合的测评项是否影响系统安全目标实现，是否影响系统安全保护能力。

根据系统安全保护现状与等级保护基本要求之间的差距，分析系统存在的问题，给出系统等级测评结论，并提出改进建议。

3. 编制测评报告

编制测评报告应包括以下内容：

①测评项目概述；②被测信息系统情况；③等级测评范围与方法；④单元测评；⑤整体测评；⑥测评结果汇总；⑦风险分析与评价；⑧等级测评结论；⑨安全建设整改建议。

同时，在编制测评报告时还应注意以下内容：

①测评报告应有对本次测评工作的总体评价，针对被测系统存在的安全隐患，要从系统安全角度提出相应的改进建议，编制测评报告的安全建设整改部分；

②列表给出现场测评的文档清单和单项测评记录，以及对各个测评项的单项测评结果判定情况，编制报告的单元测评的结果记录和问题分析部分；

③测评报告完成后进行评审，最终根据分发范围分发报告。

第四节 广播电视安全播出保障能力评估信息化建设

随着广播电视安全播出管理的不断深入，采用信息化手段开展广播电视安全播出保障能力评估工作是必然趋势。

一、安全播出保障能力评估信息化需求

安全播出保障能力评估要素内容丰富，涉及技术系统配置符合性评价、安全播出保障体系成熟度评估、信息安全等级保护测评等，涉及的场所多、部门多、沟通交流的人员多，评估过程以沟通、查阅文件资料为主，尤其是大量的文字材料给被评估人员和被评估单位带来了较大的工作量，主要表现为：检查的项目多、指标多，依据性文件多且之间存在联系，量化评估形成的数据量大、评估组成员之间协同工作多、评估流程较为复杂等。以一个省的广播电视安全播出保障能力检查工作为例，从制定全省安全播出检查工作方案，下达计划，组成专家组，分为5个组对下属100余家安全播出责任单位进行检查，需要花上1个月的时间才能完成现场检查工作，现场检查后还需要有三分之一的时间进行评估资料的整理，形成评估报告，全省范围内需要花费近1个多月的时间才能完成评估报告。评估工作量大、评估数据多、耗时长、评估结果准确率不易保证，解决这些问题需要通过采用评估数据库，将日常安全播出管理的信息与评估工作相结合。

而且每次评估结果后，评估资料、评估结果和评估意见都需要有效沉淀形成评估知识库，而针对评估发现的问题和意见也需要进行跟踪和闭环管理。

二、广播电视安全播出保障能力评估管理系统的开发与应用情况

北京国睿智鼎信息科学研究院根据广播电视安全播出保障能力评估模型、评估内容、评估标准，开发完成了广播电视安全播出保障能力评估系统，广播影视行政部门、广播电视监测机构、广播电视安全播出责任单位可采用信息化手段实施广播电视技术系统配置符合性评价、安全播出保障体系成熟度评估、信息安全等级保护测评工作。

在线评估管理系统主要特性：

1. 功能性。安全播出保障能力评估涉及的所有指标，均严格按照广播电视相关法律法规及其要求编制，依据准确、指标可靠，适用于安全播出检查评估工作。为满足广播影视行政主管部门、安全播出责任单位使用要求，采取了登录次数限制、数据库加密等安全措施，可实现本地部署，也可在"云平台"安装运行，确保系统运行安全。

2. 可靠性。在线评估管理系统运行成熟，系统开发后在北京全市范围内实施了广播电视安全播出保障能力评估，技术系统配置自评、安全播出保障体系评估等功能进行了全面验证。

3. 易用性。在线评估管理系统的设计结合多年广播电视安全播出评估管理实践经验，在软件模块及功能设计上易于理解。不同用户登录 WEB 访问在线评估管理系统时进行用户信息的维护；可实现评估通知、评估计划、评估报告的在线传输，方便检查评估主体、评估客体落实评估工作。评估打分简便、易于操作。

4. 效率性。采用线上评估则由广播影视行政部门发出通知，在短时间里，由安全播出责任单位实施安全播出保障能力评估工作，工作效率高。

三、广播电视安全播出保障能力评估主要功能

广播电视安全播出保障能力评估主要功能有以下几个方面：

1. 实现安全播出责任单位基础信息管理的功能。涉及安全播出责任单位基本信息维护、频道频率信息维护、专业技术系统信息维护等。

2. 实施技术系统配置符合性自评功能。依据相关专业实施细则，对应安全播出责任单位不同专业的安全播出保障等级进行技术系统配置的符合性自评。安全播出责任单位也可根据本单位技术系统的变化进行动态评价，从"硬件"方面识别技术系统的缺陷，

以便及时完善技术系统配置。

3. 实施安全播出保障体系成熟度量化评估功能。为全面落实《广播电视安全播出管理规定》及其实施细则的要求，由广播影视行政部门组织实施安全播出保障体系成熟度量化评估，或安排由安全播出责任单位实施安全播出保障体系成熟度自评，全面识别管理的不足以便针对性整改。

4. 实施信息安全等级保护测评功能。各安全播出责任单位登录系统后，可对照信息安全有关管理规范和技术标准，从安全技术（网络层安全、主机系统层安全、应用层安全、数据安全）和安全管理（安全管理组织机构、安全管理制度、人员安全管理、系统建设管理、系统运维管理、物理安全）两个角度与信息系统备案等级相对应的测评项进行信息系统安全等级符合性测评，形成信息系统安全保护等级的测评报告。

四、广播电视安全播出保障能力管理系统模块设置

在线评估管理平台共有 7 个模块：

1. 基础信息模块，包括广播影视行政部门信息管理、安全播出责任单位信息管理、广播电视监测机构信息管理、评估人员信息管理。

2. 广播电视安全播出保障能力评估调度管理模块：包括通知管理、评估报告管理。

3. 广播电视安全播出评估指标维护模块，包括专业技术系统配置指标、安全播出保障体系成熟度评估指标、信息系统安全保护等级测评指标、事故事件界定标准、安全播出保障能力等级评定标准。

4. 技术系统配置自评模块：涉及 9 个专业技术系统配置自评全流程，最终生成自评报告。

5. 安全播出保障体系成熟度评估模块：包括制订评估计划、6 个部分的量化评估、事件事故管理，最终生成评估报告。

6. 信息系统安全保护等级测评模块：包括制订自评计划、安全技术和安全管理的测评、最终生成评估报告。

7. 系统模块：包括所有用户管理和密码管理。

五、应用信息化手段的优势

与以往安全播出检查、评估相比，应用评估信息化手段具有明显优势。

（1）安全播出检查与评估工作快速落实，效率高

广播影视行政部门可登录广播电视安全播出保障能力评估系统，对所监管的安全播出责任单位下达安全播出大检查或安全播出保障能力评估的通知，同时确定评估组。作为安全播出责任单位也可以根据本单位安全播出管理的需要下达安全播出检查评估的通知。

检查评估人员接到短信通知后，由评估组组长登录系统，根据检查评估要求和被评估单位信息，编制现场评估计划并提交审批，评估计划审核后，由组长、组员按照计划的分工，实施现场评估，评估工作完成后自动形成评估报告。安全播出检查评估从计划下达到完成此项工作，以往用时一周时间，而信息化系统可 1-2 小时就可实现。

（2）评估资料收集、汇总实现规范化管理，准确率高

广播电视安全播出保障能力在线评估系统可实现评估准则实时显示、评估证据上传、分值自动统计、表单数据之间自动协同、评估报告自动生成等，可实现评估资料收集、汇总的规范化管理，大数据不易出错，准确率高。

（3）评估流程更优化，评估方式更灵活

广播电视安全播出保障能力评估系统中设计的自评流程、互评流程、联合检查流程充分考虑了广播影视行政部门、广播电视安全播出责任单位历次开展安全播出检查评估的特点，流程简单更适用。根据检查评估的需要，在规定的时间向评估人员开放评估功能，广播影视行政部门、广播电视监测机构、安全播出责任单位、评估人员等根据职能和权限不同，参与评估工作，评估方式灵活。

（4）评估保密措施严谨，确保数据安全

利用信息化手段实施评估，针对不同人员实施密级管理，基础信息数据、评估指标数据、评估报告等均根据不同安全级别进行授权管理，同时在密钥管理、数据库维护等方面均有严格的安全措施。

附录一 广播电视安全播出保障能力评估规范

本规范由北京国睿智鼎信息科学研究院依据《广播电视安全播出管理规定》及其专业实施细则，按照GB/T1.1-2009给出的规则起草。

引 言

0.1 总 则

为动态识别影响安全播出的风险因素并采取风险预控和应对措施，提升安全播出保障能力，强化广播电视的安全，特制定本规范。

本规范结合我国广播电视安全播出保障管理实践经验，以广播电视安全播出的风险管理为核心，从基本保障能力、日常运维保障能力、重要保障期保障能力、应急保障能力、自监自测与自查能力、改进能力等六个方面确定了安全播出保障能力方面的评价项，通过安全播出保障体系成熟度评价、技术系统配置符合性评价，以及广播电视相关信息系统安全等级保护测评，构建安全播出保障能力评估体系。

0.2 与广播电视安全播出管理规定及其实施细则的关系

本规范根据《广播电视安全播出管理规定》及其实施细则编写，用于检查安全播出责任单位在落实法律法规及其相关要求的程度，科学衡量安全播出责任单位在安全播出管理方面的综合实力。

0.3 基本原则

本规范建立在以下基本原则基础上，广播影视行政部门可运用这些基本原则组织实施安全播出保障能力评估工作。

a）系统性原则

安全播出责任单位建立并运行的保障工作是一个有机的整体，以广播电视安全播出保障体系、技术系统以及相关信息系统，强化各体系系统内各要素相互联系、相互作用，促进安全播出保障能力不断提升。

在设计广播电视安全播出保障能力评估指标体系时，注重评估指标设计的系统性、层次性，体现评估指标的独立和指标之间的联系，确保通过保障体系、技术系统以及相关信息系统反映安全播出保障能力的整体水平。

b）风险预控原则

广播电视安全播出保障体系是以风险管控为核心，与安全播出有关的业务活动应实施风险全过程的管理，包括：风险的辨识、风险分析与评估、风险控制措施的制定、风险应对、风险监测。

c）合规性原则

本规范依据《广播电视安全播出管理规定》及其实施细则、相关法律法规以及相关标准制定，通过评估以证实安全播出责任单位业务活动合法合规情况。

d）公正客观性原则

公正客观性是开展评估工作的基本要求，主要体现在两方面，一是评估人员的公正性，要求评估人员应独立于被评估活动，减少人为的主观因素影响；二是评估活动的客观性，强调以事实和客观证据为判定依据，遵守管理的客观规律，其评估证据和获得的评估发现能够被验证、再现。

e）多维度评估原则

为确保评估结果能够全面反映安全播出责任单位在安全播出保障能力的实际水平，评估实施过程应有相关方参与其中，确保评估活动的科学性。

f）动态适应性原则

安全播出责任单位所处的外部环境和内部环境的变化，应基于自组织理论，所运行的广播电视安全播出保障体系、技术系统以及相关信息系统也应动态适应这种变化。同时，安全播出保障能力评估所用的标准、评估方法也应随内部外环境的变化动态适应。

1. 范围

本规范规定了广播电视安全播出责任单位在安全播出保障能力方面的评价要求。

本规范适用于广播电视安全播出责任单位开展安全播出保障能力自评估，也可作为广播影视行政部门组织开展安全播出保障能力水平评估、例行检查的依据。

2. 规范性引用文件

《广播电视安全播出管理规定（国家新闻出版广电总局令第 62 号）》

《电视中心实施细则》

《广播中心实施细则》

《无线发射台实施细则》

《微波电路实施细则》

《光缆传输干线网实施细则》

《有线广播电视网实施细则》

《卫星广播电视地球站实施细则》

《IPTV 集成播控平台实施细则》

《网络广播电视台实施细则》

《安全播出事件事故管理实施细则》

GD/J044《广播电视相关信息系统安全等级保护测评要求》

GB24353《风险管理 原则与实施指南》

3. 术语和定义

3.1 广播电视安全播出保障能力

广播电视安全播出保障能力是指为实现广播电视安全播出，在一定条件下，为有效预防与应对风险，运用各类资源，通过管理和技术来保障广播电视相关业务达到良好的工作状态的能力。

3.2 广播电视安全播出保障体系

广播电视安全播出保障体系是安全播出责任单位总的管理体系一部分，用于建立安全播出工作方针和目标，以及为实现这些目标，对影响安全播出的诸多因素实施管理的相互关联或相互作用的一组业务活动。

注：安全播出保障体系包括组织机构及其职责、业务活动及其匹配的资源。

3.3 广播电视安全播出工作方针

广播电视安全播出工作方针是由安全播出责任单位制定的，表述广播电视安全播出绩效的总体意图和方向。

3.4 利益相关方

与安全播出责任单位开展的安全播出活动有利益关系的，或受其活动影响的个体和其他实体。

3.5 外包

安排外部单位或个人执行安全播出责任单位的部分职能或过程。

3.6 风险

某一特定情况发生影响安全播出的可能性与后果的组合。

3.7 风险预控

在风险辨识和评价的基础上，预先采取具体的方法、手段消除或控制风险的过程。

3.8 业务链

业务链是指不同安全播出责任单位之间因广播电视制播、传输、覆盖业务所形成的网链结构。

注：业务链可包括安全播出责任单位内部或与外部利益相关方建立的网链结构。

3.9 持续改进

为实现对广播电视安全播出绩效的改进，根据安全播出责任单位的安全播出工作方针，强化广播电视安全播出保障的过程。

3.10 项目

由一组有起止日期的、相互协调的受控活动组成的独特过程，该过程要达到符合包括时间、成本和资源的约束条件在内的规定要求的目标。

注：风险隐含在项目实施过程中，应在项目实施前辨识风险并制定预控措施；随着项目的进展，按策划的结果实施风险预控，同时动态辨识风险并对预控措施改进。

4. 评估项目及要求

4.1 基础管理保障能力

4.1.1 组织保障

4.1.1.1 组织机构保障

安全播出责任单位应结合本单位业务特点和复杂程度，建立、健全与其相适应的组织机构。

安全播出责任单位应成立安全播出领导小组，明确领导分工及其职责，采用统一领导、分级管理原则，组织建立安全责任体系，指导、支持安全播出保障体系的有效运行，以实现安全播出预期目标。

4.1.1.2 部门职责

安全播出责任单位应确定安全播出管理的牵头部门，负责整体统筹、组织、协调与安全播出有关的工作事项。

安全播出责任单位应确定与安全播出有关的部门，明确其职责，确定部门之间业务关系及其接口。各部门各司其职，相互配合，形成合力，在单位内部有效沟通、传递与安全播出有关的信息。部门职责应根据业务需要对职责进行动态调整。

4.1.1.3 岗位职责

安全播出责任单位应根据安全播出相关业务特点及其复杂程度，识别与安全播出有关的业务流程各环节安全责任点，确定工作岗位、工作方式，明确岗位职责和权限，建立健全安全播出工作责任制，将责任落实到人。

安全播出责任单位应确保与安全播出有关人员了解该岗位可能涉及的安全播出风险及其风险控制措施，理解岗位职责落实对安全播出绩效提升做出贡献。

4.1.1.4 外部业务接口及其职责

安全播出责任单位应识别与安全播出有关的外部单位，明确与外部单位之间的业务关系及其接口，对影响安全播出的业务活动应确定双方职责和权限，必要时应形成书面文件并予以落实。

对于外委的业务活动，应明确外委服务的工作范围、工作内容、双方权利和义务，确定对外委单位工作协调和监督的部门，将对外委的监督责任落实到位。

安全播出责任单位与业务链上下游单位之间应建立信息沟通及工作协调机制，确保信息沟通及时、畅通。

4.1.2 人员保障

4.1.2.1 人员配置

安全播出责任单位应根据其业务特点、安全播出风险控制的需要，依据岗位职责、任职要求，科学、合理配置适宜的人员，人员数量应满足安全播出需要。必要时应对关键岗位人员进行政治审查，签订保密协议。

与安全播出有关的人员应对其能力与岗位要求的匹配性进行评价和确认，确保人员素质、能力与岗位需求相适宜，特殊岗位应持证上岗。

安全播出责任单位应规范安全播出关键岗位人员调配程序，当人员发生变动时，应对人员能力实施再确认，并及时将人员调整信息传递至相关部门或单位。

4.1.2.2 人员培训

安全播出责任单位应确定岗前培训和转岗培训的内容，对从事与安全播出有关的岗位在上岗前应实施培训，并对培训效果进行评价，以证实其具备相应的能力。

安全播出责任单位应根据单位业务活动的变化、技术系统的变化、风险变异情况，识别对相关岗位的培训需求，做好培训安排，确保人员与技术系统相匹配，满足业务活动风险控制的需要。

安全播出责任单位应识别可能发生的紧急突发情况，制定应急处理措施、应急预案，按要求组织应急演练或桌面推演，验证紧急情况下的应急处理能力。

4.1.2.3 人员绩效考核

安全播出责任单位应制定安全播出考核程序和考核标准，对与安全播出有关人员定期实施业务考核，根据考核结果使用、调配人员。

安全播出责任单位应建立安全播出奖惩制度，明确奖惩标准，根据安全播出工作表现严格落实奖惩措施。

4.1.3 体系文件保障

4.1.3.1 安全播出工作方针与计划

安全播出责任单位应制定安全播出工作方针，为安全播出保障体系的建立与运行指明方向，要求：

a) 适应本单位的宗旨和所处的环境，与国家宣传舆论导向及其广播影视行政部门所制定的安全播出工作方针保持一致；

b) 方针在本单位内部得到沟通、理解和应用；

c) 与本单位所开展的业务活动及其风险相适应，随环境变化动态修订。

安全播出责任单位应制订风险管理计划，应：

a）排查影响安全播出的各类隐患，制订隐患治理计划或优化方案，对隐患治理和风险防范做出妥善安排，确保存在的隐患及其隐患治理过程不影响安全播出；

b）对威胁广播电视安全播出的重大风险制定管理方案，至少明确风险控制的措施、方法以及资源需求、责任人、完成时限；

c）应根据安全播出管理的需要，制订资源保障计划并予以落实；

d）应对计划和重大风险管理方案落实情况进行监督，定期对计划和方案完成情况进行统计分析，必要时对计划做出调整。

4.1.3.2 安全播出目标与指标管理

安全播出责任单位应根据所涉及的专业及其实际风险管理水平，确定年度停播率管理目标，在相关职能和层次进行适当分解，要求：

a）与安全播出工作方针保持一致；

b）与承担的风险相适应，满足相关法律法规及其标准要求；

c）明确实现目标的措施、方法，并落实责任。

安全播出责任单位应制订技术系统运行指标、维护指标，要求：

d）符合本单位技术系统运维实际；

e）满足相关标准要求；

f）可测量，定期对指标进行监测。

4.1.3.3 体系文件管理

安全播出责任单位应设计文件化保障体系架构，做到文件层级清晰、关联性明确。安全播出保障体系一般由管理类文件、技术类文件、应急预案和专项方案、记录及其技术档案组成。

安全播出责任单位应有效控制各类文件的编制、审核、审批、发布实施、更改环节，确保文件的适宜性、规范性和可操作性；与安全播出有关的人员应能够获得有效的版本。

对于外来的文件应进行有效识别、理解和应用，确保文件受控。

安全播出责任单位应动态识别与安全播出业务有关的法律、法规及其相关要求，及时将法律法规及其相关要求传递至相关部门及其岗位予以落实，确保各项工作合法合规。

4.1.3.4 安全播出管理类文件

安全播出责任单位应根据业务管理的需要建立健全管理类文件，覆盖与安全播出相关的业务活动的管理，符合有关法律法规及标准的要求，与安全播出保障等级、信息安全等级保护相适应，满足业务活动风险管理的需要。

管理类文件应结合单位业务的变化、组织机构及其职能的变化、环境的变化进行动态修订，确保适宜。

4.1.3.5 安全播出技术类文件

安全播出责任单位应根据业务实施的需要建立健全技术类文件，覆盖与安全播出相关的业务操作，符合有关法律法规及其标准要求，与安全播出保障等级、信息安全等级保护相适应，满足控制业务操作风险的需要。

技术类文件应结合单位技术系统变化、业务的变化进行动态修订，确保适宜。

4.1.3.6 安全播出应急预案与专项方案

安全播出责任单位应根据紧急突发情况下和潜在的安全播出影响程度，制定应对突发故障、突发事件的应急预案或措施，要求：

a) 应急组织机构及其职责明确，建立统一调度、协调配合、各司其职的应急保障机制；

b) 对于技术系统存在的紧急突发情况应制定切实可行的应急处理措施；

c) 对应急预案应进行评审或验证，以证实其针对性、可操作性；

d) 应急预案应报广播影视行政部门备案；

e) 应将应急措施或预案传递至与安全播出有关人员。

对于重要保障期以及存在影响安全播出的重大风险应制定专项方案，明确风险控制措施，并按要求对方案进行审核审批、报备并予以落实，以确保风险得到有效预控。

4.1.3.7 安全播出记录与技术档案管理

安全播出责任单位应建立证实安全播出风险有效控制的工作记录，记录方式及保存期限应符合相关法律法规及其标准要求，满足实际业务管理的要求。

安全播出责任单位应建立与完善与安全播出有关的技术档案资料，对资料的归档、转储、借阅、使用及其控制应满足安全播出管理的需要。

4.1.4 经费保障

安全播出责任单位应根据控制风险的需要科学编制经费预算，按照规定要求合理合规地使用资金，经费用于：

    a）技术系统更新改造、优化的需要；

    b）技术系统检维修、维护保养的需要；

    c）应急资源储备和维护更新的需要；

    d）安全防范工作的需要。

4.2 日常运维保障能力

4.2.1 信号源与节目源安全

4.2.1.1 信号源安全

安全播出责任单位应与信号源提供方共同确认信号输入路由，提供方与接入方应清晰界定各自的维护范围，明确双方责任，建立上下游业务协调机制，共同识别信号输入可能存在的风险并制定预控措施和应对措施，确保信号输入的安全。要求：

    a）接入外来信号源应得到广播影视行政部门的批准，信号接入路由应报备；

    b）不擅自接入境外广播电视节目；

    c）使用专用信道完整传输必转的广播电视节目；

    d）根据节目重要性采取多路由接收信号。

安全播出责任单位应对接入的信号源进行内容监视和技术指标监测，确保信源接入安全。

4.2.1.2 节目源安全

安全播出责任单位应对不同来源、不同类型的视听节目进行内容审核和技术审核，明确节目内容审查和技术审核的时机、程序、方式、标准，指定审核人员，赋予职责和权限，确保节目质量符合法律法规及其相关标准要求，对存在的风险点实施有效控制。

为确保节目源的安全，应满足：

    a）引进的节目履行报批手续；

    b）采购的节目进行供方资格、能力评价；

    c）集成的节目应追溯节目源的安全；

    d）直播的节目应制定直播方案，识别风险并明确控制措施，在适当阶段预先验证风险预控措施和应对措施的可靠性；

    e）节目信息完整，节目标识具有唯一性，不被篡改。

视听节目送播路径清晰，送播责任、手段、截止时间明确，节目在入库、上下线过程中存在的风险应得到有效预控。

安全播出责任单位应加强备播节目的管理，要求：

a) 对待播的节目应按要求审定；

b) 重要节目应有备份，满足应急播出的需要；

c) 应提供与所播节目风格一致的垫片节目。

4.2.2 业务调度管理

4.2.2.1 日常业务调度

安全播出责任单位应依照行业主管部门审批的业务范围从事视听节目播出和信号传输、覆盖业务。

安全播出责任单位应规定日常业务的调度程序，明确调度部门及其责任人，协调单位内部各业务之间关系以及与安全播出有关的外部单位之间的业务关系，确保各项业务有序、规范。业务调度应：

a) 跨单位、跨部门的业务调度和操作指令应采取适宜方式及时、准确地传递至相关人员；

b) 业务计划的编制依据应准确、充分，编制的结果应履行必要的审核审批手续；

c) 应对业务计划执行情况进行监督；

d) 当内外部环境发生变化时，应对计划做出调整，重新履行审核审批程序。

4.2.2.2 业务变更管理

安全播出责任单位应在业务变更前，按照主管部门的规定履行报审、报批、备案手续。业务变更应：

a) 停播、停传根据影响的范围逐级报批；

b) 凡是播出方式、传输覆盖方式、运行参数等变更的，按要求报批；

c) 凡是运行变更影响下游安全播出责任单位的，在变更前通知下游单位并做好配合。

4.2.3 业务操作处理

4.2.3.1 业务操作控制

安全播出责任单位应对每项与安全播出有关的业务按照 PDCA 方法（策划、实施、检查、改进）进行管理，在策划阶段识别风险并制定风险预控措施，确保业务过程的安全。

a）安全播出责任单位在业务实施前确认操作条件；

b）影响安全播出的风险得到评估，风险预控措施完备；

c）业务处理的程序清晰，明确责任和各环节控制要求，业务有关信息已传递至相关操作人员并得到理解和沟通；

d）当业务处理的结果不能由后续的监视和测量活动加以验证时，应对该业务的各环节及其资源预先确认；

e）减少业务操作对上下游活动的影响；

f）确认工作环境适宜。

安全播出在业务实施过程中应：

a）按策划的要求实施业务活动的过程控制，业务操作应符合相关法律法规、标准及其他要求，保留其相关信息；

b）按策划的要求对业务实现的结果进行检查，确保满足安全播出要求；

c）业务处理条件发生变更时，对变更进行评审，确保适宜性；

d）业务实施过程中发生紧急突发情况时，应及时采取应急措施或启动应急预案，消除风险带来的不良影响。

4.2.3.2 技术系统运行操作

相关岗位人员按照技术系统有关的管理类文件、技术类文件实施规范化、标准化操作。

技术系统运行稳定、可靠，环境条件适宜，无安全播出隐患，主要参数设置科学，技术系统运行参数控制在合理区间内。

4.2.4 技术系统更新、改造管理

安全播出责任单位涉及技术系统更新、改造、优化的项目，应在实施前识别因项目实施可能产生的安全播出风险，制定项目实施方案，经论证，履行必要的审核审批手续后方可实施。

技术系统更新、改造项目应按照策划的结果及其相关法律法规、标准进行测试、验收。技术系统需试运行的，应明确试运行时间，履行报审、报批、报备程序。试运行期间，应对主要参数进行记录，以证实技术系统运行的稳定性。

4.2.5 技术系统维护管理

4.2.5.1 技术系统预防性维护

安全播出责任单位应策划对技术系统的预防性维护工作，按策划要求予以实施，保留维护保养实施的证据，要求：

a）确定技术系统维护目标，明确维护的责任分工及其范围；

b）依据技术系统配置信息、技术系统维护说明文件以及实际使用情况，科学制订技术系统周期性维护保养计划，内容应包括维护保养的项目、内容、频次、方式、标准，履行审核审批程序；

c）应将维护保养计划传递至相关责任人，做好维护保养的各项准备工作，在维护保养前应确认维护保养条件；

d）技术系统维护保养操作应规范，严格按照维护保养标准的各项要求进行验收。

安全播出责任单位应策划技术系统的检修工作，按策划要求予以实施，保留检修实施的证据，要求：

a）根据本单位安全播出任务和技术系统实际运行情况，科学制订技术系统检修计划，明确检修事由、项目、程序及其标准，制定检修方案，履行审核审批程序；

b）应将检修方案传递至相关人员，在检修前对检修的条件进行确认；

c）技术系统检修操作应操作规范，严格按照检查标准逐一测试、验收。

技术系统维护保养、检修所需的工具、仪器仪表应妥善放置和保管，要求：

a）根据需要对工具、仪器仪表进行检查、维护；

b）按照相关法律法规及其标准的要求对仪器仪表进行检定、校准，确保其精确度和准确度。

4.2.5.2 技术系统故障性维修

安全播出责任单位应明确报修信息的接收渠道，落实责任部门、责任人，确定报修响应级别，根据报修的紧急、重要程度按照优先顺序实施报修调度，做到信息传递及时、准确，应保留报修登记、维修调度的证据。要求：

a）维修实施前，根据不同故障信息识别已存在的风险以及因维修活动可能引发新的风险，策划维修程序及过程控制要求，由具备能力的维修人员对维修条件进行确认；

b）维修实施过程应操作规范，维修结果应得到相关人员的验收。

安全播出责任单位应科学制订备品备件供应计划，按要求对备品备件进行保管、检查检测、维护，其质量、数量应满足技术系统维修的需求。

4.3 重要保障期保障能力

4.3.1 重要保障期前管理

4.3.1.1 组织保障、人员保障确认

安全播出责任单位接到重要保障期通知后，按照重要保障期方案要求做好动员部署，确认重要保障期间：

a）安全播出相关领导、部门及其岗位的职责；

b）安全播出相关人员的数量及其人员能力；

c）协调外部相关单位做好电力供应、线路传输、通信联络等保障工作。

4.3.1.2 技术系统保障能力确认

安全播出责任单位应在重要保障期前对技术系统进行全面检修、测试，确保性能稳定，运行安全可靠。对应急工具、灾备系统进行全面检查，确保满足应急管理的需要。对备品备件进行全面检查并及时补充。

4.3.1.3 节目源、信源确认

安全播出责任单位应对信号源、节目源可能存在的风险进行排查并落实预控措施，确保其安全。

4.3.1.4 业务流程确认

安全播出责任单位应对业务流程可能存在的风险进行排查并落实预控措施，确保业务操作规范、安全。

4.3.1.5. 工作环境确认

安全播出责任单位应对技术系统运行环境、人员工作环境进行确认，确保不影响安全播出。

4.3.2 重要保障期间管理

安全播出责任单位应按照重要保障期方案落实各项措施，有效控制和应对各类影响安全播出的风险。

4.4 应急准备和响应能力

4.4.1 应急准备

4.4.1.1 应急资源管理

安全播出责任单位应按照应急预案、应急处理措施的安排，储备应急物资并定期进行检查，满足应对紧急突发情况的需要。

安全播出责任单位应测试、检测应急设备，验证其应急能力，确保随时可用。

4.4.1.2 应急人员管理

安全播出责任单位应按照应急预案的要求，采取适当方式对参与应急的人员进行培训，组织应急演练，验证人员理论与实操能力。

4.4.1.3 应急程序测试

安全播出责任单位应按照应急预案的安排，设计紧急突发情况场景，组织相关人员测试应急程序，以验证程序的适宜性及其应急响应能力。

4.4.2 应急响应与处置

一旦发生紧急突发情况，应按程序进行信息沟通与传递，其上报、处置应符合相关法律法规及其相关要求。

紧急情况下，相关人员应迅速反应、及时处置，做到指挥调度有序，处置方法得当，尽可能减少风险对安全播出的影响。

4.5 自监自测与自查能力

4.5.1 业务运行指标监测

安全播出责任单位应科学设置业务指标监测点，明确监测方式、频次、标准，对播出、传输、覆盖的信号质量进行动态监测，随时掌握业务运行水平。

安全播出责任单位通过业务运行指标参数的统计分析，了解业务运行趋势及其质量波动范围，必要时做出调整，确保业务运行指标稳定。

4.5.2 技术系统异态监测

安全播出责任单位应监视技术系统运行状态，设置异态监测点，明确监测方式、频次、标准，随时掌握技术系统的运行情况。

安全播出责任单位应对技术系统所处的工作环境进行监视，以了解其环境适宜性。

安全播出责任单位通过技术系统异态监测、工作环境数据的统计分析，了解技术系统运行工况及环境的变化，必要时做出调整，确保技术系统运行可靠、稳定。

4.5.3 安全播出保障体系的自查

安全播出责任单位应对本单位安全播出保障体系（包括管理类文件、技术类文件及其相关方案、预案）建立与运行情况进行自查，制订检查计划并按计划予以落实，形成自查报告。

4.5.4 业务链上下游相关方评价

安全播出责任单位应确定本单位与单位外部的业务接口，收集业务链上下游单位对本单位安全播出工作的意见和建议及其评价的信息。

4.6 持续改进能力

4.6.1 不符合改进

不符合来自:业务运行指标监测、技术系统异态监测、信息系统安全等级保护测评、安全播出保障体系的自查、业务链上下游相关方评价，对不符合应：

a）评审不符合并分析其原因；

b）制定纠正措施、预防措施，评审纠正措施、预防措施的有效性；

c）落实纠正措施和预防措施并验证其效果。

4.6.2 事件事故调查处理及预防能力

安全播出责任单位应对已发生的事件事故组织调查，查明事件事故发生的经过、原因、影响程度，认定事件事故的性质和责任，提出对责任者的处理建议，总结事件事故教训，提出防范和整改措施，提交事件事故调查报告。

事故应按照"四不放过"原则进行处理，即：事故原因未查清不放过，事故责任人未受到处理不放过，事故责任人和相关人员未受到教育不放过，事故没有制定切实可行的整改措施不放过。

对于已发生的安全播出事件事故应分析原因，制定行之有效的预防措施，避免事件事故再发生。

4.7 技术系统配置保障能力

4.7.1 专业技术系统配置

安全播出责任单位应根据本单位的安全播出保障等级，依据相关专业实施细则的要求实施技术系统配置，技术系统配置包括：业务系统、灾备与应急系统、动力系统、工作环境及其控制系统、监测监控系统五个方面。

4.7.2 器材及备品备件配置

工具、器材、仪器仪表应满足技术系统维护保养、检修、维修的需要。

科学合理地配置相关备品备件，以满足技术系统维护保养、检修、维修的需要。

4.8 广播电视相关信息系统安全保障能力

4.8.1 广播电视相关信息系统安全等级保护定级

安全播出责任单位与生产业务相关的信息系统应按照 GD/J037《广播电视相关信息系统安全等级保护定级指南》要求确定本单位定级对象和安全保护等级，在当地公安机关备案。

安全播出责任单位应按照 GD/J038《广播电视相关信息系统安全等级保护基本要求》，对广播电视相关信息系统按照确定的定级等级实施防护。

4.8.2 广播电视相关信息系统安全等级保护测评

安全播出责任单位应依据 GD/J044《广播电视相关信息系统安全等级保护测评要求》制定测评方案，按方案组织落实对信息系统的测评工作，形成测评报告。

5. 安全播出保障能力评估过程管理

5.1 制定安全播出保障能力评估方案

广播电视安全播出保障能力评估组织单位应根据所评估的区域安全播出保障总体形势、广播电视业务链上下游单位业务协同实际情况、不同专业安全播出保障水平等因素，在特定时间段为实现特定目的，对安全播出保障能力评估工作进行系统策划。

安全播出保障能力评估方案的制定应考虑：

a) 被评估范围内的安全播出责任单位规模、性质、业务范围、业务复杂程度；

b) 安全播出责任单位的安全播出保障等级、信息安全等级保护定级情况；

c) 广播电视业务链上下游之间的业务关系确定评估优先顺序；

d) 区域安全播出风险控制水平及其未来一段时期内的安全播出保障任务；

e) 安全播出责任单位组织机构变化、业务流程变化、技术系统变化以及安全播出保障体系的变化情况；

f) 安全播出责任单位业务活动涉及的风险及其控制情况；

g) 已发生的安全播出事件及事故信息；

h) 与安全播出有关的法律法规及其标准变化情况。

所形成的安全播出保障能力评估方案应明确评估的目的、评估的范围、时机、频次、评估的依据性文件、不同安全播出责任单位评估的时间安排、评估组的组成及其要求等。

5.2 安全播出保障能力评估调度

安全播出保障能力评估活动主要由评估组实施，由安全播出保障能力评估组织单位根据安全播出责任单位的规模、性质与复杂程度，从评估人员信息库中进行选择。评估组的人员组成应考虑如下因素：

a) 实现评估目标所需要的评估组整体能力，以及与安全播出责任单位有效沟通、协作的能力；

b) 评估组成员数量、以及评估人员具备必要的知识和技能，并独立于被评估活动，以确保评估结果的公正性；

c) 所选定的评估程序、方法。

安全播出保障能力评估组织单位应向评估组长提供：

a) 安全播出保障能力评估的目的、评估依据性文件、范围；

b) 评估组的人员组成及其职责、联系方式、评估人员专业信息；

c) 被评估单位的信息；

d) 安全播出事件事故信息；

e) 与被评估单位有关的档案资料。

5.3 制订安全播出保障能力评估计划

评估组长应依据安全播出保障能力评估方案和安全播出责任单位基本信息编制安全播出保障能力评估计划，应：

a) 明确被评估单位的基本信息、评估目的、评估范围、评估依据、评估组成员、评估时间及其内容的安排；

b) 评估计划的详细程度应反映评估的范围和复杂程度，以及实现评估目标的不确定因素；

c) 应覆盖安全播出责任单位在安全播出保障能力的 8 个方面，包括基础管理保障能力、日常运维保障能力、重要保障期保障能力、应急准备和响应能力、自监自测与自查能力、持续改进能力、技术系统配置保障能力、广播电视相关信息系统安全保障能力；

d) 应覆盖到与安全播出业务有关的作业现场；

e) 计划应具有充分的灵活性，允许随评估进展进行必要的调整；

f) 与广播电视安全播出监测机构沟通，获取安全播出责任单位相关的事件事故信息，以便有重点地对评估。

根据评估计划制订的需要，与安全播出责任单位沟通获得相关信息，以确保计划的适宜性。计划编制完成后应提交安全播出责任单位确认。

5.4 安全播出保障能力评估实施

5.4.1 评估工作准备

评估组成员应在评估前做好如下准备工作：

a) 由评估组组长就评估计划安排和分工进行说明，并进行必要的讨论；

b) 由专业人员对评估组人员进行专业培训，包括与安全播出有关的业务流程、技术系统特点、影响安全播出的风险因素及其控制措施、相关法律法规及其标准、评估关注点；

c) 评估人员应收集与被评估单位与安全播出有关的组织机构及其职责信息、专业技术系统信息、有关业务活动信息、安全播出保障体系的信息、信息系统安全等级保护信息，明确评估思路和重点，做好现场评估前的准备工作。

5.4.2 现场评估活动

评估组组长主持评估首次会，与安全播出责任单位就如下工作内容进行沟通：

a) 确认评估目的、范围和评估依据；

b) 实施评估所有的方法和程序；

c) 确认评估日程以及相关工作安排。

评估组成员通过面谈、观察、文件评审等方式收集与评估依据有关的信息并验证，逐项对照评分细则进行符合性评价，证据应充分，评估信息记录应完整、准确、简明、清晰并具有可追溯性。评估时应：

a）通过合理抽样，对影响安全播出的业务活动进行充分评价；

b）采用过程方法，按照安全播出责任单位的业务过程进行；

c）可直接采信安全播出责任单位实施的技术系统配置符合性自评结果，对结果抽样验证；

d）可直接采信安全播出责任单位提供的信息系统安全等级保护测评结果，对结果抽样验证；

e）若存在某一条款不满足而扣分时，应如实记录不符合的事实证据。

5.4.3 形成评估结论

评估组长应以可验证的客观事实为基础做出评估结果，应：

a）评估人员对安全播出责任单位保障能力各项评价结果进行充分讨论，确保评估结果达成一致；

b）根据现场评估收集的不符合信息，形成不符合报告，要求证据充分无异议；

c）根据评估方案、评估计划及其现场评估发现撰写评估报告；

d）根据评估得分结果对照广播电视安全播出保障能力等级划分表确定保障能力等级水平；

e）评估组长应将评估报告提交安全播出保障能力评估组织单位审核确认并分发。

5.5 技术系统配置符合性自评

安全播出责任单位应对照本单位安全播出保障等级，按照广播电视安全播出管理规定及其相关专业实施细则的规定，开展专业技术系统配置符合性自评工作，应：

成立自评工作小组，明确人员职责，制订自评工作计划，落实自评工作任务。

b）对照技术系统配置逐项进行符合性评价，注明实际配置情况；

c）技术系统配置存在不符合时，应对不符合事实进行说明，对技术系统存在的缺陷应明确其改进措施，以便有效控制风险；

d）技术系统配置符合性评估结果应形成文件，报安全播出主管领导审核确认。

5.6 信息系统安全等级保护自评

安全播出责任单位应根据GD/J037《广播电视相关信息系统安全等级保护定级指南》，结合本单位信息系统安全安全管理现状，分析并确定信息系统安全保护级别，形成等级保护定级报告。

安全播出责任单位应依据 GD/J 044《广播电视相关信息系统安全等级保护测评要求》规定的测评要求和标准实施测评，要求：

a）成立自评工作小组，明确人员职责，制订自评工作计划，落实自评工作任务；

b）覆盖 GD/J 038《广播电视相关信息系统安全等级保护基本要求》规定的内容，包括物理安全、主机安全、网络安全、应用安全、数据安全、安全管理制度、安全管理机构、人员安全管理、系统建设管理、系统运维管理等方面；

c）识别现有技术保障措施和安全管理现状与信息系统安全等级保护基本要求存在的差距，明确改进措施；

d）评估结果应形成文件，报信息安全主管领导审核确认。

A.（规范性附录）
评分标准

A.1 分值组成与分配

本评分标准采用定性分析和定量评分相结合的方式进行，评价基础总分值为100，其分值组成及分配如下表：

表 A.1-1 安全播出保障能力评估分值

一级指标	分值	二级指标	分值	三级指标	分值	四级指标	分值
一、基础保障能力	22	1. 组织保障	4	1.1 组织机构保障	0.9	1.1.1 组织机构健全程度	0.4
						1.1.2 领导分工及作用	0.5
				1.2 部门职责	0.9	1.2.1 部门职责分配情况	0.4
						1.2.2 部门职责落实情况	0.5
				1.3 岗位职责	1.6	1.3.1 岗位设置合理性	0.6
						1.3.2 岗位职责落实情况	1
				1.4 外部接口关系	0.6	1.4.1 跨单位上下游职责明确	0.4
						1.4.2 业务外包职责明确	0.2
		2. 人员保障	7	2.1 人员配置	2	2.1.1 安全播出人员数量	0.8
						2.1.2 安全播出人员质量	1.2
				2.2 人员培训	4	2.2.1 人员岗前培训、转岗位培训	1
						2.2.2 人员培训与能力提升培训	2
						2.2.3 应急培训与演练培训	1
				2.3 人员绩效考核	1	2.3.1 绩效考核机制建立	0.5
						2.3.2 绩效考核落实情况	0.5
		3. 体系文件保障	9	3.1 方针与计划管理	0.6	3.1.1 方针制定与落实	0.2
						3.1.2 安全播出工作计划制订与落实	0.4
				3.2 目标与指标管理	0.8	3.2.1 年度停播率（可用度）指标制订与落实情况	0.2
						3.2.2 技术系统运行指标制订与落实情况	0.3

					3.2.3 技术系统维护指标制订与落实情况	0.3
				3.3 体系文件管理	1.5	3.3.1 体系文件的策划	0.5
						3.3.2 体系文件的日常管理	1
				3.4 管理类文件	2.5	3.4.1 管理类文件充分性	2
						3.4.2 管理类文件动态适宜性	0.5
				3.5 技术类文件	2.3	3.5.1 技术类文件充分性	2
						3.5.2 技术类文件动态适宜性	0.3
				3.6 应急预案与专项方案	0.8	3.6.1 应急预案、应急措施充分性、动态适宜性	0.4
						3.6.2 专项方案（重要保障期方案、直播方案、检修方案等）充分性、动态适宜性	0.4
				3.7 记录与技术档案管理	0.5	3.7.1 记录设置的适宜性	0.3
						3.7.2 技术档案管理规范性	0.2
			4. 经费保障	2	4.1 技术系统改造与运维资金	1.2	4.1.1 技术系统更改、改造资金得到落实	0.8
						4.1.2 技术系统运维资金（含备品备件采购）得到落实	0.4
					4.2 应急资金	0.8	4.2.1 应急资源储备和维护更新所需资金得到落实	0.8
二、日常运维保障能力	48	1. 信号源与节目源安全	6	1.1 信号源安全	3	1.1.1 信号源接入安全；	1.2
						1.1.2 信源质量进行监测。	1.8
				1.2 节目源安全	3	1.2.1 节目内容进行审核；	0.6
						1.2.2 节目技术指标进行审核；	1
						1.2.3 节目送播安全	0.8
						1.2.4 节目备播安全	0.6
		2. 播出、传输、发射业务调度	12	2.1 日常业务调度	9	2.1.1 业务调度计划安排合理；	5.5
						2.1.2 业务调度计划变更控制	3.5
				2.2 业务变更管理	3	2.2.1 停播停传管理	2
						2.2.2 运行变更履行报审报备案手续	1
		3. 播出、传输、发射业务操作处理	16	3.1 业务操作	10	3.1.1 业务操作准备	5
						3.1.2 业务操作实施	3
				3.2 技术系统运行操作	6	3.2.1 技术系统运行操作规范	2
						3.2.2 技术系统运行稳定、可靠	4

（续表）

		4. 技术系统更新改造管理	2	4.1 技术系统新改扩建、迁建项目管理	2	4.1.1 履行报审报批备案手续	1
						4.1.2 项目按规范进行测试、验收。	1
		5. 技术系统维护管理	12	5.1 技术系统预防性维护	8	5.1.1 技术系统维护保养管理	5
						5.1.2 技术系统检修管理	2
						5.1.3 工具、仪器仪表管理	1
				5.2 技术系统故障性维修	4	5.2.1 技术系统故障性维修管理	3
						5.2.2 备品备件管理	1
三、重要保障期保障能力	8	1. 重要保障期前的管理	4	1.1 组织保障、人员保障确认	1	1.1.1 职责得到落实，人员能力得到确认	1
				1.2 技术系统保障能力确认	1.2	1.2.1 技术系统全面检查、测试	1
						1.2.2 备品备件检查与补充	0.2
				1.3 节目源、信号源以及相关备品备件、工具及仪器仪表充分性确认	0.8	1.3.1 节目源、信号源安全得到确认；	0.8
				1.4 业务流程安全得到确认	0.8	1.4.1 业务流程风险全面排查并有效预防风险	0.8
				1.5 工作环境确认	0.2	1.5.1 工作条件、工作环境满足安全播出需要	0.2
		2. 重要保障期间的管理	4	2.1 重要保障期间业务管理	4	2.1.1 落实重要保障期措施	4
四、应急准备与响应能力	8	1. 应急准备	3	1.1 应急资源管理	0.6	1.1.1 应急资源储备	0.2
						1.1.2 应急设备设施测试；	0.4
				1.2 应急人员保障	1.2	1.2.1 应急人员配备及其能力确认	1.2
				1.3 应急程序测试	1.2	1.3.1 对应急程序进行测试	1.2
		2. 应急响应	5	2.1 紧急应对	5	2.1.1 应急措施落实到位	5
五、自查监测自查能力	8	1. 业务运行指标监测	2	1.1 业务质量监督	2	1.1.1 对业务输出结果（信号）进行监测	1
		2. 技术系统异态监测	2	2.1 技术系统异态监测	2	2.1.1 技术系统运行异态监测	2

（续表）

		3. 信息安全风险自评	1	3.1 信息安全风险自评	1	3.1.1 信息安全风险自评	1
		4. 保障体系运行自评	2	4.1 保障体系运行自评	2	4.1.1 保障体系运行自评	2
		5. 业务上下游（外部）单位评价	1	5.1 业务上下游（外部）单位评价	1	5.1.1 业务上下游（外部）单位评价	1
六、持续改进能力	6	1. 检查监测发现的不符合整改	3	1.1 不符合的整改	3	1.1.1 不符合的整改	3
		2. 事件事故调查与处理	3	2.1 事件事故调查与处理	2	2.1.1 事件事故调查、处理	2
				2.2 事件事故预防	1	2.2.1 事件事故的预防	1

广播电视安全播出监测机构应对安全播出责任单位播出、传输、覆盖进行监测，根据评估需要提供一定时期内安全播出事故、事件信息，按如下标准实施扣分：

表 A.1-2 事件扣分标准

事件类别	扣分标准值	事件等级及其扣分系数			扣分说明
		较大	重大	特别重大	
信息安全事件	5分/次	1.2	1.5	2	1. 一定时期内发生的类似事件，每增加1起，增加1个百分点，计为事件扣分值总和 X（1.1+ 事件次数）。 2. 事件未能及时有效处理的，事件扣分值 X（1.1+ 事件次数）。
技术安全事件	4分/次	1	1.2	1.5	
破坏侵扰事件	3分/次	0.8	1	1.2	
自然灾害事件	2分/次	0.6	0.8	1	

表 A.1-3 事故扣分标准

事故类别	扣分标准值	事故等级及其扣分系数			扣分说明
		一般	较大	重大	
停播	3分／次	1	1.2	1.5	1. 一定时间内发生的类似事件，每增加1起，增加1个百分点，计为事故扣分值总和 X（1.1+事故次数）。
劣播	2分／次	0.8	1	1.2	
错播	1分／次	0.6	0.8	1	2. 事故未能及时有效处理的，事故扣分值 X（1.1+事故次数）。

技术系统配置符合性评价，超出达标标准的不加分；存在不符合项时，从管理的角度对相应项目进行扣分，因不同专业技术系统差异较大，扣分标准视专业不同另行设计。

信息系统安全等级保护测评，超出达标标准的不加分；存在不符合项时，从管理的角度对相应项目进行扣分，扣分标准视专业不同另行设计。

A.2 分值计算与评估等级划分

A.2.1 安全播出责任单位保障能力评估总得分计算公式如下：

最终得分 = 标准分值 − 事件事故扣分值

标准分值 = 所有指标评分总和

事件事故扣分值 = 事件事故次数 X（扣分标准值 × 扣分系数）

A.2.2 根据评估总得分分值，对其安全播出保障能力水平进行等级划分。安全播出保障能力等级与评估分值关系如下表：

表 A.2-1 安全播出保障能力等级划分

安全播出保障能力等级	表现特征	安全播出一级保障责任单位	安全播出二级保障责任单位	安全播出三级保障责任单位
AAAAA 级	管理非常完善，业务运行非常稳定,保障能力极强。	≥90 分	≥90 分	≥90 分
AAAA 级	管理完善，业务运行稳定,保障能力较强。	80-99 分	80-99 分	80-99 分
AAA 级	管理较为完善，业务运行基本稳定,保障能力一般。	70-79 分	70-79 分	70-79 分
AA 级	管理不够完善，运行不够稳定,保障能力较差。	60-69 分	60-69 分	60-69 分
A 级	管理不完善，运行不稳定,保障能力极弱。	≤59 分	≤59 分	≤59 分

B.（资料性附录）
评分方法

B.1 加权评分方法

B.1.1 权重设置

使用权重设置评分方法，应考虑以下内容：

a）不同安全播出保障等级的指标权重设置原则上保持一致，可视不同区域广播电视安全播出管理水平进行适当调整；

b）业务运营风险控制能力、资源配置及保障能力属于风险控制的核心，赋予权重较高；

c）各指标之间的关联，以及与各评估项的匹配程度应予以重视；

d）采用德尔菲法、层次分析法或网络分析法等进行辅助决策；

e）评估指标应在一定时期内保持相对稳定。

B.1.2 底层指标评分

评估指标体系中底层指标的评分方法，主要如下：

a）基于评估数据进行底层指标评分，可按一定规则将具有不同计量单位和方式的定量或定性评估数据转化为能够进行加权计算的分值，并将其限定在某一区间范围内；

b）基于定量数据进行评分，可先确定该定量数据的最大理想阈值和最小可能阈值；

c）基于定性数据进行评分，可采用德尔菲法等，亦可基于专家知识和经验进行辅助决策。基于专家知识或经验进行评分方法，主要有：

1）基于定性评估数据由专家直接打分得到指标分值；

2）将定性评估数据取值范围划分为若干层次，由专家确定各层次的分值，指标评估数据所处层次的分值即为该指标得分；

3）定性评估数据可能的取值分为若干独立选项，由专家确定各选项的分值，该指标得分即为依据其评估数据所得各选项分值之和。

B.1.3 加权评分

加权评分是以底层指标评分作为基础的。底层指标以上各级指标的得分可通过加权求和，计算得出。各上级指标得分可由其各子指标得分加权求和得出，最终总分可由各一级指标得分加权求和得出。

B.2 综合评估分析方法

B.2.1 水平与能力评估分析

水平与能力评估分析应分为两个维度，一是安全播出管理水平与能力评估，主要包含本评估规范的各评估项目。二是各评估项目的与能力等级确定。各评估项的水平与能力级别应分为5级。

水平与能力评估分析可依据相应评估内容的逐级分解层次结构，进行相应迭代分解细化，从而可支持更为具体化的分析。

B.2.2 层次分析法

采用层次分析法应确定各评估指标权重。层次分析法是把问题的内在层次和联系判断量化并进行排序的一种多目标、多层次的综合评价方法。

基本步骤为：首先采用分级标度准则，构造两两比较判断矩阵，然后解判断矩阵特征向量，求得层次单排序，并进行一致性检验；最后求得层次总排序，并进行一致性检验。

B.2.3 模糊综合评价

进行模糊综合评价，其基本步骤为：确定评语集，请专家对最底层次的各个指标进行评价，据此建立反映各指标对各评价等级隶属度的模糊评价矩阵；模糊评价矩阵与相应权重向量合成，求得单因素综合评价结果；将各单因素评价结果综合构成更高一级模糊评价矩阵；再依次往上评，直到最高层。最后利用最大隶属度原则评出结果。

附录二

　　广播电视技术系统配置符合性自评是北京国睿智鼎信息科学研究院在电视中心、广播中心、卫星广播电视地球站、光缆传输干线网、有线广播电视网、无线发射台、微波传输电路、IPTV 播控平台、网络广播电视台等专业实施细则的基础之上，结合现场评估实践经验形成此套评价表。

　　该套专业技术系统配置符合性自评表主要以业务系统、动力系统、工作环境及其控制系统、监测监控系统、维护器材、灾备与应急系统六方面作为评价工作的总框架，再结合不同专业进行具体细化，确保评价工作既能全面详实的反映各专业技术系统配置的综合情况，也能够在细节上及时发现存在的问题，能够帮助安全播出责任单位及时了解系统整体状况和硬件配置水平。

01 电视中心专业技术系统配置符合性自评表

系统类别	系统名称	子系统名称	安全保障级别	配置要求	是否符合	问题描述	整改建议
业务系统	播出系统	播出控制系统	通用要求	1. 应能对视频服务器、播放机、切换台（键控器）和播出矩阵（开关）等设备进行控制，实现按照播出串联单自动播出； 2. 应配置主备播出控制机和相应的监测切换软件，实现主备播出控制机的自动或手动切换。			
		数据库	一级	在二级基础上，宜采用独立设备对数据库做定时备份。			
			二级	所用的数据库服务器应采用双机热备方式，并能自动切换。			
		播出切换	一级	在二级基础上，多频道播出系统宜采用分布式架构。			
			二级	在三级基础上，应： 1. 配置具有断电直通功能和双电源的广播级切换设备； 2. 以键控方式进行台标、时钟和字幕的叠加； 3. 主备播出信号应来自于不同的播出切换设备。			
			三级	1. 应配置路线排，并宜配置具有断电直通功能的专业级播出切换台或播出切换开头，键控器； 2. 播出切换开关应能在断电恢复后保持原接通状态； 3. 播出切换台的播出切换开关、键控器应具有手动和自动两种控制方式。			
		辅助播出设备	一级	在二级基础上，宜配置伴音信号自动响度控制设备。			
			二级	在三级基础上，应： 1. 设备应采用外同步锁相方式，且在播出关键设备上同步信号不应串接； 2. 配置循环播放的垫片。			

			三级	1. 应配置具有台标和字幕叠加功能的设备； 2. 配置可靠的时钟和同步信号设备（或由总控提供相应信号源），没有同步设备（信号）的应配置具有内同步功能的切换设备； 3. 配置应急垫片信号源和标准的视音频测试信号源； 4. 应能对全部源信号和播出信号进行实时监看监听。			
		主备信号通路	一级	播出系统应设置完整的主备信号通路，主备通路的设备板卡应安装在不同的机箱内。			
			二级				
		磁带播出系统	一级	1. 磁带播出系统每频道应至少配置4台在线播放机； 2. 应配置磁带唯一性识别设备（如条形码识别设备）。			
			二级	1. 磁带播出系统每频道应至少配置3台在线播放机； 2. 宜配置磁带唯一性识别设备（如条形码识别设备）。			
			三级	1. 磁带播出系统每频道应至少配置2台在线播放机； 2. 当播出频道数低于5个时，应至少配置1台备份播放机，当播出频道大于5个时，应增加备机数量； 3. 当备信号源应取自播放机的不同输出端口。			
		硬盘播出系统	一级	在二级基础上，硬盘播出存储应采用分级存储策略。			
			二级	在三级基础上，应： 1. 播出视频服务器配置双电源； 2. 播出视频服务器的播出存储部分有存储保护和冗余措施； 3. 应配置播放机，实现应急播出功能。			
			三级	应配置主备独立的播出视频服务器。			
		备用播出系统	一级	应采用N+1或1+1方式配置备用播出系统。			

（续表）

直播演播室系统		视频系统	一、二级	在三级的基础上，应： 1. 配置广播级视频设备； 2. 切换台等关键设备应配置双电源。			
			三级	1. 应配置专业级视频设备； 2. 视频设备应满足信号源画面切换时无跳跃； 3. 视频系统输出的主备路信号应来于不同的播出切换设备； 4. 切换台等关键设备宜配置双电源。			
		音频系统	一、二级	在三级基础上，应： 1. 配置广播级音频设备； 2. 调音台等关键设备应配置双电源。			
			三级	1. 应配置专业级音频设备； 2. 数字音频设备应具有锁相功能并处于锁相状态； 3. 音频系统输出的主备两路信号应来自于不同的调音设备； 4. 调音台等关键设备宜配置双电源。			
		辅助设备	一级	在二级基础上，应配备主备同步机及主备机切换设备，主备机切换设备应具有自动、手动切换功能，并能够断电直通。			
			二级	在三级基础上，应： 1. 配置指示（Tally）系统； 2. 具备监看监听监测各级信号技术质量及指标的功能； 3. 演播区、导控区、音控区、核心设备区之间配置专用通话设备； 4. 导控区与电视中心总控之间应配置专用通话设备； 5. 应配置倒计时时钟； 6. 同步设备（或信号）应有备份。			
			三级	1. 应有监看监听系统，播出系统的信号应返送给演播室供监看； 2. 演播区、导控区、音控区、核心设备区之间应有通话设备连接各工位； 3. 演播区、导控区、音控区、核心设备区应配置与电视中心总控系统同步的时钟显示； 4. 应具有同步信号；			

（续表）

			5. 摄像、拾音、放像、放音等信号源设备均应为多源配置。			
		传输链路	通用要求	外来信号宜通过双链路传送至直播演播室。		
			一、二级	直播演播室主备播出信号应通过两条以上不同路由传送至播出中心。		
			三级	直播演播室应传送主备播出信号至播出中心。		
		灯光与回路配电	通用要求	1. 直播演播室灯光应符合《电视演播室灯光系统设计规范》（GY5045）的要求； 2. 灯光和背景装置设备宜接入两路不同电源。		
			一、二级	1. 新闻直播演播室主持人主要面光灯应由 UPS 供电； 2. 直播演播室工艺设备与照明、动力设备应由不同的回路配电。		
		延时和切断装置	通用要求	应在直播信号播出通道中配置延时和切断装置。		
		非编设备	一级	在二级基础上，非编设备播出存储应采用分级存储策略。		
			二级	在三级基础上， 1. 播出视频服务器应配置双电源； 2. 播出视频服务器的播出存储部分应有存储保护和冗余措施； 3. 配置播放机，实现应急播出功能。		
			三级	应配置主备独立的播出视频服务器。		
		单边连线配置的卫星传输系统	通用要求	1. 应配置加扰设备或模块，系统编码和调制宜采用一体化设备。如配置备份设备，则主备切换设备应具有自动、手动切换功能； 2. 上变频器和高功放设备应具备防水、防尘措施，宜采用一体化设备。如配置备份设备，则主备切换设备应具有自动、手动切换功能； 3. 卫星天线宜配备电动伺服系统，具备自动定位和自动寻星功能； 4. 应具备中频自环和卫星自环监看视频信号能力和信号源监听监看能力；		

（续表）

			应配备便携式频谱分析仪监测卫星信号；宜配置波形监视器监测基带信号源； 5. 宜配备便携式发电机； 6. 宜采用具备良好防震、防水措施的专用箱携带。			
外场转播系统	供配电系统	通用要求	外场转播系统工艺设备与照明、动力设备应由不同的回路配电。			
		一级	1. 在重大活动时应配置主备电源自动或手动切换开关； 2. 主要播出设备负荷宜采用UPS供电，UPS电池组后备时间宜满足实际设备负荷工作10分钟以上。			
		二级	1. 应配置稳压设备，如当地只有一路电源，应配置现场发电设备作为第二路供电电源； 2. 主备播出设备、双电源播出设备应分别接入不同的供电回路。			
		三级	宜配置稳压设备。			
	视频系统	一、二级	在三级的基础上，应： 1. 配置广播级视频设备； 2. 切换台等关键设备应配置双电源。			
		三级	1. 应配置专业级视频设备； 2. 视频设备应满足信号源画面切换时无跳跃； 3. 视频系统输出的主备路信号应来自于不同的播出切换设备； 4. 切换台等关键设备宜配置双电源。			
	音频系统	一、二级	1. 在三级基础上，应配置广播级音频设备； 2. 调音台等关键设备应配置双电源。			
		三级	1. 应配置专业级音频设备； 2. 数字音频设备应具有锁相功能并处于锁相状态； 3. 音频系统输出的主备两路信号来自于不同的调音设备； 4. 调音台等关键设备宜配置双电源。			
	系统辅助设备	通用要求	1. 外场转播系统需要足够的空调设备，以保证人员和设备正常工作；			

				2. 外场转播系统应配置两种以上不同方式的通信联络手段，与电视中心保持联系畅通。			
			一级	在符合二级保障要求的基础上，同步切换设备应具有自动、手动切换功能，并能够断电直通。			
			二级	在符合三级保障要求的基础上，应： 1. 配置指示（Tally）系统； 2. 具备监看监听监测各级信号技术质量及指标的功能； 3. 演播区、导控区、音控区之间配置专用通话设备； 4. 配置同步系统，同步设备（或信号）有备份； 5. 配置含倒计时功能的同步时钟源。			
			三级	1. 应有监看监听系统，播出系统的信号应返送给演播室供监看； 2. 演播区、导控区、音控区之间应有通话设备连接各工位； 3. 摄像、拾音、放像、放音等信号源设备均应为多源配置； 4. 宜配置同步系统； 5. 应配置时钟显示。			
		传输链路	通用要求	外来信号宜通过双链路传送至外场转播系统。			
			一级、二级	主备播出信号应通过两条以上不同路由传送至播出中心。			
			三级	外场转播系统应传送主备播出信号至播出中心。			
		卫星传输系统	通用要求	1. 编码和调制设备应为主备配置，切换设备应具有自动、手动切换功能；应配置加扰设备或模块； 2. 上变频器和高功放设备应为主备配置，切换设备应具有自动、手动切换功能；应具备防水、防尘措施； 3. 卫星天线应配备电动伺服系统，具备自动定位和自动寻星功能； 4. 应具备中频自环和卫星自环监看视频信号能力和信号源监听监看能力；应配备便携式频谱分析仪监测卫星信			

总控系统				号；应配置波形监视器监测基带信号源；设备应良好接地； 5. 车载卫星传输系统应配备车载式或便携式发电机、车内外照明设施，以及能保障设备正常运行的空调装置； 6. 箱载式转播设备宜采用具备良好防震防水措施的专用携带箱。			
		信号调度系统	一级	在二级基础上，应： 1. 矩阵采用模块化结构； 2. 主要电路板支持热插拔； 3. 宜配置两台矩阵，分别用于主路信号和备路信号的调度。			
			二级	在三级基础上，应： 1. 主备信号在矩阵不同的输入、输出板上，并经过不同的交叉点板； 2. 主备通道的分配器板卡安装在不同的机箱中，主备机箱分接不同的电源； 3. 大型矩阵配置备用矩阵控制器或控制板； 4. 矩阵配置双电源。			
			三级	1. 应配置跳线排； 2. 长距离电缆传输电路应配置线路均衡设备； 3. 在停电恢复后矩阵应能够保持停电前的路由状态。			
		时钟系统	一级	在二级基础上，应： 1. 配置备用时钟发生器和切换设备； 2. 时钟切换设备具有自动和手动切换功能，并能够断电直通； 3. 主备时钟发生器分接不同的电源。			
			二级	在三级基础上，时钟发生器应有自动校时功能。			
			三级	应配置可靠的时钟源，全台时钟信号锁定于同一个时钟源。			
		同步系统	一级	在二级基础上，应： 1. 配置备用同步发生器和切换设备； 2. 同步切换设备具有自动、手动切换功能，能够断电直通。			
			二级	应配置同步系统，采用复合同步信号的应符合《数字分量演播室同步基准			

（续表）

				信号》（GY/T 167）的相关要求。		
			三级	宜配置同步系统，为全台提供统一的同步标准。		
		信号处理设备	通用要求	1. 确保音视频同步； 2. 在停电恢复后保持停电前的配置状态； 3. 宜配置具有双电源、支持热插拔的信号处理设备。		
		节目传输系统	一级	1. 在二级基础上，至每个下游播出单位的传输线路全程应至少有2条不同路由，且宜配置第二备份传输手段； 2. 采用编码复用方式传输的，宜配置在线备用编码复用系统。		
			二级	在三级基础上，应： 1. 配置主备传输设备和通路，切换设备具备自动或手动切换功能，传输设备配置双电源； 2. 采用编码复用方式传输的，配置备份编码复用设备。		
			三级	配置的传输设备、编码复用设备在断电或者重启后，应保留原有配置信息。		
		信号监测系统	一级、二级	在符合三级保障要求的基础上，应能对关键节点信号的主要技术指标进行监测。		
			三级	1. 应能对播出链路上的关键节点、节目输出点以及接收的自台播出信号进行视音频监看监听，应配置信号异态报警设备； 2. 应采用录音、录像或者保存技术监测信息等方式对输出的电视节目及信号的质量和效果进行记录。 3. 正常信息应保存一周以上，异态信息应保存一年以上； 4. 宜配备解码监看、码流分析、智能网管等故障定位手段。		
		内部通话系统	二级以上	总控机房应配置内部通话系统，实现在紧急情况下与各机房的迅速联络。		
		通信设施	一级、二级	1. 应配置两部具有录音功能的业务专用外线电话；		

（续表）

节目集成平台系统		基带播出系统		2. 应配置安全播出预警信息接收终端，并配置与广播电视监测监管部门互联的专用计算机终端和通信设备。			
			三级	1. 应至少配置一部业务专用外线电话； 2. 应配置安全播出预警信息接收终端。			
		基带播出系统	通用要求	应符合播出系统一级的相关规定执行。			
		传输（TS）流输出系统	通用要求	1. 应设置完整的主备信号通路，主备信号通路的设备板卡应安装在不同的机箱内； 2. 播出控制机应能对视频服务器等设备进行控制，实现按照播出串联单自动播出；应配置主备播出控制机和相应的监测切换软件，实现主备播出控制机的自动、手动切换； 3. 应配置跳线排和无缝切换的 TS 流切换器，TS 流切换器应具有自动、手动切换功能并能够断电直通； 4. 应配置循环播放的与播出系统表单结构完全相同的垫片； 5. 应配置具有 TS 流台标叠加功能的设备，宜配置具有 TS 流字幕叠加功能的设备； 6. 应能对全部播出信号进行实时监看监听，并能选择信号进行码流分析； 7. 在上述配置的基础上，应配置单通道或主备通道的系统级备份。			
		信号源	通用要求	自台播出的广播频率、电视频道的信号源应配置两条以上传输链路接入节目集成平台，非自台播出的广播频率、电视频道的信号源应通过两条以上不同路由接入节目集成平台。			
		传输系统	通用要求	1. 应符合总控系统一级的要求配置； 2. 节目集成平台的 CA 系统应按 1+1 备份方式配置； 3. 应有应急系统或措施，在 CA 系统发生重大故障无法短时间恢复时，能保证用户正常接收。			

		卫星传输远端加密系统	通用要求	1.CA 加密系统运行部门应能够实时监控本地加密设备和远端加扰复用设备运行状态，并能够对卫星下行接收信号进行监测和录像； 2.CA 加密信息传输链路保障单位应对加密信息传输链路状态进行监控； 3. 远端复用加扰系统使用单位应对清流信号、主备加扰信号和卫星下行接收信号进行监控和录像。同时，能够实时监测复用加扰设备运行状态。			
		监测管理	通用要求	1. 节目集成平台应能对信号源、集成播出链路关键节点、平台输出点以及接收的自台播出信号进行视音频监看监听和主要技术指标监测； 2. 应配置信号异态声光报警设备； 3. 应采用录音、录像或者保存技术监测信息等方式对信号源、平台输出的广播电视节目及信号的质量进行记录，异态信息应保存一年以上。			
		应急管理	通用要求	业务信息、数据广播等数据播发系统应有应急系统或措施，在发生数据播发错误或系统瘫痪等紧急情况下，能够迅速恢复用户正常信息接收并更新用户机顶盒中存储的各类数据。			
动力系统	供配电系统	外部电源	一级	应接入两路外电，其中至少一路应为专线；当一路外电发生故障，另一路外电不应同时受到损坏。			
			二级	应接入两路外电，其中一路宜为专线；当一路外电发生故障，另一路外电不应同时受到损坏。			
			三级	宜接入两路外电，如只有一路外电，应配置自备电源。			
		供配电系统	通用要求	高、低压供配电应符合现行国家、行业标准和规范。			
			一级	1. 应设对应于不同外电的、互为备用的工艺专用变压器； 2. 播出负荷供电应设两个以上引自不同工艺专用变压器的独立低压回路，单母线分段供电并具备自动或手动互投功能；			

				3. 主要播出负荷应采用 UPS 供电，UPS 电池组后备时间应满足实际负荷工作 30 分钟以上； 4. 应配备自备电源，保证播出负荷、机房空调等相关负荷连续运行； 5. 播出系统和总控系统的主备播出设备、双电源播出设备应分别接入不同的 UPS 供电回路。			
			二级	1. 应设工艺专用变压器； 2. 播出负荷供电应设两个以上引自不同变压器的独立低压回路，单母线分段供电并具备自动或手动互投功能； 3. 主要播出负荷应采用 UPS 供电，UPS 电池组后备时间应满足实际负荷工作 30 分钟以上； 4. 应配备自备电源或与供电部门签订应急供电协议，保证播出负荷、机房空调等相关负荷连续运行； 5. 播出系统和总控系统的主备播出设备、双电源播出设备应分别接入不同的供电回路。			
			三级	1. 播出负荷供电应设两个以上独立低压回路； 2. 主要播出负荷应采用不间断电源（UPS）供电，UPS 电池组后备时间应满足实际负荷工作 30 分钟以上； 3. 播出系统和总控系统的主备播出设备、双电源播出设备应分别接入不同的供电回路。			
		智能电源设备	通用要求	应实施必要的信息安全防护，禁止通过外部网络进行远程维护。			
工作环境及其控制系统	机房环境	机房基础条件	通用要求	1. 机房温度、湿度、防尘、静电防护等应符合《广播电视中心技术用房室内环境要求》（GY/T 5043）的有关规定； 2. 机房接地、布线、外部环境应符合《电子信息系统机房设计规范》（GB 50174）的有关规定； 3. 机房应采取必要的防鼠、防虫等措施；			

（续表）

				4. 机房消防设施的配置应符合《广播电视建筑设计防火规范》（GY 5067）的有关规定。			
			一级	应符合 A 级电子信息系统机房的有关规定。			
			二级	应符合 B 级电子信息系统机房的有关规定。			
			三级	应符合 C 级电子信息系统机房的有关规定。			
		机房安全	通用要求	机房安全防范应符合《电子信息系统机房设计规范》（GB 50174）、《广播电影电视系统重点单位重要部位的风险等级和安全防护级别》（GA 586）的有关规定。			
			一、二级	应对设备机房、UPS 主机及电池室、缆线集中点、室外设备等播出相关的重点部位设置视频安防监控系统。			
技术系统监测监控系统	设备、电力和环境监测系统	设备监测系统	通用要求	监测异态信息应保存一年以上。			
			一级	应配置监控网管系统，对播出关键设备、播控软件、网络状况等进行监测，具备异态声光报警功能。			
			二级	在符合三级保障要求的基础上，宜配置监控网管系统，对播出关键设备、播控软件、网络状态等进行监测，具备异态能声光报警功能。			
			三级	应对播出关键设备的运行情况进行监测。			
		电力和环境监测	一级	在二级基础上，应立具备异态声光报警功能的电力和环境集中监控系统。			
			二级	在三级基础上，应对配电系统中的主要运行参数和关键设备运行情况进行集中监测。			
			三级	对配电系统中的主要运行参数和关键设备运行情况有监测手段，对机房的温度、湿度等环境状态进行监测。			
维护器材	维护器材	备品备件	通用要求	单一节点设备应有备件。			

（续表）

			一级	应有其他重要设备的备品备件。			
			二级				
		工具、材料	通用要求	应配置维护检修、故障处理所需的工具、材料。			
			一、二级	应按照实际情况配置码流分析仪、视音频测试仪、频谱仪、示波器等必要的仪器仪表。			
灾备与应急系统	灾备与应急播出系统		一级	应配置灾备系统，可设置异地备份播出系统，或配置卫星转播车等移动播出系统。			
			一、二级	应配置应急播出系统，当发生重大灾害或突发事件，播出系统短时间内无法恢复时，能够应急播出重要节目。			
			三级	应具有一定的防御自然灾害能力，应根据当地地质、气候特点采取相应的防护措施。			

02 广播中心专业技术系统配置符合性自评表

系统类别	系统名称	子系统名称	安全保障级别	配置要求	是否符合	问题描述	整改建议
业务系统	制播网络系统	网络安全配置	一、二级	1. 在符合三级保障要求的基础上，制播网络核心设备应配置在线热备份，且设备均配置双电源； 2. 主干链路应有冗余，应对网络交换机端口进行访问控制，禁止非法设备接入； 3. 应安装网管软件，对整个网络进行实时监控和故障预警、报警。			
			三级	1. 核心网络设备宜配置双电源； 2. 制播网禁止直接与外部网络互联。			
		服务器	一、二级	1. 应按在线热备份方式配置服务器，服务器应配置双电源； 2. 服务器硬盘应有冗余热备； 3. 主、备服务器应分别连接主备网络交换机； 4. 多台服务器之间宜采用集群方式。			
			三级	应按在线热备份方式配置核心服务器。			
		数据存储	一级	在二级基础上，宜定期进行离线备份或异地备份。			
			二级	1. 数据存储应采用磁盘阵列，并制定合理的存储策略，保证存储数据的安全； 2. 对于节目播出数据，应能实现实时镜像备份。			
			三级	系统应配置充裕的存储空间并采用合理的冗余机制，保证存储数据的安全。			
		音频工作站	通用要求	1. 所有工作站宜有防病毒、防攻击措施； 2. 应拆除软驱、光驱等外接设备，并禁止接入移动存储介质（如U盘、移动硬盘等）； 3. 播出音频工作站应有备份，主备工作站应能实现切换； 4. 应对操作系统进行安全策略管理。			

（续表）

		直播机房	一、二级	二级以上在三级基础上，应至少配置一套备份直播机房。			
直播室系统			三级	每套有直播节目的频率应配置一套直播机房，每套直播机房应包括直播室及导播室。			
		播出调音台	一级	在二级基础上，应： 1. 应配置数字播出调音台； 2. 应能设置多层用户权限； 3. 直播室机房宜独立配置应急调音台或调音台应急模块。			
			二级	1. 应配置双电源，应配置双输出模块，并具备监听信号源选择功能； 2. 应有多路母线输出功能。			
			三级	宜配置双电源。			
		热线电话	一级	在二级基础上，应能对有热线电话参与的节目及电话内容进行录音。			
			二级	在三级基础上，宜接入多路热线电话。			
			三级	1. 应至少配置1路热线电话接入直播室系统，应具有来电显示功能； 2. 直播室和导播室均应配置热线电话的控制设备。			
		群众参与节目	通用要求	1. 应在播出链路中配置延时和切断装置； 2. 延时时间应符合国家新闻出版广电总局（以下简称总局）相关规定； 3. 延时器应有状态显示，易于操作，具备断电直通功能。			
		监听监测系统	一、二级	在三级的基础上，直播室应配置相位表；直播室、导控室监听音量应能独立控制。			
			三级	1. 直播室和导控室应配置监听音箱、电平表； 2. 直播室应配置监听耳机。			

（续表）

		辅助设备	一级	在二级基础上，直播室和导播室应配置与总控之间的内部通话系统。			
			二级	在三级基础上，直播室和导控室间应配置内部通话系统。			
			三级	应配置带有自动校准功能的标准时钟。			
		信号	一、二级	主备节目播出信号应经两路以上播出链路送至总控。			
		来自互联网的音视频	一、二级	在符合三级保障要求的基础上，宜采用技术系统或技术策略进行播出，直接接入互联网的计算机不得直接接入播出调音台。			
			三级	应对用于播出的音视频内容进行播前审核。			
业务系统	现场直播系统	供电	大型和重要现场直播	应配置专用工艺电源，转播车宜配置发电机及 UPS 电源。			
		音频系统	一般现场直播	1. 应有有线话筒作为备份； 2. 调音台供电应有双电源，或具备电池供电功能； 3. 现场直播录音时，主要录音设备宜配置备份。			
			大型和重要现场直播	1. 在一般现场直播节目的基础上，重要位置的话筒应有在线热备； 2. 所有放音设备应有在线热备，并保持主备机同步播放； 3. 现场直播录音时，应有同步录音备份； 4. 调音台应有通路冗余； 5. 应配置在线热备调音台，且同步操作； 6. 两个调音台的输出应采用在线互备方式接入传输系统。			
		传输链路	一般现场直播	1. 信号应至少有两条传输链路回传至总控或直播机房； 2. 需要台内外双向交流的直播节目，双向传输的音频信号都应进行"N-1"处理；			

（续表）

			3. 租用市话线路时，每条线路宜仅做单方向传输使用； 4. 应配置备用音频传输设备。			
		大型和重要现场直播	1. 在一般现场直播节目的基础上，应至少有两个不同传输路由或手段回传至总控或直播机房； 2. 需要台内外双向交流的直播节目，总控或直播机房返送； 3. 至现场直播的信号应至少通过两个不同路由或手段传输。			
总控系统	总控机房	一级	在二级基础上，应配置设备机房和值班机房。			
		二级	应配置总控机房，划分设备区域和值班区域。			
	播出通路	一级	在二级基础上，应： 1. 主要播出通路应具有应急节目源； 2. 应避免因单节点故障引起系统瘫痪； 3. 应具有应急手段，可将直播室系统的节目信号或应急节目源的信号直接送到传输系统中。			
		二级	在三级基础上，应： 1. 应具备主、备播出信号源和应急垫乐源，信号源之间能够进行切换； 2. 切换设备应有切换控制面板，并采用双电源配置； 3. 切换矩阵应能在断电恢复后保持原接通状态，切换开关应具备断电直通功能。			
		三级	1. 应配置应急垫乐源，每套播出节目应能在正常信号源与应急垫乐源之间切换； 2. 应配置专业级播出切换设备。			
	信号交换	一级	在二级基础上，矩阵应有在线热备；宜配置相同规模的矩阵或相同信号交换能力的其他手段作为备份，并能自动切换。			

（续表）

			二级	1. 应配置矩阵，矩阵应配置双电源； 2. 播出通路主要环节的输入输出端口都应接到跳线排中。			
			三级	宜通过矩阵或跳线排进行音频信号的交换。			
		时钟系统	一级	在二级基础上，应配置备用时钟发生器和切换设备，切换设备应具有自动或手动切换功能，并能够断电直通。			
			二级	在三级基础上，应： 1. 时钟发生器应有自动校时功能； 2. 应具备整点报时功能，报时信号嵌入应符合《广播报时信号嵌入时间码规范》（GY/T219），并能提供网络校时。			
			三级	全台时钟信号应锁定于同一个时钟源。			
		传输通路	一级	在二级基础上，有条件的可配置第二备份传输手段；末级采用应急切换设备的，应具有自动或手段切换功能，并能够断电直通。			
			二级	在三级基础上，应： 1. 配置独立的主备传输设备，主备信号传输应具有两条不同路由的传输通路，传输设备应具有双电源； 2. 采用编码复用方式传输的，应配置在线热备编码复用设备。			
			三级	1. 应配置两路传输通路； 2. 传输设备、编码复用设备在断电或者重启后，应保留原有配置信息。			
		播出监测系统	一级	在二级基础上，应： 1. 实时监测播出通路关键环节的信号电平、相位监测点出现故障时应能及时给出报警； 2. 能灵活设置不同报警信息； 3. 具备全时段录音功能。			
			二级	在三级基础上，应： 1. 监测总控系统输入、输出、直播室信号的电平、相位；			

（续表）

			二级	2. 总控应能选择监听每套节目的播出信号和关键节点的音频信号； 3. 配置彩条监视屏； 4. 配置各机房的视频监控； 5. 配置报警设备，出现电平过高、电平过低、单通道、反相等异常时，应能立刻给出报警。		
			三级	1. 应监测播出通路输出信号电平； 2. 应配置峰值电平显示设备； 3. 总控应至少配置一对专业级音箱，能够选择监听所有播出信号和当地开路接收信号； 4. 应采用录音、录像或者保存技术监测信息等方式对输出的广播节目及信号的质量和效果进行记录，正常信息应当保存一周以上，异态信息应保存一年以上。		
		内部通话	一、二级	总控机房应配置内部通话系统，实现与各机房的迅速联络。		
		转播系统	一、二级	1. 一级、二级应配置转播系统，转播系统应能够对转播信号进行监听、监看； 2. 转播信号源应至少通过两个不同路由或手段传输至总控。		
		通信设施	一、二级	1. 二级以上应配置两部具有录音功能的业务专用外线电话； 2. 应配置安全播出预警信息接收终端，并配置与广播电视监测监管部门互联的专用计算机终端和通信设备。		
			三级	1. 应至少配置一部业务专用外线电话； 2. 应配置安全播出预警信息接收终端。		
动力系统	供配电系统	外部电源	一级	应接入两路外电，其中至少一路应为专线；当一路外电发生故障时，另一路外电不应同时受到损坏。		
			二级	应接入两路外电，其中一路宜为专线；当一路外电发生故障时，另一路外电不应同时受到损坏。		
			三级	宜接入两路外电，如只有一路外电，应配置自备电源。		

（续表）

				通用要求	高、低压供配电应符合现行国家、行业标准和规范。			
		供配电系统		一级	1. 应设对应于不同外电的、互为备用的工艺专用变压器； 2. 播出负荷应引自不同工艺专用变压器的独立低压回路，单母线分段供电并具备自动或手动互投功能； 3. 主要播出负荷应采用UPS供电，UPS电池组后备时间应满足实际负荷工作30分钟以上； 4. 应配置自备电源，保证播出负荷、机房空调等相关负荷连续运行； 5. 制播网络系统和总控系统的主备播出设备、双电源播出设备应分别接入不同的UPS供电回路。			
				二级	1. 应设工艺专用变压器； 2. 播出负荷应设两个以上引自不同变压器的独立低压回路，单母线分段供电并具备自动或手动互投功能； 3. 主要播出负荷应采用UPS供电，UPS电池组后备时间应满足实际负荷工作30分钟以上； 4. 应配置自备电源或与供电部门签订应急供电协议，保证播出负荷、机房空调等相关负荷连续运行； 5. 制播网络系统和总控系统的主备播出设备、双电源播出设备应分别接入不同的供电回路。			
				三级	1. 播出负荷供电应设两个以上独立低压回路； 2. 主要播出负荷应采用不间断电源（UPS）供电，UPS电池组后备时间应满足实际负荷工作30分钟以上； 3. 制播网络系统、直播室系统和总控系统的主备播出设备、双电源播出设备应分别接入不同的供电回路。			
		智能电源设备		通用要求	应实施必要的信息安全防护，禁止通过外部网络进行远程维护。			

（续表）

机房环境		机房基础条件	通用要求	1．机房温度、湿度、防尘、静电防护等应符合《广播电视中心技术用房室内环境要求》（GY/T 5043）的有关规定； 2．机房接地、布线及外部环境应符合《电子信息系统机房设计规范》（GB 50174）的有关规定； 3．机房应采取必要的防鼠、防虫等措施； 4．机房消防设施的配置应符合《广播电视建筑设计防火规范》（GY 5067）的有关规定。			
			一级	应符合A级电子信息系统机房的有关规定。			
			二级	应符合B级电子信息系统机房的有关规定。			
			三级	应符合C级电子信息系统机房的有关规定。			
		机房安全	通用要求	机房安全防范应符合《电子信息系统机房设计规范》（GB50174）、《广播电影电视系统重点单位重要部位的风险等级和安全防护级别》（GA586）的有关规定。			
			一、二级	二级以上应对设备机房、UPS主机及电池室、缆线集中点、室外设备等播出相关的重点部位设置视频安防监控系统。			
技术系统监测监控系统	设备、电力和环境监测系统	设备监控	通用要求	1．宜建立网管系统，对设备、应用软件、网络等的运行状态进行监测，并具备异态告警功能； 2．监测异态信息应保存一年以上。			
		电力和环境监测	一级	在二级基础上，应配置具备异态声光报警功能的电力和环境集中监控系统。			
			二级	在三级基础上，应对主要运行参数和关键设备运行情况进行集中监测。			
			三级	应对配电系统中的主要运行参数和关键设备运行情况有监测手段，对机房温度、湿度等环境状态进行监测。			

（续表）

维护器材	维护器材	备品备件	通用要求	单一节点设备应有备件。			
			一、二级	应配置各重要设备的备品备件。			
		工具、材料	通用要求	应配置维护检修、故障处理所需的工具、材料。			
			一、二级	应按照实际情况配置码流分析仪、音频测试仪、频谱仪、示波器等必要的仪器仪表。			
灾备与应急系统	灾备与应急播出系统		一级	应配置灾备系统，可设置异地备份播出系统，或配置卫星转播车等移动播出系统。			
			二级	应配置应急播出系统，当发生重大灾害或突发事件，正常播出系统短时间内无法恢复时，能够应急播出重要节目。			
			三级	1. 应具有一定的防御自然灾害能力； 2. 应根据当地地质、气候特点采取相应的防护措施。			

03卫星广播电视地球站专业技术系统配置符合性自评表

系统类别	系统名称	子系统名称	安全保障级别	配置要求	是否符合	问题描述	整改建议
业务系统	信号源系统	信号源	通用要求	1. 应有至少两路不同路由或不同传输方式的信号源，且能够实现不同信号源的自动、手动切换和应急跳接； 2. 对所承担的卫视节目上行任务，应配置本站应急信号源，且宜为带台标的信号。			
		信号源监测	通用要求	地球站配置远端复用加扰设备，应对清流信号和主备加扰信号进行监控和录像，能够实时监测复用加扰设备运行状态。			
			一级	应具备在紧急情况下切换至输出清流的能力。			
	上行系统	上行链路	通用要求	1. 编码器、复用器、调制器、上变频器、高功放等设备均应配置在线热备份； 2. 上行链路中，中频之前（含）切换环节的输入输出信号应接入跳线板或配备应急跳线装置； 3. 上行链路应至少具备2个切换环节，且上行链路中各设备故障时，均能通过所设置的切换环节进行自动、手动切换保证正常播出。			
			一级	应配置主备大功率高功放和相应的自动切换开关，高功放最大输出功率应达到设备额定输出功率且主备高功放可保持最大安全功率连续运行。			
		上行功率控制系统	通用要求	应配置上行功率控制系统，实现实时判断异常情况，自动、手动提升上行功率，并具备异地接收、上行自环检测等防止功率误提升的技术措施。			

（续表）

		天馈线系统	主备用系统	1. 应配置主用和备用上行天馈线系统； 2. 主备天线均应配置天线自动跟踪控制系统； 3. 主、备天线应可进行切换。			
			通用要求	1. 天馈线系统应能够在高功放最大安全运行功率状态下持续运行； 2. 应配置波导充气机，并保持开启有效状态； 3. 在可能出现冰雪天气的地区，应具备切实可行的除冰雪手段。			
			天线场区	应设置防雷设施，符合《建筑物电子信息系统防雷技术规范》（GB50343）。			
		上行系统	一级C波段	1. 单业务上行系统最大EIRP值应不小于83dBW； 2. 多业务上行系统应满足各业务通道同时达到最大EIRP值不小于83dBW。			
			一级Ku波段	1. 单业务上行系统最大EIRP值应不小于88dBW； 2. 多业务上行系统应满足各业务通道同时达到最大EIRP值不小于88dBW。			
			二级Ku波段	1. 单业务上行系统最大EIRP值应不小于83dBW； 2. 多业务上行系统应满足各业务通道同时达到最大EIRP值不小于83dBW。			
			一级	应配置能独立承担上行播出任务的备份上行系统。			
			二级	应配置公共备份上行系统，对所承担的备份任务具备同时上行的能力，且备份上行系统的安全运行EIRP值应不低于主用上行系统正常播出时的上行EIRP值。			

（续表）

动力系统	供配电系统	外部电源	通用要求	应接入两路外电，其中至少一路应为专线； 当一路外电发生故障时，另一路外电不应同时受到损坏。			
		供配电系统	通用要求	1. 高、低压供电应符合现行国家、行业标准和规范； 2. 应设对应于不同外电的变压器，其中至少一台为工艺专用变压器； 3. 播出负荷应设两个以上引自不同变压器的独立低压回路，单母线分段供电并具备自动或手动互投功能； 4. 主要播出负荷应采用不间断电源（UPS）供电，电池组后备时间应满足实际负荷工作30分钟以上； 5. 应配置自备发电设备，保证播出负荷、机房空调等相关负荷连续运行； 6. 一级主备播出设备、双电源播出设备应分别接入不同的UPS供电回路。			
		智能电源设备	通用要求	应实施必要的信息安全防护，禁止通过外部网络进行远程维护。			
监测监控系统	播出设备及环境监测	信号监测	重要节点信号	1. 应对重要节点信号进行视音频实时监听监看。重要节点信号包括：所有播出节目源信号、上行链路主要播出环节信号、本站节目上行播出天线接收的信号及3米以下（含）小口径天线接收的信号、同转发器电视节目的接收信号； 2. 采用录音、录像或者记录码流等方式对信号源、上行自环信号及上行播出天线接收的本站节目信号质量进行记录。			
			接收信号	应配置对本转发器接收信号频谱的实时监看、记录设备。			
		设备监测	播出系统	1. 应配置地球站网管系统，全面监控播出系统设备，实现设备或运行状态异常声/光告警、异态数据存储等			

				运行监控功能； 2. 并与全国地球站运行监测平台对接，提供相关运行数据。			
			通用要求	各类监测异态记录信息应保存一年以上。			
		电力和环境监测	通用要求	1. 应符合《电子信息系统机房设计规范》（GB 50174）的有关规定； 2. 应配置具备异态声光报警功能的电力和环境监测系统，对供配电系统中的主要运行参数和关键设备运行情况进行实时监测，并对机房温度、湿度等环境状态进行监测。			
工作环境及其控制系统	台站环境	机房基础条件	通用要求	1. 机房温度、湿度、防尘、静电防护、接地、布线及外部环境等应符合《电子信息系统机房设计规范》（GB 50174）中关于 A 级电子信息系统机房的有关规定； 2. 机房应采取必要的防鼠、防虫等措施； 3. 机房消防设施配置应符合《广播电视建筑设计防火规范》（GY 5067）的有关规定。			
		安全防范	通用要求	1. 机房安全防范应符合《电子信息系统机房设计规范》（GB 50174）、《广播电影电视系统重点单位重要部位的风险等级和安全防护级别》（GA 586）中的有关规定； 2. 应对设备机房、供配电机房、天线场区等播出相关的重点部位设置视频安防监控系统。			
		通信设施	通用要求	1. 应配置两部以上具有录音功能的业务专用外线电话； 2. 应配置安全播出预警信息接收终端，并配置与广播电视监测监管部门互联的专用计算机终端和通信设备。			

（续表）

维护器材	维护器材	备品备件	通用要求	应按照有关规定配足备品备件，满足应急处置工作要求。			
		工具、材料	通用要求	应配备运行维护、故障处理所需的工具、材料及频谱仪、微波功率计、微波信号发生器、测试转发器等必要的测试仪器仪表。			
灾备与应急系统	灾备与应急播出系统		通用要求	中央及省级卫视节目上行系统宜配置异地应急灾备系统，建立应急灾备协调机制。			

04 光缆传输干线网专业技术系统配置符合性自评表

系统类别	系统名称	专业系统	子系统名称	安全保障级别	配置要求	是否符合	问题描述	整改建议
业务系统	基础网络系统	光缆线路	光缆线路	通用要求	光缆线路的工艺标准和电气指标应符合《广播影视光缆干线网工程施工验收暂行技术规范》的要求，重要光缆线路宜实时监测光纤指标。			
				一级基础网络	每条干线光缆（含引接线路）应有2芯以上备纤。			
			中心站引接光缆	城区光缆	宜采取管道或直埋敷设方式，其中至少有1条路由为全程管道方式。			
				一级基础网络	网络的引接光缆线路应有3条以上不同路由，每条路由的光缆中应有2芯以上备纤。			
				二级基础网络	网络的引接光缆线路应有2条以上不同路由，每条路由的光缆中应有2芯以上备纤。			
			节点站引接光缆	通用要求	节点站引接光缆线路应有2条以上不同路由，每条路由的光缆中应有2芯以上备纤。			
				城区光缆	在城区部分应至少有1条路由为管道方式。			
			中继站引接光缆	通用要求	仅有1条路由时，其敷设应为管道或直埋方式。			
		基础传输系统	同步数字系列（SDH）／多业务传送平台（MSTP）传输系统	通用要求	应符合SDH/MSTP长途光缆传输工程设计有关规范的要求。			

（续表）

				一级 基础网络	在符合二级基础网络保障要求的基础上，设备的时钟板等板件应采用1＋1备份方式，接口板件应采用N+1备份方式。			
				二级 基础网络	1. 宜采用环网结构； 2. 系统应有统一的外接时钟源，设备的交叉板件、电源板等核心板件应采取1＋1备份方式。			
			波分复用 （WDM） 系统、光 传送网络 （OTN） 传输系统	通用 要求	1. 应符合长途光缆波分复用（WDM）传输系统、光传送网络（OTN）工程设计有关规范的要求； 2. 每条传输系统链路至少有1个备波，光传送网络（OTN）宜采用环网结构； 3. 设备的交叉板、电源板等核心板件应采用1＋1备份方式。			
			传输 网管 系统	通用 要求	1.SDH/mstp 网管系统应符合SDH/MSTP光缆通信工程网管系统设计有关规范的要求； 2. 波分复用（WDM）传输系统、光传送网络（OTN）网管系统应符合波分复用（WDM）传输系统、光传送网络（OTN）光缆通信工程网管系统设计有关规范的要求； 3. 网管系统监测异态信息应保存一年以上。			
				一级 基础网络	网络的传输网管系统在符合二级基础网络保障要求的基础上，宜配置异地备份。			
				二级 基础网络	网络的传输网管系统应采用1＋1备份方式。			

广播电视业务系统	节目信号接入系统	接入光缆线路	一级业务系统	系统的接入光缆应有2条以上不同路由，其中至少1条路由为管道方式；每条路由的光缆纤芯数量应有冗余。			
			二级业务系统	系统的接入光缆仅有1条路由时，其敷设应为直埋或管道方式，且光缆中纤芯数量应有冗余。			
			新建或改造	光缆线路的各项工艺标准和电气指标应符合《广播影视光缆干线网工程施工验收暂行技术规范》。			
		接入系统	通用要求	应具备环路保护功能或按1+1备份方式配置。			
			一级业务系统	系统的接入系统宜配置网管系统。			
	节目信号处理系统	编解码复用系统	一级业务系统	1. 系统的编码复用系统应配置网管系统； 2. 编码器应采用1+1备份方式配置，复用器及适配器应采用1+1备份方式配置； 3. 编码复用系统应具备主备系统自动、手动切换功能。			
			二级业务系统	1. 系统的编码器应有备份； 2. 复用器及适配器可采用单机模式，但应配置应急备机。			
		节目监测系统	一级业务系统	1. 应对一级业务系统的输入、输出主备路节目信号进行监听监看，对节目信号码流进行监测，并具备信号异态声光报警功能； 2. 异态信息记录要求同二级业务系统。			

（续表）

动力系统	基础网络系统供配电系统	外部电源	中心站	二级业务系统	1. 应对二级业务系统的输入、输出主路节目信号进行监听监看，备路信号可采用轮巡方式监听监看； 2. 应配置异态声光报警设备； 3. 应采用录音、录像或者保存技术监测信息等方式对输入、输出电视节目信号的质量进行记录，异态信息应保存一年以上。			
				一级基础网络	应接入两路外电，其中至少一路应为专线；当一路外电发生故障时，另一路外电不应同时受到损坏。			
				二级基础网络	应接入两路外电，当一路外电发生故障时，另一路外电不应同时受到损坏。			
			节点站	一级基础网络	应接入两路外电，当一路外电发生故障时，另一路外电不应同时受到损坏。			
				二级基础网络	宜接入两路外电，如只有一路外电，应配置自备电源。			
			中继站	通用要求	应保证一路以上稳定可靠的外电。			
		供配电系统	中心站	一级基础网络	1. 应设工艺专用变压器； 2. 播出负荷供电应设两个以上引自不同变压器的独立低压回路，单母线分段供电并具备自动或手动互投功能； 3. 应配置直流基础电源，电池组后备时间应满足实际负荷工作 4 小时以上； 4. 交流用电播出负荷应采用 UPS 供电，UPS 电池组后备			

					时间应满足实际负荷工作 2 小时以上； 5. 应配置自备电源或与供电部门签订应急供电协议，保证播出负荷、机房空调等相关负荷连续运行； 6. 主备播出设备、双电源播出设备应分别接入不同的供电回路。		
				二级 基础网络	1. 播出负荷供电应设两个以上引自不同变压器的独立低压回路，单母线分段供电并具备自动或手动互投功能； 2. 应配置直流基础电源，电池组后备时间应满足实际负荷工作 4 小时以上； 3. 交流用电播出负荷应采用不间断电源（UPS）供电，UPS 电池组后备时间应满足实际负荷工作 1 小时以上；宜配置自备电源； 4. 主备播出设备、双电源播出设备应分别接入不同的供电回路。		
			节点站	一级 基础网络	1. 播出负荷供电应设两个以上引自不同变压器的独立低压回路，单母线分段供电并具备自动或手动互投功能； 2. 应配置直流基础电源，电池组后备时间应满足实际负荷工作 4 小时以上； 3. 交流用电播出负荷应采用 UPS 供电，UPS 电池组后备时间应满足实际负荷工作 1 小时以上，宜配置自备电源； 4. 主备播出设备、双电源播出设备应分别接入不同的供电回路。		

（续表）

			二级基础网络	1. 播出负荷供电应设两个以上独立低压回路供电； 2. 应配置直流基础电源，电池组后备时间应满足实际负荷工作4小时以上； 3. 交流用电播出负荷应采用UPS供电，UPS电池组后备时间应满足实际负荷工作30分钟以上，宜配置自备电源； 4. 主备播出设备、双电源播出设备应分别接入不同的供电回路。			
		中继站	通用要求	1. 宜配置自备电源或与有关单位签订供电保障协议； 2. 应配置直流基础电源，电池组后备时间应满足实际负荷工作4小时以上； 3. 无自备电源或未与有关单位签订供电保障协议的，直流基础电源的电池组后备时间应满足实际负荷工作8小时以上。			
	智能电源设备		通用要求	应实施必要的信息安全防护，禁止通过外部网络进行远程维护。			
广播电视业务系统供配电系统	业务系统机房的外部电源	中心站	一级基础网络	1. 网络的业务系统机房应接入二个不同供电回路，其中至少一个供电回路应为专线； 2. 当一个供电回路发生故障时，另一个供电回路不应同时受到损坏。			
			二级基础网络	1. 网络的业务系统机房应接入二个不同供电回路； 2. 当一个供电回路发生故障时，另一个供电回路不应同时受到损坏。			

（续表）

		节点站	一级基础网络	网络的业务系统机房应接入二个不同供电回路，当一个供电回路发生故障时，另一个供电回路不应同时受到损坏。				
			二级基础网络	网络的业务系统机房宜接入二个不同供电回路，如只有一个供电回路，应配置自备电源。				
		供配电系统	通用要求	1. 业务系统机房播出负荷供电应设两个以上引自不同变压器的独立低压回路； 2. 应配置直流基础电源，电池组后备时间应满足实际负荷工作 4 小时以上； 3. 交流用电播出负荷应采用 UPS 供电，UPS 电池组后备时间应满足实际负荷工作 1 小时以上； 4. 主备播出设备、双电源播出设备应分别接入不同的供电回路。				
工作环境及其控制系统	基础网络／业务系统配线	配线系统	通用要求	1. 应配置满足传输系统容量要求的 ODF 架和 DDF 架； 2. 光缆线路、传输设备系统和站内互联光纤应成端在不同的 ODF 子框内，不同路由的光缆线路宜成端在不同的 ODF 子框内； 3. 不同速率的数据电缆接口应成端在 DDF 架内的不同端子板上，DDF 架端口容量应有冗余。				
	工作环境及其控制系统	机房基础条件	机房基础条件	通用要求	1. 机房温度、湿度、防尘、静电防护、接地、布线及外部环境应符合《电子信息系统机房设计规范》（GB 50174）的有关规定；			

				2. 机房设备安装、接地、线缆布放和跳线还应符合《有线广播电视光缆干线网传输设备安装验收规范》（GY 5076）的有关规定； 3. 机房应采取必要的防鼠、防虫等措施。机房消防设施的配置应符合《广播电视建筑设计防火规范》（GY 5067）的有关规定。			
			中心站	应达到 A 级电子信息系统机房的有关要求。			
			节点站	应达到 B 级电子信息系统机房的有关要求。			
			中继站	应达到 C 级电子信息系统机房的有关要求。			
		机房安全	通用要求	机房安全防范应符合《电子信息系统机房设计规范》（GB 50174）、《广播电影电视系统重点单位重要部位的风险等级和安全防护级别》（GA 586）的有关规定。			
			中心站	在节点站基础上还应设置机房门禁系统。			
			节点站	对网络监控机房、设备机房、UPS 机房及电池室等播出相关的重点部位应设置视频安防监控系统。			
		通信设施	中心站	1. 应配置两部具有录音功能的业务专用外线电话； 2. 应配置安全播出预警信息接收终端，并配置与广播电视监测监管部门互联的专用计算机终端和通信设备。			
			中继站、节点站	应配置一部业务专用外线电话。			

监测与监控系统	监测与监控系统	电力和环境监测	通用要求	1. 应符合《电子信息系统机房设计规范》（GB 50174）的有关规定； 2. 应设立对全网各站点的供配电系统运行状态、机房环境的集中监测系。			
			中心站	应设立具备异态声光报警功能的集中电力监控系统。			
维护器材	维护器材	基础网络系统备品备件	备品备件库	通用要求	应建立备品备件库。		
				一级基础网络	重要板件、系统关键设备的备份单元应按全网总量8%以上备齐。		
				二级基础网络	重要板件、系统关键设备的备份单元应按全网总量5%以上备齐。		
			重要备件	一级基础网络	中心站所需重要备件应在2小时内送达； 节点站所需重要备件应在4小时内送达； 中继站所需重要备件应在10小时内送达。		
				二级基础网络	中心站所需重要备件应在4小时内送达； 节点站所需重要备件应在6小时内送达； 中继站所需重要备件应在10小时内送达。		
		广播电视业务系统备品备件	通用要求		广播电视业务系统关键设备、重要板件应有备品备件。		
		基础网络系统工具、材料	材料库	通用要求	1. 应建立线路备用材料库，凡线路中采用的各种型号、芯数的光缆均应配置相应的备缆、接头盒及辅助材料； 2. 备缆总长度应在光缆线路总长度的1%以上，接头盒及辅助材料应满足抢修工作需要。		

（续表）

		工具、材料及仪表	通用要求	光缆干线网运行维护单位应配置维护检修、故障处理所需的工具、材料，仪器仪表的配置应符合《广播电视光缆传输干线网运行维护规程》（GY/T 239，以下简称《运维规程》）的有关规定。			
		广播电视业务系统工具、材料	通用要求	1. 应配置运行维护、故障处理所需的必要工具、各种缆线； 2. 应配置码流分析仪、视音频分析仪等仪器仪表。			
灾备与应急系统		灾备与应急播出系统	通用要求	1. 各站机房应具有一定的防御自然灾害能力，应根据当地地质、气候特点采取相应的防护措施； 2. 基础网络系统宜建立应急、灾备传输机制，当发生特别重大灾害或突发事件，应能够应急传输重要节目。			

05 有线广播电视网专业技术系统符合性自评表

系统类别	专业系统	系统名称	子系统名称	安全保障级别	配置要求	是否适合	问题描述	整改建议
业务系统	信号源系统	前端	信号源	一级	1. 前端的重要节目、主要节目应接入两路不同传输路由的信号源； 2. 且能够实现不同信号源的自动、手动切换和应急跳接。			
				二、三级	前端的重要节目应接入两路不同传输路由的信号源。			
			外部网络的节目源		来自外部网络的节目源应不直接接入播出系统，先经过隔离和审核后方能接入。			
			卫星接收安全监控系统	一级	1. 应对本地接收的卫星信号源节目进行监听监看； 2. 应配置卫星接收安全监控系统，系统应具备卫星信号异态声光报警和迅速进行节目源信号切换或关断的功能。			
				二级	1. 应对本地接收的卫星信号源节目进行监听监看，应配置卫星接收安全监控系统或满足安全监控要求的卫星接收机； 2. 系统或接收机应具备卫星信号异态声光报警和迅速进行节目源信号切换或关断的功能。			
				三级	应对本地接收的卫星信号源节目进行监听监看，应配置满足安全监控要求的卫星接收机。			
		有线分配网分前端	信号接收、处理设备	通用要求	复用器、调制器等信号处理设备，以及用于接收本地信号源的光接收机等设备应按 N+1 方式配置备份。			

（续表）

		信号监测	通用要求	1．应对所插入的信号源进行实时监看； 2．应至少对所接收的广播电视节目以轮询方式进行监听监看。			
互动电视前端播出系统		时移和回看系统	通用要求	1．时移和回看系统的节目收录、存储、分发等设备应采用N+1备份方式，N不大于10； 2．系统应具备负载均衡功能。			
		互动电视系统	通用要求	1．互动电视系统核心网络设备应按1+1方式热备份； 2．相关连接线路应配备两路不同传输路由。			
		点播系统	通用要求	1．系统的存储、分发服务器等设备应采用N+1备份方式，N不大于10； 2．点播分发链路宜采用两路不同传输路由或不同传输方式； 3．点播节目的迁移分发应采用安全的传输方式。			
		数据库	通用要求	互动电视系统、运营支撑系统的核心数据库应有备份系统或手段，当发生系统故障或数据丢失时，不影响用户正常收看。			
有线分配网光、电缆传输系统	信号分发系统（前端至下级前端、分前端）	传输网	通用要求	应采用环状结构、双路由或配置其他有效的备用手段。			
		模拟传输方式	通用要求	采用模拟光传输系统进行信号分发的，射频放大器、光发射机、光放大器、光接收机等设备应按1+1方式配置。			
		数字传输方式	通用要求	1．采用同步数字系列（SDH）光网络系统进行信号分发的，系统配置应按照《广播电视安全播出管理规定光缆干线网专业实施细则》中有关二级基础网络配置的要求执行； 2．采用数字微波传输方式进行信			

（续表）

				号分发的，系统配置应按照《广播电视安全播出管理规定微波传输专业实施细则》中有关支线微波配置要求执行。			
	信号分配设备（前端、分前端至光节点）	一级前端	通用要求	1. 射频放大器应有双备份； 2. 光发射机应按N＋1备份方式配置，N不大于10。			
		分前端、三级和二级前端	通用要求	1. 射频放大器应有备份； 2. 光发射机应按N＋1备份方式配置，N不大于10。			
	数字前端播出系统	编码系统	通用要求	应按N＋1备份方式配置，N不大于10。			
		复用、加扰系统	一级	1. 前端重要节目和主要节目的复用、加扰系统应按1＋1备份方式配置； 2. 一般节目的复用、加扰系统应按N+1备份方式配置，N不大于10。			
			二、三级	前端的复用、加扰系统应按N+1备份方式配置，N不大于10。			
		调制器	通用要求	应按N＋1备份方式配置，N不大于10。			
		传输适配器	通用要求	应按N＋1备份方式配置，N不大于10。			
		服务信息（SI）生成子系统	一、二级	前端的SI生成子系统应配置主备系统。			
			三级	前端的服务信息（SI）生成子系统应配置备播系统，备播可采用码流播放方式。			
		前端CA系统	一、二级	前端CA系统应按1+1备份方式配置。			
			通用要求	应有应急系统或措施，在CA系统发生重大故障无法短时间恢复时，能保证用户正常接收。			

（续表）

		数据播发系统	通用要求	EPG 广告、邮件等数据播发系统应有应急系统或措施，在发生数据播发错误或系统瘫痪等紧急情况下，能够迅速恢复用户正常信息接收并更新用户机顶盒中存储的各类数据。			
		数据库	一、二级	前端播出系统、运营支撑系统的核心数据库应能实时进行数据的主备自动同步备份。			
			三级	前端应采用磁带、硬盘方式定期备份，备份周期不超过 7 天。			
		交换机	通用要求	承担数字电视信号及网管数据转发、汇聚、组播等工作的交换机应按 1+1 方式热备份。			
		时钟系统	一级	在二级的基础上，应配置主备时钟源。			
			二级	1. 应配置可靠的时钟源，前端的时钟信号锁定于同一个时钟源； 2. 时钟发生器应有自动校时功能，二级的时钟源可来自于一级。			
模拟前端播出系统		分配器	通用要求	应配置视频、音频跳线排。			
			一级	前端的视频、音频分配器应配备双电源，按 1+1 备份。			
			二级	前端的视频、音频分配器应配备双电源，按 N+1 备份，N 不大于 10。			
			三级	前端的视频、音频分配器应按 N+1 备份方式配置，N 不大于 10。			
		模拟调制器	通用要求	应按 N+1 备份方式配置，N 不大于 10。			
		外部电源	一级	应接入两路外电，其中至少一路应为专线；当一路外电发生故障时，另一路外电不应同时受到损坏。			

（续表）

动力系统	前端供配电系统	前端供配电系统	供配电系统	二级	应接入两路外电，其中一路宜为专线；当一路外电发生故障时，另一路外电不应同时受到损坏。			
				三级	宜接入两路外电，如只有一路外电，应配置自备电源。			
				通用要求	高、低压供配电应符合现行国家、行业标准和规范。			
				一级	1. 应设对应于不同外电的变压器； 2. 播出负荷供电应设两个以上引自不同变压器的独立低压回路，单母线分段供电并具备自动或手动互投功能； 3. 主要播出负荷应采用UPS供电，UPS电池组后备时间应满足实际负荷工作30分钟以上； 4. 应配置自备电源，自备电源应在外电中断后10分钟内启用，并能够保证播出负荷、机房空调等相关负荷持续运行，储油量应保证至少4个小时用量需求； 5. 主备播出设备、双电源播出设备应分别接入不同的UPS供电回路。			
				二级	1. 播出负荷供电应设两个以上引自不同变压器的独立低压回路，单母线分段供电并具备自动或手动互投功能； 2. 重要节目和主要节目播出负荷应采用UPS供电，UPS电池组后备时间应满足实际负荷工作30分钟以上； 3. 应配置自备电源或与供电部门签订应急供电协议，自备电源应在外电中断后20分钟内启用，保证播出负荷、机房空调等相关负荷持续运行； 4. 主备播出设备、双电源播出设备应分别接入不同的供电回路。			

（续表）

				三级	1. 播出负荷供电应设与其他负荷供电分离的独立低压回路； 2. 重要节目和主要节目播出负荷应采用 UPS 供电，UPS 电池组后备时间应满足实际负荷工作 30 分钟以上； 3. 自备电源应在外电中断后 20 分钟内启用。			
			智能电源设备	通用要求	应实施必要的信息安全防护，禁止通过外部网络进行远程维护。			
			外部电源	一级	分前端应接入两路外电。			
				二级	分前端机房宜接入两路外电，如只有一路外电，应配置自备电源。			
		有线分配网分前端供配电系统	供配电系统	通用要求	低压供配电应符合现行国家、行业标准和规范。			
				一级	1. 分前端应设两个引自不同变压器的独立低压回路，单母线分段供电并具备自动或手动互投功能； 2. 播出负荷应采用 UPS 供电，UPS 电池组后备时间应满足实际负荷工作 2 小时以上； 3. 应配置自备电源或与供电部门签订应急供电协议，保证播出负荷、机房空调等相关负荷连续运行； 4. 主备播出设备、双电源播出设备应分别接入不同的供电回路。			
				二级	1. 分前端机房播出负荷应采用独立的低压回路供电； 2. 播出负荷应采用 UPS 供电，UPS 电池组后备时间应满足实际负荷工作 2 小时以上。			
		MMDS系统	外部电源	通用要求	MMDS 发射机房宜接入两路外电，如只有一路外电，应配置自备电源。			
			供配电系统	通用要求	1. 低压供配电应符合现行国家、行业标准和规范；			

（续表）

					2.MMDS 发射机房播出负荷应采用独立的低压回路供电；播出负荷应采用 UPS 供电，UPS 电池组后备时间应满足实际负荷工作 1 小时以上。		
监测监控系统	监控系统	前端自台监测系统（7分）	播出信号监测系统	一级	在符合二级保障要求的基础上，应：1. 能采录音、录像或记录码流等方式对前端输出点的全部节目的异态进行记录；2. 异态信息保存一年以上；3. 配置码流监测设备，监测全部信号源和输出点；4. 对重要节目输出点实时监测，对其他取样点应能以轮询或实时方式进行监测。		
				二级	在符合三级保障要求的基础上，应：1. 能采录音、录像或记录码流等方式对前端输出点的重要节目和主要节目的异态进行记录，异态信息应保存一年以上；2. 数字前端配置码流监测设备，能对重要节目信号源和输出点以轮询方式进行监测。		
				三级	1. 应能对所播出的节目、图片、文字等信息内容，EPG广告、字幕通知、邮件等数据内容以及接收终端呈现内容进行监听监看，应能采录音、录像或记录码流等方式对前端输出点重要节目信号的异态进行记录，异态信息应保存一年以上；2. 数字前端应配置码流分析设备对重要节目信号源和输出点进行分析。		
			设备运行监控	一级	在符合二级保障要求的基础上应：1. 应能够对信号源系统、传输系统等进行监控；		

（续表）

					2. 应设置网管系统，网管系统应符合《城市有线广播电视网络设计规范》（GY 5075）、《有线广播电视网络管理中心设计规范》（GY 5082）的相关规定。			
				二、三级	应能够对复用加扰系统、CA 系统进行监控。			
				互动电视系统	应配置监控网管系统，能对时移、回看、点播、核心网络、数据库、分发系统进行监控，对设备硬件状态、播控软件、网络状态、存储状态等进行监测，具备异态声光报警功能。			
				通用要求	监测异态信息应保存一年以上。			
			电力和环境监测	通用要求	应符合《电子信息系统机房设计规范》（GB 50174）的有关规范。			
				一级	在符合二级保障要求的基础上，应配置具备异态声光报警功能的电力和环境集中监控系统。			
				二级	在符合三级保障要求的基础上，对配电系统中的主要运行参数和关键设备运行情况进行集中监测。			
				三级	1. 对配电系统中的主要运行参数和关键设备运行情况有监测手段；2. 对机房温度、湿度等环境状态进行监测。			
		有线分配网光、电缆传输系统监测		通用要求	应对分前端机房传输系统进行监控，具备双向功能的网络应配置传输网管系统，实现对光节点、放大器、交换机、光线路终端和接入终端等双向设备的监控。			
		MMDS系统		通用要求	MMDS 发射端、集体接收端应对所播出的重要节目进行监听监看。			

（续表）

工作环境及其控制系统	机房/线缆环境	前端机房环境	机房基础条件	通用要求	1. 机房温度、湿度、防尘、静电防护、接地、布线及外部环境应符合《电子信息系统机房设计规范》（GB 50174）的有关规定。机房应采取必要的防鼠、防虫等措施； 2. 机房消防设施的配置应符合《广播电视建筑设计防火规范》（GY 5067）的有关规定。			
				一级	应符合 A 级电子信息系统机房的有关规定。			
				二级	应符合 B 级电子信息系统机房的有关规定。			
				三级	应符合 C 级电子信息系统机房的有关规定。			
			机房安全	通用要求	1. 机房安全防范应符合《电子信息系统机房设计规范》（GB 50174）、《广播电影电视系统重点单位重要部位的风险等级和安全防护级别》（GA 586）的有关规定； 2. 无人值守机房应装防盗门，采用封闭式空间设计，满足无人值守条件下良好的防火、防盗、防尘、防漏、防虫、保温等防护条件，应配置具有远程遥控功能的空调等设备。			
				一、二级	应对设备机房、UPS 主机及电池室、缆线集中点、室外设备等播出相关的重点部位设置视频安防监控系统。			
			通信设施	一、二级	1. 前端机房应配置两部具有录音功能的业务专用外线电话； 2. 应配置安全播出预警信息接收终端，并配置与广播电视监测监管部门互联的专用计算机终端和通信设备。			
				三级	1. 前端机房应至少配置一部业务专用外线电话； 2. 应配置安全播出预警信息接收终端。			

（续表）

有线分配网光缆安全	有线分配网	分前端机房环境	通用要求	1. 机房环境应满足设备运行要求，并配置必要的防雷、防水、防潮、防鼠、防虫、防尘、防盗、防静电和防电磁干扰等设施。应对机房动力环境、安防等实现远程监控； 2. 消防设施的配置应符合《广播电视建筑设计防火规范》（GY 5067）的相关规定。			
		光缆敷设	光缆干线	通用要求	干线的施工和验收应严格按照《有线电视网络工程施工及验收规范》（GY 5073）中的有关规定执行。		
			光缆线路	通用要求	线路应采用管道、直埋等隐蔽方式，尽可能避免明线敷设。		
			光缆的接续	通用要求	应严格按照施工任务和操作规程进行，熔接盒（箱）应保证密封良好，安装牢固。		
			光节点	通用要求	宜安装在牢固可靠、密封性能好的保护箱内并加锁保护。		
有线分配网光缆安全	有线分配网光缆安全	缆线的设计、敷设、改造	通用要求	缆线的设计、敷设、改造应当符合《有线电视网络工程施工及验收规范》（GY 5073）、《有线电视分配网络工程安全技术规范》（GY 5078）等标准、规范的有关要求。			
		电缆网络的室外部分	通用要求	1. 其传输线路应采用地下管道、铠装直埋和保护管敷设等安装方式； 2. 其网络设备应采取设备箱安装方式。			
		电缆网络的室内部分	通用要求	1. 新建的建筑应采用预设暗管设施敷设的安装方式； 2. 已建的建筑应采取保护管敷设和明装设备箱的方式。			
		防雷	通用要求	应在适当的地方设置雷击保护装置或采取地下管道、铠装直埋、金属管屏蔽等措施，必须与网络用户建筑物采取等电位连接和保护接地的防雷措施。			

（续表）

			供电	通用要求	1. 分配节点及放大器宜采用集中供电的方式，且电源电压应不大于交（直）流65V； 2. 对于重要的光节点或用户数较多的光节点，宜采用交流双路供电或不间断电源（UPS）供电，并具有稳压功能和短路保护措施。			
			电缆管道	通用要求	电缆管道与其他建筑物和管道的最小间距，应符合《有线电视分配网络工程安全技术规范》（GY 5078）的有关规定。			
			暗管设施	通用要求	1. 暗管设施中所有的放大器箱、分配器箱和过路箱均设置在建筑物内的功能通道，并加装箱门和门锁； 2. 分配网络的明装设备箱应具有良好的防雨和防腐功能，箱门和箱锁应牢固可靠。			
		MMDS系统	机房环境	通用要求	1. 机房环境应满足设备运行要求，并配置必要的防雷、防水、防潮、防鼠、防虫、防尘、防盗、防静电和防电磁干扰等设施； 2. 消防设施的配置应符合《广播电视建筑设计防火规范》（GY 5067）的相关规定。			
			工作环境	通用要求	天线、馈线的安装应符合《多路微波分配系统技术要求》（GY/T 132）的相关要求，且安装结构应能承受当地最大风力。			
维护器材	维护器材	备品备件	前端	通用要求	应根据播出系统和设备配置情况，按一定比例配置备品备件。			
			有线分配网	通用要求	应根据有线分配网的规模、设备配置情况，按一定比例配备备品备件。			
			MMDS系统	通用要求	1. 应配置重要设备的备品备件； 2. 发射机、合成器等关键设备应有备份。			

（续表）

				通用要求	应配置维护检修、故障处理所需的工具、材料。			
工具、材料			前端	一、二级	1. 有线前端的仪器仪表配置应符合《有线电视广播系统运行维护规程》（GY/T 166）的有关规定； 2. 数字前端应增配码流分析仪、QAM 信号分析仪、传输误码仪等必要的仪器仪表。			
			有线分配网	通用要求	1. 应配置故障处理、维护检修、抢修所需的必要工具、各种缆线材料、交通工具、安全保护设施等。应配备易于移动的发电机，保障网络应急供电； 2. 应按照《有线电视广播系统运行维护规程》（GY/T 166）的有关要求，根据当地用户规模与用户分布密度等条件配置一定数量的仪器仪表。			
			MMDS系统	通用要求	应配置故障处理、维护检修、抢修所需的必要仪器仪表、工具、各种缆线材料、交通工具、安全保护设施等。			
灾备与应急系统		前端灾备与应急播出系统		一级	在符合二级保障要求的基础上： 1. 应配置灾备系统，当发生特别重大灾害或突发事件，播出系统短时间内无法恢复时，能应急播出重要节目； 2. 宜建立异地备份前端系统，或与相邻城市前端系统互为灾备。			
				二级	在符合三级保障要求的基础上，应配置应急播出系统，当发生重大灾害或突发事件，播出系统短时间内无法恢复时，应能够应急播出重要节目。			
				三级	应具有一定的防御自然灾害能力，应根据当地地质、气候特点采取相应的防护措施。			

06 无线发射台专业技术系统配置符合性自评表

系统类别	系统名称	子系统名称	安全保障级别	配置要求	是否适合	问题描述	整改建议
业务系统	信号源系统	信号源	通用要求	1. 所播节目均应具备至少两路不同传输路由的信号源； 2. 信号来源应安全可靠，且应符合《广播电视相关信息系统安全等级保护基本要求》（GD/J 038）的相关规定。			
		信号源处理设备	一级	在符合二级保障要求的基础上，所有信号处理设备应具有本机数据管理接口。			
			二级	二级在符合三级保障要求的基础上，应： 1. 信号切换、分配等关键设备有备份； 2. 切换设备具备断电直通功能。			
			三级	应配置信号切换、分配等设备，并在相应节点配置应急跳线端口。			
		其他处理设备	通用要求	信号源接收、复用及数据插入装置等处理设备应符合《广播电视相关信息系统安全等级保护基本要求》（GD/J 038）的相关规定。			
	发射系统	发射机、天馈线系统	通用要求	应根据省级以上广播影视行政部门批准的频率、功率等参数配置发射机和天馈线系统。			
		发射机	中短波	1. 短波发射机应按N+1方式（N不大于4）配置； 2. 中波发射机宜按1+1方式或并机工作方式配置。			
			电视／调频	1. 电视发射机应按1+1方式配置； 2. 调频发射机应按1+1或N+1方式配置。			

（续表）

		发射机倒换装置	一级	在二级基础上，电视、调频和中波发射机倒换装置应具备远程控制倒换功能。			
			二级	在三级基础上，发射机倒换装置应具备电动倒换功能。			
			三级	在配置主备发射机时，应配置发射机倒换装置和假负载。			
		天馈线系统	中、短波	1. 中、短波天馈线系统的配置应符合《中、短波广播发射台设计规范》（GYJ 34）的规定； 2. 安装工艺应符合《中短波天线馈线系统安装工程施工及验收规范》（GY 5057）的规定； 3. 宜采用双调配网络结构，并配备相应的倒换装置。			
			电视、调频	1. 电视和调频天馈线系统的配置应符合《电视和调频广播发射（转播）台（站）设计规范》（GY 5062）的规定； 2. 宜采用双馈结构，并配备相应的倒换装置。			
			天线塔桅杆	配置应符合《钢塔桅结构设计规范》（GY 5001）的规定。			
动力系统	供配电系统	外部电源	一级	1. 应接入两路外电，其中至少一路应为专线；当一路外电发生故障时，另一路外电不应同时受到损坏； 2. 调频、电视发射台和发射总功率小于 100 千瓦的中短波发射台应配置自备电源。			
			二级	1. 宜接入两路外电，其中一路应为专线； 2. 调频、电视发射台和发射总功率小于 100 千瓦的中短波发射台暂时做不到两路外电的，应配置自备电源。			

（续表）

			三级	宜接入两路外电，如只有一路外电，宜配置自备电源。			
		供配电系统	通用要求	高、低压供配电应符合现行国家、行业标准和规范。			
			一级	1. 播出负荷应设置备用变压器，主备变压器应具备自动或手动互投功能； 2. 发射控制设备和信号源设备应采用UPS供电，UPS电池组后备时间应满足实际负荷工作30分钟以上； 3. 主备播出设备、双电源播出设备应分别接入不同的供电回路。			
			二级	1. 播出负荷宜设对应不同外电的变压器，单母线分段供电并具备自动或手动互投功能； 2. 发射控制设备和信号源设备应采用UPS供电，UPS电池组后备时间应满足实际负荷工作30分钟以上； 3. 主备播出设备、双电源播出设备应分别接入不同的供电回路。			
			三级	1. 播出负荷供电宜设两个以上独立低压回路，并具备自动或手动互投功能； 2. 调频、电视发射台的发射控制设备和信号源设备宜采用不间断电源UPS供电，UPS电池组后备时间应满足实际负荷工作30分钟以上。			
		智能电源设备	通用要求	应实施必要的信息安全防护，禁止通过外部网络进行远程维护。			
监测监控系统	自台监测系统	播出信号监测	一、二级	1. 应建立播出信号监测系统，对自台所有播出节目的信号源和发射信号等重要节点信号进行监听监看，具备信号异态声光报警功能； 2. 应采用录音、录像或者保存技术监测信息等方式对自台播出节目的信号源和发射信号质量、效果进行记录，异态信息应保存一年以上。			

（续表）

			三级	1. 应对自台所有播出节目的信号源和发射信号进行监听监看； 2. 宜采用录音、录像或者保存技术监测信息等方式对自台播出节目的信号源和发射信号质量、效果进行记录，异态记录信息宜保存一年以上。			
		设备运行监控	通用要求	异态信息应保存一年以上。			
			一级	1. 应建立设备运行监控管理平台，对信号源系统和发射系统的运行状态进行集中监控和管理； 2. 具备异态声光报警、对系统关键设备远程和自动控制、监控数据自动记录以及网络化传输等功能。			
			二级	1. 应对信号源系统和发射系统的运行状态进行实时监测； 2. 具备异态声光报警功能； 3. 能够对系统关键设备进行遥控。			
		电力和环境监测	通用要求	1. 应符合《电子信息系统机房设计规范》（GB50174）的有关规定； 2. 异态信息应保存一年以上。			
			一级	1. 应建立供配电及环境的监测管理系统，对供配电系统工作状态、关键参数，机房环境的温度、湿度等数据集中监测； 2. 具备异态声光报警、监测数据自动记录以及网络化传输等功能。			
			二级	在三级基础上，应对供配电设备的工作状态及主要参数进行集中监测。			
			三级	1. 对配电设备的电压、电流等相关参数进行监测； 2. 对机房的温度、湿度等环境状态进行监测。			

（续表）

工作环境及其控制系统	台站环境	机房基础条件	通用要求	1. 机房温度、湿度、防尘、静电防护、接地、布线及外部环境等应符合《中、短波广播发射台设计规范》（GYJ34）、《电视和调频广播发射（转播）台（站）设计规范》（GY5062）的有关规定，满足设备安全运行要求； 2. 机房应采取必要的防鼠、防虫等措施。			
			中、短波	1. 中、短波广播发射台消防设施的配置应符合《广播电视建筑设计防火规范》（GY 5067）的有关规定； 2. 中、短波广播发射台防护围墙、防雷接地系统、通风采暖或空调系统的配置应符合《中、短波广播发射台设计规范》（GYJ 34）的有关规定。			
			电视和调频	1. 新建中、短波发射台台站环境应符合《中波、短波广播发射台场地选择标准》（GY 5069）； 2. 新建调频、电视发射台台站环境应符合《调频广播、电视发射台场地选择标准》（GY 5068）。			
			新建台站	1. 新建中、短波发射台台站环境应符合《中波、短波广播发射台场地选择标准》（GY 5069）； 2. 新建调频、电视发射台台站环境应符合《调频广播、电视发射台场地选择标准》（GY 5068）。			
		安全防范	通用要求	1. 机房安全防范应符合《电子信息系统机房设计规范》（GB 50174）、《广播电影电视系统重点单位重要部位的风险等级和安全防护级别》（GA 586）的有关规定； 2. 对机房等播出相关的重点部位应设置视频安防监控系统，其中天线区监控系统宜具备入侵报警功能。			

（续表）

		通信设施	一、二级	1. 应配置两部具有录音功能的业务专用外线电话； 2. 应配置安全播出预警信息接收终端，并配置与广播电视监测监管部门互联的专用计算机终端和通信设备。			
			三级	1. 应至少配置一部业务专用外线电话； 2. 应配置安全播出预警信息接收终端。			
维护器材	维护器材	备品备件	通用要求	1. 应备齐关键设备的备份单元； 2. 备足设备维修所需的常用元器件。			
		工具、材料	通用要求	1. 应配置常用维护工具、检修专用工具、安全保护工具、现场应急抢修工具和相关材料； 2. 应配置运行维护工作必需的仪器仪表。			
灾备与应急系统	灾备与应急播出系统		通用要求	1. 应具有一定的防御自然灾害能力； 2. 应根据当地地质、气候特点采取相应的防护措施； 3. 宜建立灾备播出机制，当发生特别重大灾害或突发事件，能够尽快恢复重要节目的播出。			
无人值守台站	无人值班、有人留守发射台		通用要求	1. 台站建设、系统设备配备应符合《广播电视发射台运行维护规程》（GY/T179）的相关要求； 2. 技术系统配置应满足相应保障等级的要求； 3. 应建立远程监控管理系统，对站内播出信号、设备运行、电力和环境等进行远程监控和管理，具备信号防插播、运行异态实时报警、自动控制或远程控制、监控数据自动记录以及网络化传输管理等功能。			

（续表）

		无人留守发射站点	通用要求	1. 应采用封闭式空间设计，满足无人值守条件下良好的防火、防盗、防尘、防漏、防虫、保温等防护条件； 2. 应配置具有远程控制功能的空调设备、自动控制功能的消防设备、入侵报警功能的安防监控设备； 3. 应建立远程监控管理系统，对站内播出信号、设备运行、电力和环境进行远程监控和管理，具备信号防插播、运行异态实时报警、自动控制和远程控制、监控数据自动记录以及网络化传输管理等功能。			

07 微波传输电路专业技术系统配置符合性自评表

系统 类别	系统 名称	子系统 名称	安全 保障级别	配置要求	是否 符合	问题 描述	整改 建议
业务 系统	传输网 络系统	微波 传输 电路	通用 要求	广播电视微波传输电路应采用同步数字系列（SDH）制式。			
			干线	1. 干线微波传输电路应以 N+1 方式配置保护波道； 2. 干线微波传输电路宜按环路传输方式组网，或在可能的节点与光缆干线传输网连通，形成互为备份的传输网络。			
			支线	支线微波传输电路宜以树形或星形方式组网。			
		电路 波道	通用 要求	波道设置应符合《数字微波通信系统进网技术要求》（GB/T 13159）的相关规定。			
		微波 传输	通用 要求	1. 微波传输 N+1 备份系统应采用无损伤切换开关； 2. 应选择采用空间分集、自适应均衡、时域均衡、自动发射功率控制（ATPC）等提高传输性能的技术手段。			
		网络 管理 系统	通用 要求	1. 网络管理系统的功能配置应符合《广播电视数字微波电路运行维护规程》（GY/T 244，以下简称《运维规程》）的有关要求； 2. 网管信息应安排在优先级最高的主业务信道，随主业务倒换； 3. 网管系统监测异态信息应保存一年以上。			
			干线	1. 干线微波传输电路应在首站设置网络管理中心； 2. 在适当的节点设置备份网络管理系统。			

		通信系统	支线	1. 支线微波传输电路应在首站或端站配置网络管理系统； 2. 网络管理系统主要设备应有备份。			
			微波总站	1. 微波总站应使用公用通信网建立连接全电路各站的应急指挥通信系统； 2. 指挥中心应设置在首站，应配置安全播出预警信息接收终端； 3. 并配置与广播电视监测监管部门互联的计算机终端和专用通信设备。			
			各微波站	各微波站应至少配置一路外线电话。			
	信号系统	信号源	上节目微波站	上节目的微波站每套节目应配置不少于两路不同路由的信号源。			
			下节目微波站	下节目的微波站每套节目应向信号使用单位输出两路信号。			
		信号分配设备	通用要求	1. 上、下节目的微波站宜按1+1热备份方式配置信号分配、切换、编解码、复用及适配等设备，并在相关节点配置应急人工跳线端口； 2. 信号切换设备应具有主备路自动选择功能和告警功能； 3. 分配、切换设备应具有断电直通功能； 4. 所有信号处理设备应纳入网管监控系统； 5. 微波站应禁用不承担业务的端口。			
动力系统	供配电系统	外部电源	干线微波	干线微波传输电路的首站应接入两路不同路由的外电。			
			微波站	宜接入两路不同路由的外电。			
		供配电系统	通用要求	1. 供配电应符合现行国家、行业标准和规范； 2. 播出负荷供电宜设与其他负荷供电分离的独立低压回路。			
			微波站	1. 微波电路首站及只有一路外电的微波站应配置自备电源，保障全部			

（续表）

				播出负荷、机房空调等相关负荷连续运行； 2. 无自备电源的微波站应配置应急移动发电设备的接入端口； 3. 微波站直流电源设备应设置冗余，蓄电池组后备时间应满足实际负荷工作 8 小时以上； 4. 交流供电播出负荷应采用不间断电源（UPS）供电，UPS 电池组后备时间应满足实际负荷工作 30 分钟以上，无自备发电机组的，UPS 电池组后备时间应满足实际负荷工作 8 小时以上。			
			微波总站、路段中心站	微波总站、路段中心站应配置移动式发电机组，为全电路或路段各站应急备用。			
		智能电源设备	通用要求	应实施必要的信息安全防护，禁止通过外部网络进行远程维护。			
监测监控系统	自台监测系统	播出信号监测系统	信号监测	1. 上、下节目的微波站应对发送信号的分配、切换以及接收信号的输出等环节设置具备异态声光报警功能的监听监看系统； 2. 首站应设置对信号码流的监测； 3. 上、下节目的微波站应采用录音、录像或者保存技术监测信息等方式对本站所上、下的广播电视节目信号的质量进行记录，异态信息应保存一年以上。			
		设备运行监控	微波站	1. 微波站应配置对本站信号系统设备运行状态的监测系统； 2. 监测系统应具备异态声光报警、运行状态数据记录、查询等功能； 3. 监测异态信息应保存一年以上。			
		电力和环境监测	通用要求	1. 微波站应配置电力和机房环境的集中监控系统，对供配电设备的分合闸状态、电压、电流等相关参数进行监测和记录，对机房温度、湿度等环境状态进行监测和记录；			

				2. 并具备异态声光报警功能； 3. 微波站宜对天线、铁塔、蓄电池室等播出重要部分设置视频安防监控系统。		
工作环境及其控制系统	无人值守站	运行环境	通用要求	1. 应采用封闭式空间设计，满足无人值守条件下良好的防火、防盗、防尘、防漏、防虫、保温等防护条件； 2. 应配置具有远程遥控功能的空调等设备； 3. 应配置可远端管理的防雷自动保护系统、消防自动控制系统及视频安防监控系统。		
		远程监控系统	通用要求	1. 应建立远程监控系统，实现对站内信号源、供配电等系统的远程监控和管理； 2. 远程监控系统应具备运行状态实时监测、主要参数实时记录、运行异态实时报警、自动和远程控制以及数据管理等功能。		
	环境要求	站房环境	通用要求	1. 微波电路的空间通路和电磁环境应符合《广播电视微波工程线路设计规范》（GYJ 30）的有关规定； 2. 机房温度、湿度、防尘、静电防护、布线及外部环境应符合《电子信息系统机房设计规范》（GB 50174）的有关规定； 3. 机房应采取必要的防鼠、防虫等措施； 4. 微波站的防雷接地应符合《广播电视微波站（台）工程设计规范》（GYT 5031）、《电子信息系统机房设计规范》（GB 50174）的相关要求，微波站的配电线路及信号线缆不得采用架空线方式进出机房； 5. 机房消防设施的配置应符合《广播电视建筑设计防火规范》（GY 5067）的规定。		

（续表）

	机房安全	通用要求	机房安全防范应符合《电子信息系统机房设计规范》（GB 50174）、《广播电影电视系统重点单位重要部位的风险等级和安全防护级别》（GA 586）的有关规定。			
维护器材	维护器材	备品备件材料	干线	1. 对干线微波电路，微波总站应按一定的比例配置全电路所需的备份单元和抢修材料； 2. 路段中心站应配备主要设备的备份单元和抢修材料。			
			支线	对支线微波电路，微波总站应参照干线微波电路路段中心站配置备品备件。			
		工具、仪表	工具	各微波站应配置系统设备常用维护工具、检修专用工具、安全保护工具、现场应急抢修工具和相关材料。			
			仪表	微波总站的仪器仪表配置应符合《运维规程》的有关规定，各微波站应配置必要的仪器仪表。			
灾害防护和应急传输	灾害防护和应急传输	通用要求		1. 各微波站应具有一定的防御自然灾害能力，应根据当地地质、气候特点采取相应的防护措施，并配置必要的防灾物资； 2. 宜建立应急传输机制，当发生特别重大灾害或突发事件，正常系统短时间内无法恢复传输时，应能够应急传输重要节目。			

08 IPTV 播控平台专业技术系统配置符合性自评表

系统类别	系统名称	子系统名称	安全保障级别	配置要求	是否适合	问题描述	整改建议
业务系统	总体网络架构	集成播控平台内部网络	通用要求	1. 内部网络应根据应用系统、业务流程、数据流向和播出安全相关度进行网络结构设计，网络结构应有清晰的层次，以便于进行网络逻辑隔离、访问控制、结构调整和应急处理； 2. 不同网络边界之间应设置网络访问控制。			
		冗余配置	通用要求	1. 网络的业务处理能力和网络带宽应具备冗余空间； 2. 应为网络设备、通信线路和重要的应用服务器、数据库服务器配置冗余，避免关键点存在单点故障，要定期对冗余配置进行验证测试。			
		安全域	通用要求	1. 内部网络应根据业务类型、功能、重要性、工作职责、信息等级、服务流程、终端用户、物理位置等因素划分安全域，并按照方便管理和控制的原则划分不同的子网或网段，为各子网、网段分配地址段，业务边界应清晰； 2. 各安全域应当按照面临的风险不同，采用不同的安全防护策略和措施，后台管理、数据库、播出等相关系统与其他系统之间应有可靠的隔离防护措施。			
		平台间互联关系	通用要求	1. 集成播控总、分平台之间，及与 IPTV 内容服务平台、IPTV 传输网络、IPTV 监管平台之间存在互连关系； 2. 集成播控总、分平台之间和集成播控分平台与 IPTV 传输系统之间，应采用两路不同物理路由或不同传输方			

（续表）

节目内容统一集成和播出控制	直播分系统			式的链路进行互连，主备链路应具备自动和手动切换功能； 3. IPTV 内容服务平台与集成播控平台间应采用专线方式接入。			
		功能	通用要求	直播分系统主要实现信源播控、信源接入、信源分配、编转码、直播流调度输出等功能。			
		直播分系统网络	通用要求	为保证直播信号传输稳定可靠，直播分系统网络应采用独立的网络及传输链路，以实现组播与单播有效分离，避免相互干扰。			
		播出服务器	通用要求	采用流方式的播出服务器，其单台输出 IP 流的路数应根据服务器性能合理配置，确保播出服务器输出的码率稳定。			
		信源播控	通用要求	信源播控应包括节目单提交确认、串联单逻辑时间检查、播出素材就绪情况检查、节目自动技审、数据校验、人工播前审核、主备信号同播等功能。			
		重要节目信源接入	通用要求	1. 重要节目信源接入应采用至少两路不同物理路由或不同传输方式的链路，且能够满足主备信源间自动、手动切换和应急跳接； 2. 信源分配链路应具备冗余，各分配环节关键设备应根据节目重要程度进行合理规划。			
		编转码	通用要求	1. 信源编码码率应满足信号质量要求和网络传输带宽要求； 2. 重要节目编、转码设备应采用 1+1			

					备份方式，其他节目应采用 N+1 备份方式； 3. 直播流输出应采用两路不同物理路由或不同传输方式的链路。			
			应急垫播流系统	通用要求	应配置应急垫播流系统，当信源中断和非法信号插入时可及时切换至应急垫播播出。			
			功能组成	通用要求	点播分系统主要实现节目库管理、节目编排、节目审核、节目上下线、节目迁移分发等功能。			
			内容和技术审核	通用要求	1. 应在节目入库、节目上线前配置内容和技术审核环节，确保节目的准确及完整性； 2. 节目库应具备恢复机制，并定期进行节目文件完整性校验。			
		点播分系统	节目上下线	通用要求	节目上下线环节应具备日志记录、审计功能，对已上线的节目应具备监看环境。下线节目恢复上线时，应重新审核。			
			节目迁移分发	通用要求	1. 节目迁移分发应启用校验及认证机制，并确保分发链路的畅通； 2. 分发链路宜具备冗余，且采用不同物理路由或不同传输方式。			

（续表）

		技术子系统功能	通用要求	EPG 技术子系统实现内容展现、数据处理、逻辑控制和操作维护等功能。			
电子节目指南EPG		EPG模板	通用要求	1. EPG 模板在正式发布前，应进行预发布和审核，待审核通过后方可发布； 2. 应对已发布的 EPG 模板进行归档备份，模板压缩包应采用加密方式予以保护； 3. EPG 模板文件应定期进行文件完整性检查，以防止被篡改； 4. EPG 服务器应实施防篡改机制，禁止通过互联网远程登录 EPG 系统进行相关操作。			
	运营管理	认证鉴权	通用要求	1. 应对用户开机登录、业务订购、业务使用等过程进行认证鉴权，并产生用户费用信息详单； 2. 应通过与运营商之间的接口实现用户信息、用户操作记录、业务订购信息的同步。			
		用户、计费等核心数据	通用要求	1. 用户、计费等核心数据应进行备份，并配备相关安全防护措施，以防止数据被泄露、窃取及篡改； 2. 每次备份数量不少于 2 份，备份介质应异地存放，妥善保管。			
其他技术系统	增值服务技术子系统		通用要求	1. 应具备应用接入申请、人工审核及注销功能； 2. 应采取相关安全措施，以防止内容被篡改； 3. 应配置相关监管功能，确保内容的准确性。			

		数据库	通用要求	1. 数据库在设计时任何类型的入口都应在安全规则和文档中说明，应有恢复机制； 2. 安全结构应能够防止外部干扰和破坏，数据库管理系统进程应与用户进程隔离； 3. 核心数据库应部署数据库审计与风险控制系统。			
		版权安全	通用要求	应对节目进行数字版权录入及管理，保证版权安全。			
		测试系统	通用要求	1. 应配置产品测试环境，对软、硬件产品上线前进行模拟测试； 2. 有条件的单位宜建设包括所有业务功能在内的、独立的最小测试系统，测试系统各模块软件版本应与现网保持一致。			
IPTV集成播控平台基础软硬件设备		功能与设备		1. 网络广播电视台基础软硬件设备主要包括通用系统软件、编转码设备、服务器、存储、网络设备、网络安全设备等； 2. 各软硬件设备指标和采购，应符合国家和行业的有关规定及标准规范要求。			
		编转码设备	通用要求	1. 应具备双电源、主备输出接口，在断电或者重启后，应保留原有配置信息； 2. 应根据业务需要配备在线冗余。			
		系统软件	通用要求	通用操作系统及数据库软件应能与业务系统完全兼容，并根据业务需要能够进行补丁升级。			
		服务器	通用要求	1. 数据库服务器和关键业务应用服务器应采用双机或多机构成高可用集群系统； 2. 配件应具备热插拔功能； 3. 应根据服务器的总数量配置一定比例的冗余。			

（续表）

		存储设备	通用要求	1. 存储设备应支持数据镜像以及数据保护功能； 2. 存储容量占用率峰值应不超过设计存储容量的80%，超过80%时应进行数据迁移或扩容。			
		网络设备	通用要求	1. 交换机平均无故障运行时间应大于1万小时； 2. 核心交换机应为双机，背板、系统板、I/O板等关键配件应考虑冗余、电源、风扇应可热插拔； 3. 每台交换机负载不应超过处理能力的50%。			
		网络安全设备	通用要求	1. 网络安全设备应符合国家和行业有关要求，满足系统安全防护的需要； 2. 硬件设备平均无故障运行时间应大于25000小时。			
动力系统	供配电系统	外部电源	通用要求	应接入两路外电，其中至少一路应为专线；当一路外电发生故障时，另一路外电不应同时受到损坏。			
		供配电系统	通用要求	1. 供配电应符合现行国家、行业标准和规范； 2. 应设对应于不同外电的、互为备用的工艺专用变压器； 3. 播出负荷供电应设两个以上引自不同工艺专用变压器的独立低压回路，单母线分段供电并具备自动或手动互投功能； 4. 主要播出负荷应采用不间断电源（UPS）供电，UPS电池组后备时间应满足实际负荷工作30分钟以上； 5. 应配置自备电源，保证播出负荷、机房空调等相关负荷连续运行； 6. 主备播出设备、双电源播出设备应分别接入不同的UPS供电回路。			
		智能电源设备	通用要求	应实施必要的信息安全防护，禁止通过外部网络进行远程维护。			

（续表）

监测监控系统	安全监控管理中心	全网安全监控	通用要求	1. 应配置安全监控管理中心，实现全网的安全管理，从监控、审计、风险、运维等方面，对网络及业务系统的运行状况、系统性能、维护情况、操作情况、外联情况、远程访问情况、安全情况和系统升级、漏洞修复、审计等进行监控、记录和管理； 2. 对异态应当设置多种报警形式。			
		远程访问监控	通用要求	1. 应能够支持安全监控管理中心的集中管理，对异常业务交易及时报告，具备对监控事件的实时性响应和报警功能，并能够根据异常事件的类型和严重程度进入相关事件处理流程； 2. 可以对访问用户的来源进行监控。			
		病毒监控	通用要求	应能够支持集联控制，能够支持安全监控管理中心的集中管理，具备报警功能。			
		监控系统	节目监测	通用要求	1. 应具备对远程访问、信源接入、编转码、分配、传输、回看等环节监测能力； 2. 重要节目应进行视音频实时监听监看； 3. 应对编码器输出、播出链路输出、分发业务回传等重要节点信号的码流、视音频等进行自动监测，并具备信号、码流异态声光报警功能。		
			设备监控	通用要求	1. 应配置网管监控系统，对系统中主要设备具备管控能力，对播出及信息系统关键设备、软件、网络、存储等状态等进行实时监测； 2. 并具备异态声光报警功能。		
			节目分发监控	通用要求	应具备对分发至网络运营商目标站点的节目分发状态进行监控的能力。		

（续表）

			监控信息管理	通用要求	1. 应对所有监控工作进行记录； 2. 应采用录音、录像或者保存技术监测信息等方式对直播节目的安全播出状况及信号的质量进行记录，异态信息应保存一年以上。			
			电力和环境监测	通用要求	1. 应符合《电子信息系统机房设计规范》（GB 50174）的有关规定； 2. 应配置具备声光报警功能的电力和环境集中监控系统，对配电系统中的主要运行参数和关键设备运行情况进行集中监测，并对机房的温度、湿度等环境状态进行监测； 3. 应对节目上载、系统操作、设备机房、UPS主机及电池室、缆线集中点、室外设备等播出相关的重点部位设置视频安防监控系统； 4. 应严格对机房门禁系统进行权限控制，防范机房非法进入。			
工作环境及其控制系统	环境要求		站房环境	通用要求	1. 机房温度、湿度、防尘、静电防护、接地、布线、外部环境应符合《电子信息系统机房设计规范》（GB 50174）A级电子信息系统机房的有关规定； 2. 机房消防设施的配置应符合《广播电视建筑设计防火规范》（GY 5067）的有关规定。			
			机房安全	通用要求	1. 机房安全防范应符合《电子信息系统机房设计规范》（GB 50174）、《广播电影电视系统重点单位重要部位的风险等级和安全防护级别》（GA 586）的有关规定； 2. 应对重要设备进行电磁屏蔽，防止外部磁场对设备的干扰和电磁信号泄露； 3. 存放重要数据、软件的各类记录存储介质的存储地点应符合防火、防水、			

				防震、防腐、防鼠害、防虫蛀、防静电、防磁、防盗和温度要求，确保其不受损、不丢失、不被非法访问和信息不泄露。			
维护器材	维护器材	备品备件材料	通用要求	1. 应设立备品备件库，系统核心服务器、交换机重要部件应配置备件； 2. 常规服务器、工作站、交换机等应根据系统规模配置相应数量的备品，系统应常备线缆、跳线等应急工具。			
		工具、材料	通用要求	1. 应配置维护、检修、故障处理所需的工具、材料； 2. 应按照实际情况配置码流分析仪（码流分析软件）、质量分析仪、网络测试仪等必要的仪器仪表。			
灾害防护和应急传输	灾害防护和应急传输		通用要求	1. 应根据当地地质、气候特点采取相应的防护措施； 2. 当发生重大灾害或突发事件，IPTV业务系统短时间无法恢复时，应能够应急播出重要节目； 3. 宜设置异地灾备系统或与其他集成播控平台进行互备。			

09 网络广播电视台专业技术系统配置符合性自评表

系统类别	系统名称	子系统名称	安全保障级别	配置要求	是否适合	问题描述	整改建议
业务系统	总体网络架构	网络广播电视台内部网络	通用要求	1. 网络广播电视台内部网络应根据应用系统、业务流程、数据流向和播出安全相关度进行网络结构设计，网络结构应有清晰的层次，以便于进行网络逻辑隔离、访问控制、结构调整和应急处理； 2. 不同网络边界之间应设置网络访问控制。			
		冗余配置	通用要求	1. 核心网络的业务处理能力和网络带宽应具备冗余空间； 2. 应为网络设备、通信线路和重要的应用服务器、数据库服务器配置冗余，避免关键点存在单点故障，要定期对冗余配置进行验证测试。			
		安全域	通用要求	1. 内部网络应根据业务类型、功能、重要性、工作职责、信息等级、服务流程、终端用户和物理位置等因素划分安全域，并按照方便管理和控制的原则划分不同的子网或网段，为各子网、网段分配地址段，业务边界应清晰； 2. 各安全域应当按照面临的风险，采用不同的安全防护策略和措施； 3. 后台管理、数据库、播出等相关系统与其他系统之间应有可靠的隔离防护措施。			
		网络互联	通用要求	1. 应采取措施使管理链路和数据交换链路隔离，通过专用内部管理网络访问管理设备，防止密码和管理信息泄露； 2. 采取可靠措施防止来自非授权 IP 地址的用户登录管理网络设备；			

（续表）

			3.采取安全防护措施实现数据安全交互； 4.任何用户的终端设备不应直接接入核心层网络设备。			
	安全防范	通用要求	1.当与外部网络互联时，应在网络边界系统设置病毒防范和防止网络攻击装置； 2.应采取网络入侵防范和访问控制措施实现对进、出内部网络的服务和访问的审计和控制； 3.内容制作系统、内容分发系统和内容传输分发网络之间应通过（虚拟）专网建立连接，以形成相对封闭的专用线路。			
信源技术系统	功能		信源技术系统主要完成包括信源接入、信号处理、信号分配传送等功能。			
	信源接入	通用要求	1.重要节目信源接入应采用至少两路不同物理路由或不同传输方式的链路，且能够满足主备信源间自动、手动切换和应急跳接； 2.应对所有信源接入进行安全性检测，严格管理有关端口和登录账号、密码及操作权限； 3.对于有群众参与或外来信号的现场直播节目，应通过演播室进行信号连接，并配置延时和切断装置。			
	信号处理	通用要求	应对通过网络传输的信源进行安全检测过滤，并采取防入侵攻击措施，并设置内容审核接口。			
	信号分配传送	通用要求	信源分配链路应具备冗余，各分配环节关键设备应根据节目重要程度进行合理规划。			
	功能		内容生产技术系统主要完成包括制作、收录、编目、加工、审核、媒资管理、内容编排等功能。			

（续表）

内容生产技术系统		制作	通用要求	1. 演播室应配置延时和切断装置，并根据节目内容提前准备好垫片以应对突发状况； 2. 现场实况直播现场时钟宜与演播室和播控的时钟应保持一致。			
		收录	通用要求	收录环节应具备状态监控及报警功能，并可对收录结果进行查询、审核。			
		编目加工	通用要求	在编目、加工等环节应设定多重强制性人工审核，在确认审核通过之后，方可进入媒资管理及发布环节。			
		节目审核	通用要求	应在节目入库、节目上线前配置内容和技术审核环节，确保节目的准确性及完整性。			
		媒资管理	通用要求	1. 媒资管理应具备恢复机制； 2. 并定期进行节目文件完整性校验。			
		页面模板	通用要求	1. 页面模板在正式发布前，应进行预发布和审核，待审核通过后方可发布； 2. 应进行发布节目关联测试，确保内容发布的有效性； 3. 应对发布的页面模板进行归档备份，页面模板压缩包应加密保存； 4. 使用备份的页面模板前应进行文件完整性检查，以防止内容被篡改。			
内容发布技术系统		发布与监控	通用要求	1. 对将发布的内容应设置内容和技术审核环节，经审核通过后方可发布； 2. 内容发布过程应具备日志记录、审计功能，并应采取措施对已经发布的内容进行监控； 3. 内容发布系统应通过内容分发网络与互联网连接。			
		数据库	通用要求	1. 应将节目发布库和对应节目数据库分别存储于不同设备； 2. 应支持数据库自动备份与恢复功能，支持屏蔽前台提交的敏感字符。			

传输分发网络		路由或链路	通用要求	1. 传输分发网络应采用两路不同物理路由或不同传输方式的链路； 2. 应启用校验、认证及防篡改机制，确保数据、内容与内容发布系统的一致性。			
		防入侵策略	通用要求	1. 传输分发网络应配置防入侵策略，关闭不必要的端口与服务； 2. 并定期进行安全扫描和加固，应实时监测传输分发网络安全防护的有效性。			
		带宽与冗余	通用要求	1. 应对传输分发网络的出口带宽等参数进行合理配置，确保用户访问流畅； 2. 传输分发网络处理能力应具备至少20%的冗余，能够满足业务高峰期需要； 3. 传输分发网络应支持容灾、防盗链、防攻击功能和快速恢复能力，应采用冗余机制配置相关节点，保证服务的可用性。			
		第三方传输分发网络	通用要求	1. 对于第三方传输分发网络，应配置远程监控、维护平台和具备认证、加密的数据访问通道，以方便网络广播电视台系统管理员集中监控管理和内容更新； 2. 应要求第三方传输分发网络提供7×24小时技术支持服务，以便及时发现解决相关故障。			
业务运营管理技术系统		用户、计费管理	通用要求	1. 用户、计费等核心数据应进行备份，并配备相关安全防护措施，以防止数据被泄露、窃取及篡改； 2. 每次备份数量不少于2份，备份介质应异地存放，妥善保管。			
		认证鉴权系统	通用要求	1. 认证鉴权系统的用户管理数据（如账号、口令等）应以加密方式存储； 2. 用户鉴别信息需满足复杂度要求，保证身份鉴别信息不易被冒用。			

（续表）

		域名管理	通用要求	域名解析系统应具有冗余、恢复和防护能力，以保证系统的正常工作。			
	其他技术系统	增值服务系统	通用要求	1. 增值服务系统应具备应用接入申请、人工审核及注销功能； 2. 应采取相关安全措施，以防止内容被篡改； 3. 应采取相关监控措施，保证内容的准确性和完整性。			
		数据库	通用要求	1. 数据库在设计时任何类型的入口都应在安全规则和文档中说明，应有恢复机制； 2. 安全结构应防止外部干扰和破坏，数据库管理系统进程应与用户进程隔离，核心数据库应部署数据库审计与风险控制系统。			
		Web应用攻击防护设备	通用要求	应部署 Web 应用攻击防护设备，并应具备监控往返流量的功能。Web 应用攻击防护设备应该部署简便、操作便利、对现有网络影响很小。			
		版权安全	通用要求	应对节目内容进行数字版权录入及管理，保证版权安全。			
		客户端	通用要求	1. 客户端上线前应对其功能及代码进行安全审核，以避免恶意代码、恶意行为等风险的影响； 2. 应建立客户端应急发布、升级、版本管理和回退机制。			
		产品测试环境	通用要求	1. 应配置产品测试环境，对软、硬件产品上线前进行模拟测试； 2. 有条件的单位宜建设包括所有业务功能在内的、独立的最小测试系统，测试系统各模块软件版本应与现网保持一致。			
			功能	网络广播电视台基础软硬件设备主要包括通用系统软件、编转码设备、服务器、存储、网络设备、网络安全设			

基础软硬件设备				备等。各软硬件设备指标和采购，应符合国家和行业的有关规定及标准规范要求。		
		编转码设备	通用要求	1.编转码设备应具备双电源、主备输出接口，在断电或者重启后，应保留原有配置信息； 2.编转码设备应根据业务需要配备在线冗余。		
		直播用视音频系统	主备路信号	直播用视音频系统输出的主备路信号应来自于不同的播出切换设备。		
			关键设备	切换台、调音台等关键设备宜配置双电源。		
		系统软件	通用要求	通用操作系统及数据库软件应能与业务系统完全兼容，并根据业务需要能够进行补丁升级。		
		服务器	通用要求	1.通数据库服务器和关键业务应用服务器应采用双机或多机构成高可用集群系统； 2.配件应具备热插拔功能； 3.应根据服务器的总数量配置一定比例的冗余。		
		存储设备	通用要求	1.存储设备应支持数据镜像以及数据保护功能； 2.存储容量占用率峰值应不超过设计存储容量的80%，超过80%时应进行数据迁移或扩容。		
		交换机	通用要求	1.交换机平均无故障运行时间应大于1万小时； 2.核心交换机应为双机，背板、系统板、I/O板等关键配件应考虑冗余、电源、风扇应可热插拔； 3.每台交换机负载不应超过处理能力的50%。		
		网络安全设备	通用要求	1.网络安全设备应符合国家和行业有关要求，满足系统安全防护的需要； 2.硬件设备平均无故障运行时间应大于25000小时。		

（续表）

动力系统	供配电系统	外部电源	通用要求	应接入两路外电，其中至少一路应为专线；当一路外电发生故障时，另一路外电不应同时受到损坏。			
		供配电系统	通用要求	1. 高、低压供配电应符合现行国家、行业标准和规范； 2. 应设对应于不同外电的、互为备用的工艺专用变压器； 3. 播出负荷供电应设两个以上引自不同工艺专用变压器的独立低压回路，单母线分段供电并具备自动或手动互投功能； 4. 主要播出负荷应采用不间断电源（UPS）供电，UPS电池组后备时间应满足实际负荷工作 30 分钟以上； 5. 应配置自备电源，保证播出负荷、机房空调等相关负荷连续运行； 6. 主备播出设备、双电源播出设备应分别接入不同的 UPS 供电回路。			
		智能电源设备	通用要求	应实施必要的信息安全防护，禁止通过外部网络进行远程维护。			
监测监控系统	安全监控管理中心	全网安全监控	通用要求	1. 应配置安全监控管理中心，实现全网的安全管理，从监控、审计、风险、运维等方面，对网络及业务系统的运行状况、系统性能、维护情况、操作情况、外联情况、远程访问情况、安全情况和系统升级、漏洞修复、审计等进行监控、记录和管理； 2. 对异态应当设置多种报警形式。			
		远程访问监控	通用要求	1. 应能够支持安全监控管理中心的集中管理，对异常业务交易及时报告，具备对监控事件的实时性响应和报警功能，并能够根据异常事件的类型和严重程度进入相关事件处理流程； 2. 可以对访问用户的来源进行监控。			
		病毒监控	通用要求	1. 应能够支持集联控制，能够支持安全监控管理中心的集中管理； 2. 具备报警功能。			

（续表）

		监控系统	信号码流监测	1. 应具备对远程访问、信源接入、信号分配传送等环节实时监听监看能力； 2. 应对编码器输出、内容发布、内容分发网络等重要节点信号的码流、视音频等进行自动监测； 3. 并具备信号、码流异态声光报警功能。			
			设备监控	1. 应配置网管监控系统，对系统中主要设备具备远程管控能力，对播出及信息系统关键设备、软件、网络、存储等状态等进行实时监测； 2. 并具备异态声光报警功能。			
			监控信息管理	1. 应对所有监控工作进行记录； 2. 应采用录音、录像或者保存技术监测信息等方式对直播节目的安全播出状况及信号的质量进行记录； 3. 异态信息应保存一年以上。			
		电力和环境监测	通用要求	1. 应符合《电子信息系统机房设计规范》（GB 50174）的有关规定； 2. 应配置具备声光报警功能的电力和环境集中监控系统，对配电系统中的主要运行参数和关键设备运行情况进行集中监测，并对机房的温度、湿度等环境状态进行监测； 3. 应对节目上载、系统操作、设备机房、UPS主机及电池室、缆线集中点、室外设备等播出相关的重点部位设置视频安防监控系统； 4. 应严格对机房门禁系统进行权限控制，防范机房非法进入。			
工作环境及其控制系统	环境要求	站房环境	通用要求	1. 机房温度、湿度、防尘、静电防护、接地、布线、外部环境应符合《电子信息系统机房设计规范》（GB 50174）A级电子信息系统机房的有关规定； 2. 机房消防设施的配置应符合《广播电视建筑设计防火规范》（GY 5067）的有关规定。			

（续表）

		机房安全	通用要求	1. 机房安全防范应符合《电子信息系统机房设计规范》（GB 50174）、《广播电影电视系统重点单位重要部位的风险等级和安全防护级别》（GA 586）的有关规定； 2. 应对重要设备进行电磁屏蔽，防止外部磁场对设备的干扰和电磁信号泄露； 3. 存放重要数据、软件的各类记录存储介质的存储地点应符合防火、防水、防震、防腐、防鼠害、防虫蛀、防静电、防磁、防盗和温度要求，确保其不受损、不丢失、不被非法访问和信息不泄露。			
		机房选址	通用要求	1. 中心节点的互联网数据中心（IDC）机房应选择离网络广播电视台业务中心较近的主要中心城市； 2. 省级以下IDC机房应选择在覆盖区域范围内的骨干网节点上； 3. 租用的第三方机构IDC机房应符合《电子计算机系统安全规范》、《计算站场地技术要求》和《计算站场地安全要求》及国家有关规定。			
维护器材	维护器材	备品备件材料	通用要求	1. 应设立备品备件库，系统核心服务器、交换机重要部件应配置备件，常规服务器、工作站、交换机等应根据系统规模配置相应数量的备品； 2. 系统应常备线缆、跳线等应急工具。			
		工具、材料	通用要求	1. 应配置维护、检修、故障处理所需的工具、材料； 2. 应按照实际情况配置码流分析仪（码流分析软件）、质量分析仪、网络测试仪等必要的仪器仪表。			
灾害防护和应急传输	灾害防护和应急传输		通用要求	1. 应根据当地地质、气候特点采取相应的防护措施； 2. 当发生重大灾害或突发事件，IPTV业务系统短时间无法恢复时，应能够应急播出重要节目； 3. 宜设置异地灾备系统。			

附录三 广播电视安全播出保障体系成熟度评估表

广播电视安全播出保障体系成熟度评估表是从基础管理保障能力、日常运维保障能力、重要保障期保障能力、应急准备与响应能力、自监自测与自查能力、持续改进能力等6个一级指标，再依次展开若干个二级、三级、四级指标，根据不同专业明确评价的标准，量化安全播出责任单位某一方面的管理成熟度水平。

（续表）

广播电视安全播出保障体系成熟度评估表

一级指标	二级指标	三级指标	四级指标	适用专业	评价细则	是否符合	问题描述	整改建议
1.基础管理保障能力	1.1组织保障	1.1.1组织机构保障	1.1.1.1组织机构健全程度	所有专业	安全播出责任单位应结合本单位业务特点和复杂程度，建立、健全与其相适应的组织机构。			
			1.1.1.2领导分工及其作用	所有专业	安全播出责任单位应成立安全播出领导小组，明确领导分工及其职责，采用统一领导、分级管理原则，组织建立安全责任体系，指导、支持安全播出保障体系的有效运行，以实现安全播出预期目标。			
				网络广播电视台	1.应建立安全管理领导机制。安全领导小组应采用统一领导、分级管理原则，负责组织制定安全责任体系和各项管理制度，整体统筹、归口、协调和组织各类安全管理相关工作；2.制订安全管理的总体目标和策略；3.建立安全管理体系和监督评价体系，健全安全责任管理制度，指导、监督和考核内部安全管理工作。			
		1.1.2部门职责	1.1.2.1部门职责分配情况	所有专业	1.安全播出责任单位应确定安全播出管理的牵头部门，负责整体统筹、组织、协调与安全播出有关的工作事项；2.安全播出责任单位应确定与安全播出有关的部门，明确其职责，确定部门之间业务关系及其接口。			

（续表）

				所有专业	1. 各部门各司其职, 相互配合, 形成合力, 在单位内部有效沟通、传递与安全播出有关的信息; 2. 部门职责应根据业务需要对职责进行动态调整。			
				光缆传输干线网	1. 运营机构应设全网运行维护单位, 负责统一运维管理工作; 2. 全网运行维护单位根据需要设置区域运行维护单位、光缆线路维护站, 明确其职责。			
			1.1.2.2 部门职责有效落实	微波传输电路	1. 应设相适应的职能管理机构（微波总站、微波管理中心等, 以下称微波总站）负责全电路的运维管理工作。干线微波电路可根据运维需要设置路段中心站承担相应路段的部分维护管理职责; 2. 微波总站应组织各微波站建立"系统管理、统一调度、协调配合、各司其职"的运行保障机制。微波总站应负责全电路的运行调度, 及时掌握电路运行情况, 指挥处理运行中出现的各种安全播出事件事故, 并负责统一向广播影视行政部门上报; 3. 各微波站负责本站的运行保障, 完成微波总站的各类指令。发现电路运行异常时, 应及时处置, 并向微波总站汇报。无人值守站的运行应由微波总站远程监控管理。			
		1.1.3 岗位职责	1.1.3.1 岗位设置科学合理	所有专业	安全播出责任单位应根据安全播出相关业务特点及其复杂程度, 识别与安全播出有关的业务流程各环节安全责任点, 确定工作岗位、工作方式, 明确岗位职责和权限, 建立健全安全播出工作责任制, 将责任落实到人。			

				所有专业	安全播出责任单位应确保与安全播出有关人员了解该岗位可能涉及的安全播出风险及其风险控制措施，理解岗位职责落实对安全播出绩效提升做出贡献。			
			1.1.3.2 岗位职责有效落实	光缆传输干线网	与安全播出运行有关的岗位包括：机房维护主管、线路维护主管、网管工程师、设备维护工程师、线路维护工程师、值机员、巡线员等。 1. 合理设置工作岗位和人员； 2. 应设置巡线员（高速公路管网内线路或其他不宜步巡线路外）负责光缆线路日常维护，配备数量应能保证有效完成《运维规程》所规定的维护内容； 3. 明确各环节的运行维护责任，落实到部门、班组、个人，做到界面清晰、责任明确，不漏检、不重叠。			
				卫星广播电视地球站	与安全播出运行有关的岗位包括：卫星地球站站长、维护工程师、值机员等。 1. 应设置值班长、值班员等值班岗位； 2. 应设置维护岗位，有条件的可设置专职维护组。			
				网络广播电视台	应根据自身系统特点，在系统设计、上线、运行和改造等环节设置安全责任点，各安全责任点应设置安全管理员，责任落实到人。 1. 安全播出和信息安全岗位包括直播信号调度、直播监控、节目审核、产品测试、设备维护、网络安全管理、播出监控等岗位； 2. 应根据实际情况，配备一定数量的安全管理人员；将系统的常规管理、与安全有关的管理、			

（续表）

					审计管理工作分别由系统管理员、系统安全员和系统审计员承担。			
				电视中心、广播中心	1. 应合理设置值班岗位，三级安全播出保障单位应设置专职播出值班员岗位，二级、一级安全播出保障单位应增设值班长和技术值班岗位；重要保障期间应加强值班力量； 2. 应设置维护岗位，三级安全播出保障单位应有维护人员，二级、一级安全播出保障单位应设置专职维护岗位； 3. 与安全播出相关的部门应指定安全播出联系人，加强日常安全播出工作的监督和管理，及时了解日常安全播出情况，在安全播出管理工作中做到协调一致、无管理盲区。			
				IPTV	1. 安全播出和信息安全岗位包括直播信号调度、直播监控、节目审核、产品测试、设备维护、网络安全管理、播出监控等岗位； 2. 应根据实际情况，配备一定数量的安全管理人员；应将系统的常规管理、与安全有关的管理、审计管理工作分别由系统管理员、系统安全员和系统审计员承担。			
		1.1.4 外部业务接口及其职责	1.1.4.1 中单位上下游职责明确	所有专业	1. 安全播出责任单位应识别与安全播出有关的外部单位，明确与外部单位之间的业务关系及其接口，对影响安全播出的业务活动应确定双方职责和权限，必要时应形成书面文件并予以落实； 2. 安全播出责任单位与业务链上下游单位之间应建立信息沟通			

（续表）

					及工作协调机制，确保信息沟通及时、畅通。			
				光缆传输干线网	与线路沿线公安、安全、建设等部门的协调、联系，建立光缆线路安全联防机制。			
			1.1.4.2 业务外包职责明确所有专业	所有专业	对于外委的业务活动，应明确外委服务的工作范围、工作内容、双方权利和义务，确定对外委单位工作协调和监督的部门，将对外委的监督责任落实到位。			
				光缆传输干线网	根据需要代维服务的，应明确代维单位的职责。			
1.2 人员保障	1.2.1 人员配置		1.2.1.1 安全播出人员数量	所有专业	安全播出责任单位应根据其业务特点、安全播出风险控制的需要，依据岗位职责、任职要求，科学、合理配置适宜的人员，人员数量应满足安全播出需要。必要时应对关键岗位人员进行政治审查，签订保密协议。			
				光缆传输干线网	中心站应有2人以上24小时值班，节点站应做到24小时有人值守。			
				卫星广播电视地球站	播出机房每班值班人员应不少于2人。			
				网络广播电视台	关键操作和事务应双人临岗，互相确认和监督。			
				IPTV	关键操作和事务应双人临岗，互相确认和监督。			
			1.2.1.2 安全播出人员质量	所有专业	1.与安全播出有关的人员应对其能力与岗位要求的匹配性进行评价和确认，确保人员素质、能力与岗位需求相适宜，特殊岗位应持证上岗； 2.安全播出责任单位应规范安			

					全播出关键岗位人员调配程序，当人员发生变动时，应对人员能力实施再确认，并及时将人员调整信息传递至相关部门或单位。			
		1.2.2 人员培训	1.2.2.1 岗前／转岗培训	所有专业	安全播出责任单位应确定岗前培训和转岗培训的内容，对从事与安全播出有关的岗位在上岗前应实施培训，并对培训效果进行评价，以证实其具备相应的能力。			
			1.2.2.2 能力提升培训	所有专业	安全播出责任单位应根据单位业务活动的变化、技术系统的变化、风险变异情况，识别对相关岗位的培训需求，做好培训安排，确保人员与技术系统相匹配，满足业务活动风险控制的需要。			
			1.2.2.3 应急培训与演练	所有专业	安全播出责任单位应识别可能发生的紧急突发情况，制定应急处理措施、应急预案，按要求组织应急演练或桌面推演，验证紧急情况下的应急处理能力。			
		1.2.3 人员绩效考核	1.2.3.1 绩效考核机制建立	所有专业	安全播出责任单位应制定安全播出考核程序和考核标准，对与安全播出有关人员定期实施业务考核，根据考核结果使用、调配人员。			
			1.2.3.2 绩效考核落实	所有专业	安全播出责任单位应建立安全播出奖惩制度，明确奖惩标准，根据安全播出工作表现严格落实奖惩措施。			
	1.3 体系文件保障	1.3.1 安全播出工作方针与计划	1.3.1.1 工作方针	所有专业	安全播出责任单位应制定安全播出工作方针，为安全播出保障体系的建立与运行指明方向，要求： a) 适应本单位的宗旨和所处的环境，与国家宣传舆论导向及其			

					广播影视行政部门所制定的安全播出工作方针保持一致； b）方针在本单位内部得到沟通、理解和应用； c）与本单位所开展的业务活动及其风险相适应，随环境变化动态修订。			
				光缆传输干线网	1. 运维工作坚持"预防为主、防抢结合"的方针。 2. 故障处理遵循"先抢通后修复、先主用后备用、先一级后二级、及时通报"的原则。			
			1.3.1.2 工作计划	所有专业	安全播出责任单位应制订风险管理计划，应： a）排查影响安全播出的各类隐患，制订隐患治理计划或优化方案，对隐患治理和风险防范做出妥善安排，确保存在的隐患及其隐患治理过程不影响安全播出。 b）对威胁广播电视安全播出的重大风险制定管理方案，至少明确风险控制的措施、方法以及资源需求、责任人、完成时限。 c）应根据安全播出管理的需要，制订资源保障计划并予以落实。 d）应对计划和重大风险管理方案落实情况进行监督，定期对计划和方案完成情况进行统计分析，必要时对计划做出调整。			
		1.3.2 安全播出目标与指标管理	1.3.2.1 年度停播率指标	所有专业	安全播出责任单位应根据所涉及的专业及其实际风险管理水平，确定年度停播率管理目标，在相关职能和层次进行适当分解，要求： a）与安全播出工作方针保持一致。 b）与承担的风险相适应，满足相关法律法规及其标准要求。			

					c）明确实现目标的措施、方法，并落实责任。			
				光缆传输干线网	一级业务可用度应不低于99.99%。 二级业务可用度应不低于99.95%。			
				有线广播电视网	一级，停播率≤36秒／百小时，即可用度≥99.99%。 二级，停播率≤72秒／百小时，即可用度≥99.98%； 三级，停播率≤180秒／百小时，即可用度≥99.95%；			
				电视中心、广播中心	一级，停播率≤5秒／百小时，即可用度≥99.9986%。 二级，停播率≤20秒／百小时，即可用度≥99.994%； 三级，停播率≤60秒／百小时，即可用度≥99.983%；			
				卫星广播电视地球站	一级，停播率≤5秒／百小时，即地球站卫星广播电视信号传输可用度≥99.9986%； 二级，停播率≤10秒／百小时，即地球站卫星广播电视信号传输可用度≥99.9972%。			
				无线发射台	一级，停播率≤30秒／百小时，即可用度≥99.992%。 二级，停播率≤60秒／百小时，即可用度≥99.983%； 三级，停播率≤180秒／百小时，即可用度≥99.95%；			
				微波传输电路	1. 干线微波业务可用度应不低于99.99%，支线微波业务可用度应不低于99.97%； 2. 微波总站应将停播率指标按年分解到各微波站，作为对各微波站运行维护的考核指标。			

						所有专业	安全播出责任单位应制订技术系统运行指标，要求： d）符合本单位技术系统运维实际。 e）满足相关标准要求。 f）可测量，定期对指标进行监测。			
1.3.2.2 技术系统 运行指标						电视中心	1. 模拟电视播出系统通路技术指标应符合《电视中心制作系统运行维护规程》（GY/T 152）直播通道技术指标要求，三级应达到丙级技术指标，二级应达到乙级技术指标，一级应达到甲级技术指标。 2. 数字播出系统技术指标应符合《标准清晰度电视数字视频通道技术要求与测量方法》（GY/T 243）和《标准清晰度数字电视编码器、解码器技术要求和测量方法》（GY/T 212）的相关要求；各数字播出系统相对应的等效模拟复合视、音频信号技术指标，应符合《电视中心制作系统运行维护规程》（GY/T 152）的相关要求。 3. 数字高清播出系统技术指标应符合《演播室高清晰度电视数字视频信号接口》（GY/T 157）、《演播室数字音频信号接口》（GY/T 158）、《标准清晰度数字电视节目录像磁带录制规范》（GY/T 223）和《电视中心制作系统运行维护规程》（GY/T 152）的相关要求。			
						广播中心	1. 模拟广播播出系统技术指标应符合《广播声频通路运行技术指标等级》（GY 75）的要求。三级应达到丙级技术指标，二级应达到乙级技术指标，一级应达			

					到甲级技术指标。 2. 数字广播播出系统技术指标应符合《电视中心播控系统数字播出通路技术指标和测量方法》（GY/T 165）的相关要求。数字播出系统相对应的等效模拟技术指标，三级应达到丙级技术指标，二级应达到乙级技术指标，一级应达到甲级技术指标。			
				卫星 广播电视 地球站	技术系统运行指标应符合广播电视行业标准《卫星数字电视上行站通用规范》（GY/T 146）和《卫星广播电视地球站维护管理规程（C 频段）》（GY/T 182）的相关要求。			
				光缆传输 干线网	1. 基础传输设备： （1）SDH 传输接口技术指标：符合《广播电视光缆干线同步数字体系（SDH）传输接口技术规范》。 （2）SDH/MSTP 系统的投入业务和维护的差错性能限值符合要求。 （3）WDM、OTN 设备各项技术指标符合光波分复用系统和光传送网络技术要求。 2. 编解码器、复用器设备 （1）编解码器符合《标准清晰度数字电视编码器、解码器技术要求和测量标准》 （2）复用器符合《数字电视复用器技术要求和测量方法》			
				无线 发射台	1. 中波、短波发射系统技术指标应符合《中、短波调幅广播发射机技术要求和测量方法》（GY/T 225）的要求。 2. 电视发射系统技术指标应符合《电视发射机技术要求和测量			

| | | | | | 方法》（GY/T 177）的要求；
3. 调频发射系统技术指标应符合《米波调频广播发射机技术要求和测量方法》（GY/T 169）的要求。
4. 移动多媒体广播发射系统技术指标应符合《移动多媒体广播UHF频段发射机技术要求和测量方法》（GD/J 020）的要求。
5. 地面数字电视广播发射系统技术指标应符合《地面数字电视广播发射机技术要求和测量方法》（GY/T 229.4）的要求。
6. 中、短波发射天馈线系统技术指标应符合《中、短波天馈线运行维护规程》（GY/T 178）的相关要求。
7. 电视和调频广播发射天馈线系统技术指标应符合《电视和调频广播发射天线馈线系统技术指标》（GY/T 5051）的要求。 | | | |
| | | | | 微波传输电路 | 1. 微波电路的传输差错性能指标应符合《运维规程》的相关要求；
2. 微波传输设备及天馈线等附属设备的技术指标应符合《运维规程》的相关要求；
3. 编解码器、复用器设备的技术指标应分别符合《标准清晰度数字电视编码器、解码器技术要求和测量标准》(GY/T 212)、《数字电视复用器技术要求和测量方法》（GY/T 226）的要求；
4. 节目的TS流指标应符合《信息技术 运动图像及其伴音信息的通用编码》（GB 17975.1）的要求。 | | | |

				所有专业	安全播出责任单位应制订技术系统运行指标，要求： d）符合本单位技术系统运维实际； e）满足相关标准要求； f）可测量，定期对指标进行监测。			
			1.3.2.3 技术系统维护指标	光缆传输干线网	网络维护质量应符合： 1. 光缆阻断率应不大于0.8次／百公里年；光缆线路平均衰耗（1550nm）不大于0.25db/km；中继段纤芯完好率不低于95%，光缆阻断时间不大于4.8小时／百公里年； 2. 设备系统可用性应符合《国际恒定比特率数字通道的端到端可用性参数和指标》和《光同步传送网技术体制》的相关要求。			
				有线广播电视网	维护质量指标： 1. 光缆阻断率； 2. 光纤可用率； 3. 故障抢修时限； 4. 故障处理及时率等。			
		1.3.3 体系文件管理	1.3.3.1 体系文件策划	所有专业	安全播出责任单位应设计文件化保障体系架构，做到文件层级清晰、关联性明确。安全播出保障体系一般由管理类文件、技术类文件、应急预案和专项方案、记录及其技术档案组成。			
			1.3.3.2 体系文件日常管理	所有专业	1. 安全播出责任单位应有效控制各类文件的编制、审核、审批、发布实施、更改环节，确保文件的适宜性、规范性和可操作性；与安全播出有关的人员应能够获得有效的版本。 2. 对于外来的文件应进行有效识别、理解和应用，确保文件受控。			

				3. 安全播出责任单位应动态识别与安全播出业务有关的法律、法规及其相关要求，及时将法律法规及其相关要求传递至相关部门及其岗位予以落实，确保各项工作合法合规。			
		1.3.4 安全播出 管理类 文件	1.3.4.1 管理类 文件 充分性	所有 专业	安全播出责任单位应根据业务管理的需要建立健全管理类文件，覆盖与安全播出相关的业务活动的管理，符合有关法律法规及其标准要求，与安全播出保障等级、信息安全等级保护相适应，满足业务活动风险管理的需要。		
				光缆传输 干线网	安全播出责任单位应动态识别与安全播出业务有关的法律、法规及其相关要求，及时将法律法规及其相关要求传递至相关部门及其岗位予以落实，确保各项工作合法合规。		
				有线广播 电视网	根据业务需要，应建立：资源调配制度、软件管理制度，设备、管线巡检制度等。		
				电视中心、广播中心	根据业务需要，应建立：播前测试制度等。		
				网络广播 电视台	根据业务需要，应建立：信息安全管理制度等。		
			1.3.4.2 管理类 文件动态 适宜性	所有 专业	管理类文件应结合单位业务的变化、组织机构及其职能的变化、环境的变化进行动态修订，确保适宜。		
		1.3.5 安全播出 技术类 文件	1.3.5.1 技术类 文件 充分性	所有 专业	安全播出责任单位应根据业务实施的需要建立健全技术类文件，覆盖与安全播出相关的业务操作，符合有关法律法规及其标准要求，与安全播出保障等级、信息安全等级保护相适应，满足控制业务操作风险的需要。		

					光缆传输干线网	1. 操作流程主要还包括：线路割接操作流程、跳线操作流程、传输设备操作流程；以及光缆线路（架空、管道、直埋等）、传输设备、网管系统、业务系统、附属设施等的维护操作规程等。 2. 技术措施：制定线路安全防护技术措施等。			
					有线广播电视网	1. 运行工作流程主要还包括：管道及光缆调配管理流程、频率变更流程、节目变更调度管理流程、系统运行评估流程等。 2. 操作流程还包括：前端各类设备操作流程等。			
					电视中心	运维工作流程主要还包括：播前测试流程、信号切换操作流程等。			
					卫星广播电视地球站	设备操作流程还包括：各类上行设备操作流程、天线操作流程等。			
					无线发射台	设备操作流程还包括：发射机开（关）机流程，发射机倒换流程等。			
					网络广播电视台	1. 业务流程应包括业务及应用开发和上下线、信号传输分发、节目制作、节目审核、节目发布、页面管理、增值业务接入、业务运营数据管理等流程。 2. 运维工作流程还包括巡机、故障处理、事故处理、报告等流程。 3. 软硬件设备操作及维护流程应包括配置与变更、编转码、播出服务器、页面服务器、网络系统、供配电设备等软硬件设备操作及维护流程。 4. 应急处置流程应包括所有业务、所有环节、所有软硬件设备			

				和所有场所的应急处置流程、数据备份与恢复流程、与合作单位的应急保障和协调机制等。 5. 安全管理流程应包括各环节的安全播出管理、信息安全管理、技术安全管理、工程建设安全管理、环境安全管理、消防安全管理等流程。			
			IPTV	1. 业务流程应包括业务及应用开发和上下线、直播系统传输分发、信源播控、点播节目审核、点播节目上下线、EPG管理、增值业务接入、业务运营数据管理等流程。 2. 运维工作流程应包括：巡机、检修操作、故障处理、事故处理、报告等流程。 3. 软硬件设备操作及维护流程应包括：配置与变更、编转码、播出、EPG服务器、网络系统、供配电等软硬件设备操作及维护流程。			
		1.3.5.2 技术类文件动态适宜性	所有专业	技术类文件应结合单位技术系统变化、业务的变化进行动态修订，确保适宜。			
		1.3.6 安全播出应急预案与专项方案	1.3.6.1 应急预案、应急措施充分性、动态适宜性	所有专业	安全播出责任单位应根据紧急突发情况下和潜在的安全播出影响程度，制定应对突发故障、突发事件的应急预案或措施，要求： a) 应急组织机构及其职责明确，建立统一调度、协调配合、各司其职的应急保障机制； b) 对于技术系统存在的紧急突发情况应制定切实可行的应急处理措施； c) 对应急预案应进行评审或验证，以证实其针对性、可操作性。		

					d）应急预案应报广播影视行政部门备案； e）应将应急措施或预案传递至与安全播出有关人员。		
				电视、广播中心	1．开办有群众参与的直播节目，应制定突发事件应急预案； 2．对非本台播出节目进行转播前，应经过节目主管部门批准，并制定应急预案。		
				电视中心	SNG信号传送前应制定应急预案，指定现场指挥人员负责技术保障及协调等事宜，一旦遇到突发情况应立即启动应急预案实施快速处置。		
				光缆传输干线网	抢修预案和应急抢修流程：满足抢修时限的要求，落实参与抢修的人员、器材、通信及交通工具。		
				网络广播电视台	平台重要环节故障应急预案；涉及其他单位职责的，应当书面征求相关单位意见。		
			1.3.6.2 专项方案（重保方案、直播方案、检修方案等）充分性、动态适宜性	所有专业	对于重要保障期以及存在影响安全播出的重大风险应制定专项方案，明确风险控制措施，并按要求对方案进行审核审批、报备并予以落实，以确保风险得到有效预控。		
				电视中心	1．重大直播应在先期考察和协调的基础上，制定详尽的技术和实施方案。 2．对非本台播出节目进行转播前，应经过节目主管部门批准，并制定完善可行的保障方案。		

		1.3.7 安全播出 记录与 技术档案 管理	1.3.7.1 记录设置 的适宜性	所有 专业	安全播出责任单位应建立证实安全播出风险有效控制的工作记录，记录方式及保存期限应符合相关法律法规及其标准要求，满足实际业务管理的要求。		
			1.3.7.2 技术档案 管理 规范性	所有 专业	安全播出责任单位应建立与完善与安全播出有关的技术档案资料，对资料的归档、转储、借阅、使用及其控制应满足安全播出管理的需要。		
	1.4 经费 保障	1.4.1 技术系统 改造与 运维资金	1.4.1.1 技术系统 更改、 改造资金	所有 专业	安全播出责任单位应根据控制风险的需要科学编制经费预算，按照规定要求合理合规地使用资金，经费用于：技术系统更新改造、优化的需要。		
			1.4.1.2 技术系统 运维资金 （含备品 备件采购） 资金	所有 专业	安全播出责任单位应根据控制风险的需要科学编制经费预算，按照规定要求合理合规地使用资金，经费用于：技术系统检维修、维护保养的需要；安全防范工作的需要。		
		1.4.2 应急资金	1.4.2.1 应急资源 储备和维 护资金	所有 专业	安全播出责任单位应根据控制风险的需要科学编制经费预算，按照规定要求合理合规地使用资金，经费用于：应急资源储备和维护更新的需要。		
2. 日常 运维 保障 能力	2.1 信号 源与 节目 源安 全	2.1.1 信号源 安全	2.1.1.1 信号 接入安全	所有 专业	安全播出责任单位应与信号源提供方共同确认信号输入路由，提供方与接入方应清晰界定各自的维护范围，明确双方责任，建立上下游业务协调机制，共同识别信号输入可能存在的风险并制定预控措施和应对措施，确保信号输入的安全。要求： a) 接入外来信号源应得到广播影视行政部门的批准，信号接入路由应报备；		

					b）不擅自接入境外广播电视节目； c）使用专用信道完整传输必转的广播电视节目； d）根据节目重要性采取多路由接收信号。			
				广播中心、电视中心	1. 转播中央一套节目或省卫视节目时，应有两路不同路由的信号源； 2. SNG 传送的信号应加扰后传送，信号传送及使用单位应对主要传送环节的信号进行监测，并与信号调度部门和卫星测控站保持密切联系； 3. 集成节目的信号接入应确保信源内容安全，技术指标符合节目制作相关标准； 4. 单位租用信号传送所用卫星资源应遵循《卫星传送广播电视临时业务管理规定》等有关规定，并与卫星公司标定极化隔离度和上行功率。			
			2.1.1.2 信源质量监测	所有专业	1. 安全播出责任单位应对接入的信号源进行内容监测和技术指标监测，确保信源接入安全； 2. 采用录音、录像或者保存技术监测信息等方式对输入节目信号的质量进行记录，异态信息应保存一年以上。			
				广播中心、电视中心	对系统外来的信号（卫星信号、微波信号、有线信号，以及演播室、转播车等信号）进行监测。			
				卫星广播电视地球站	1. 应检测信号源的质量； 2. 应记录信号源中断时间和信号源倒换的时间。			

（续表）

		2.1.2 节目源 安全	2.1.2.1 节目 内容审核	所有 专业	安全播出责任单位应对不同来源、不同类型的视听节目进行内容审核，明确节目内容审查的时机、程序、方式、标准，指定审核人员，赋予职责和权限，确保节目质量符合法律法规及其相关标准要求，对存在的风险点实施有效控制。			
				有线 广播电视	互动电视节目内容安全满足： 1. 对互动电视节目、EPG广告和邮件等数据信息进行内容审核； 2. 点播节目重新发布需重新入库上线时应再次进行内容审核。			
				网络广播 电视台	1. 应在节目入库、节目上线前配置内容审核环节，确保节目的准确性及完整性； 2. 对将发布的内容应设置内容审核环节，经审核通过后方可发布。内容发布过程应具备日志记录、审计功能，并应采取措施对已经发布的内容进行监控。内容发布系统应通过内容分发网络与互联网连接； 3. 应将节目发布库和对应节目数据库分别存储于不同设备。应支持数据库自动备份与恢复功能，支持屏蔽前台提交的敏感字符。			
			2.1.2.2 节目技术 指标审核	所有 专业	1. 安全播出责任单位应对不同来源、不同类型的视听节目进行技术审核，明确节目技术审核的时机、程序、方式、标准，指定审核人员，赋予职责和权限，确保节目质量符合法律法规及其相关标准要求，对存在的风险点实施有效控制； 2. 为确保节目源的安全，应满足：			

（续表）

					a) 引进的节目履行报批手续； b) 采购的节目进行供方资格、能力评价； c) 集成的节目应追溯节目源的安全； d) 直播的节目应制定直播方案，识别风险并明确控制措施，在适当阶段预先验证风险预控措施和应对措施的可靠性。			
				电视中心	1. 节目制作标准： （1）标准清晰度节目带制作应符合《标准清晰度数字电视节目录像磁带录制规范》（GY/T 223）； （2）高清晰度节目带制作应符合《高清晰度电视节目制作及交换用视频参数》（GY/T 155）。 2. 节目的播前技审： （1）模拟节目带应符合《电视节目带技术质量检验方法》（GY/T 120）； （2）数字节目带应符合《标准清晰度数字电视录像磁带录制规范》（GY/T 223）； （3）高清晰度节目带参照《数字电视图像质量主观评价方法》（GY/T 134）有关内容执行； （4）节目文件技审宜采取内容质量监测系统自动审查与人工复审相结合的方式，先执行自动审查，自动审查选出有问题的文件再由人工复审；重播节目应重审。 3. 采用硬盘播出方式应有头尾检测环节，对入库节目文件进行可播性检测。			
				广播中心	节目制作标准：应符合《广播节目声音质量主观评价方法和技术指标要求》（GB/T 16463）和《数字音频设备的满度电平》（GY/T 192）。			

（续表）

				有线广播电视网	互动电视节目内容安全满足： 1. 对互动电视节目、EPG广告和邮件等数据信息进行技术审核； 2. 点播节目重新发布需重新入库上线时应再次进行技术审核。			
				网络广播电视台	1. 应在节目入库、节目上线前配置技术审核环节，确保节目的准确性及完整性； 2. 对将发布的内容应设置技术审核环节，经审核通过后方可发布。			
			2.1.2.3 节目送播安全	所有专业	1. 视听节目送播路径清晰，送播责任、手段、截止时间明确，节目在入库、上下线过程中存在的风险应得到有效预控； 2. 为确保节目源的安全，应满足节目信息完整，节目标识具有唯一性，不被篡改。			
				电视中心	1. 送播节目应与节目编排内容相符，并由专人负责送播，特别重要的节目应有备份送播手段。节目带一旦送播，任何人不得擅自取走或修改；送播节目带应至少提前一天完成上载；送播节目带再播时，应再审再送。 2. 临时送播带应建立专项管理机制，明确规定节目带送达播出部门的截止时间。 3. 在文件送播的所有迁移过程中均应有相应的校验机制，且采用开放的接口，使得各环节都能获取其信息。根据实际情况，应设置节目迁移至播出平台的截止时间。 4. 节目带管理人员应核查节目带的播出信息并做好出入库记录，对于有问题或者不能按时入库的节目带应及时与节目部门协调解决。			

（续表）

				广播中心	制作人员在发送录播节目的信息中应完整标注相关节目信息，录播节目标识应唯一。			
				有线广播电视网	互动电视节目内容安全满足： 1. 采取安全防护措施，确保节目内容库和节目上下线安全； 2. 新上线节目内容应通过不同型号、版本和权限的终端进行验证； 3. 采取安全措施，确保互动电视 EPG 模板的安全。			
				网络广播电视台	1. 在编目、加工等环节应设定多重强制性人工审核，在确认审核通过之后，方可进入媒资管理及发布环节； 2. 应建立存储介质入库、转储、借阅、使用、归档、检查、销毁登记制度并落实。媒资管理应具备恢复机制，并定期进行节目文件完整性校验； 3. 页面模板在正式发布前，应进行预发布和审核，待审核通过后方可发布；应进行发布节目关联测试，确保内容发布的有效性；应对发布的页面模板进行归档备份，页面模板压缩包应加密保存；使用备份的页面模板前应进行文件完整性检查，以防止内容被篡改； 4. 应将节目发布库和对应节目数据库分别存储于不同设备。应支持数据库自动备份与恢复功能，支持屏蔽前台提交的敏感字符。			
			2.1.2.4 节目备播安全	所有专业	安全播出责任单位应加强备播节目的管理，要求： a) 对待播的节目应按要求审定； b) 重要节目应有备份，满足应急播出的需要；			

（续表）

					c) 应提供与所播节目风格一致的垫片节目。			
				广播中心	1. 对于重要节目，应制作符合审查规定的备播节目，并发至相应的直播机房，供应急播出时使用； 2. 节目部门应提供垫播节目，经审查后发至相应的直播机房和播出工作站，内容应符合本部门节目特点，垫播节目应适宜随时切出并恢复到正常节目； 3. 应由专人对待播节目进行节目审定。			
				网络广播电视台	应将节目发布库和对应节目数据库分别存储于不同设备。应支持数据库自动备份与恢复功能，支持屏蔽前台提交的敏感字符。			
		2.2.1 日常业务调度	2.2.1.1 业务调度计划安排合理	所有专业	1. 安全播出责任单位应依照行业主管部门审批的业务范围从事视听节目播出和信号传输、覆盖业务。 2. 安全播出责任单位应规定日常业务的调度程序，明确调度部门及其责任人，协调单位内部各业务之间关系以及与安全播出有关的外部单位之间的业务关系，确保各项业务有序、规范。业务调度应： a) 跨单位、跨部门的业务调度和操作指令应采取适宜方式及时、准确地传递至相关人员； b) 业务计划的编制依据应准确、充分，编制的结果应履行必要的审核审批手续； c) 应对业务计划执行情况进行监督。			

（续表）

				广播中心、电视中心	节目编排： 1. 应由专人负责节目串联单的编排、审定工作，串联单应经审核确认后下达播出部门。 2. 播出节目编排信息等应及时发至相应部门；从编排、下达到接收、输入，应制定分级的确认审核制度，各环节均应有责任人检查、复核并签字。			
			2.2.1.2 业务调度计划变更控制	所有专业	当内外部环境发生变化时，应对计划做出调整，重新履行审核审批程序。			
				广播中心、电视中心	播出节目变更信息等应及时发至相应部门。			
		2.2.2 业务变更管理	2.2.2.1 停播停传管理	所有专业	停播、停传根据影响的范围逐级报批。			
				无线发射台	例行停机检修和临时停机应按程序逐级报广播影视行政部门审批。			
			2.2.2.2 运行变更履行报审报批备案手续	所有专业	安全播出责任单位应在业务变更前，按照主管部门的规定履行报审、报批、备案手续。业务变更应： a）凡是播出方式、传输覆盖方式、运行参数等变更的，按要求报批。 b）凡是运行变更影响下游安全播出责任单位的，在变更前通知下游单位并做好配合。			
				广播中心、电视中心	如果直接接到当地宣传管理部门关于重大活动的直播任务，应立即报告广播影视行政部门。			
				卫星广播电视地球站	1. 播出中需要进行主备设备或播出系统手动切换时，应提前报国家新闻出版广电总局（以下简称总局）批准，应急处置时可先			

（续表）

2.3 播出／传输／覆盖业务操作处理	2.3.1 业务操作	2.3.1.1 业务操作准备	所有专业	安全播出责任单位应对每项与安全播出有关的业务按照 PDCA 方法（策划、实施、检查、改进）进行管理，在策划阶段识别风险并制定风险预控措施，确保业务过程的安全。 a）安全播出责任单位在业务实施前确认操作条件。 b）影响安全播出的风险得到评估，风险预控措施完备。 c）业务处理的程序清晰，明确责任和各环节控制要求，业务有关信息已传递至相关操作人员并得到理解和沟通。 d）当业务处理的结果不能由后续的监视和测量活动加以验证时，应对该业务的各环节及其资源预先确认。 e）减少业务操作对上下游活动的影响。 f）确认工作环境适宜。			

操作后报告。

2. 对标定上行功率等相关运行参数的调整操作，应报总局批准。

3. 地球站周边应保持良好的电磁环境，出现电磁干扰影响播出或下行接收时，应及时联系有关部门排查并协调解决。

广播中心、电视中心

一、直播：

1. 开办有群众参与的广播电视直播节目应报当地广播影视行政部门批准并报上级广播影视行政部门备案；

2. 应指定现场负责人员，负责突发事件的应急管理工作；节目部门应有专门人员负责直播现场和播控中心的协调；

3. 外出直播应事先详细考察，

					直播设备进场前逐一确认条件。 4.直播前应对系统设施进行播前测试，核对开播时间、播出长度等信息；开播前30分钟应完成视音频信号测试（包括声画同步测试）并保持畅通。 二、外场转播时，各转播点应提前和播控中心确认时钟；单边连线时，应事先完成相应的通话测试、摄像机电池检查等； 三、录播 节目播出前，应对入库的待播节目进行确认。			
			2.3.1.2 业务操作 实施	所有 专业	安全播出在业务实施过程中应： a）按策划的要求实施业务活动的过程控制，业务操作应符合相关法律法规、标准及其他要求，保留其相关信息。 b）按策划的要求对业务实现的结果进行检查，确保满足安全播出要求。 c）业务处理条件发生变更时，对变更进行评审，确保适宜性。 d）业务实施过程中发生紧急突发情况时，应及时采取应急措施或启动应急预案，消除风险带来的不良影响。			
				广播中心、电视中心	一、直播： 大型和重要现场直播需由主管领导负责组织协调，部署现场直播的宣传、技术方案和节目调整等事宜。应确定技术总指挥，负责技术保障方案和应急预案的落实。 二、转播： 转播时，节目部门应有专人在播控中心负责，保证完整转播，并做好转播前后的节目切换和衔接			

					工作；应按上级要求使用延时器； 三、录播： 卫星电视节目正常播出结束后，应持续传送台标，可叠加测试图或其他可视信号，不得传送临时交换节目、素材。			
				卫星广播电视地球站	1. 载波应保持连续发送，单一载波占用全转发器时应保证转发器工作在饱和状态，多载波共用转发器时应保证转发器工作在最小输出功率回退点。 2. 应使用本站最大功率高功放和最高增益天线作为主用上行系统，确保最强上行能力。 3. 主用上行系统的主备高功放均应接入自动功率控制系统，并保持主备高功放功率一致；除系统检修、日凌、雨雪衰、协调降功率等特殊情况外，自动功率提升系统应工作于自动状态。			
	2.3.2 技术系统运行操作	2.3.2.1 技术系统运行规范	所有专业	相关岗位人员按照技术系统有关的管理类文件、技术类文件实施规范化、标准化操作。			
		2.3.2.2 技术系统运行稳定、可靠	所有专业	技术系统运行稳定、可靠，环境条件适宜，无安全播出隐患，主要参数设置科学，性能指标波动在合理区间内。			
2.4 技术系统更新改造管理	2.4.1 技术系统新改扩建、迁建项目管理	2.4.1.1 履行报审报批备案手续	所有专业	安全播出责任单位涉及技术系统更新、改造、优化的项目，应在实施前识别因项目实施可能产生的安全播出风险，制定项目实施方案，经论证，履行必要的审核审批手续后方可实施。			
			光缆传输干线网	光缆干线网运营机构应将光缆线路路由报广播影视行政部门和相关城市规划管理部门备案。			

（续表）

				卫星广播电视地球站	根据总局有关文件批复承担新的上星播出任务的地球站，应在正式上行前10个工作日报总局备案。			
				所有专业	1. 技术系统更新、改造项目应按照策划的结果及其相关法律法规、标准进行测试、验收。 2. 技术系统需试运行的，应明确试运行时间，履行报审、报批、报备程序。 3. 试运行期间，应对主要参数进行记录，以证实技术系统运行的稳定性。			
			2.4.1.2 项目实施管理	广播中心、电视中心	1. 项目实施过程中应制订科学的计划、方案并组织实施，对实施过程进行动态监督管理，及时发现安全隐患并制定措施加以落实，避免对安全播出造成影响； 2. 施工过程中，应遵守相关安全规范，并做到：严格划分出施工区域，放置警示牌，并进行有效管控；安排熟悉安全播出的人员监督整个施工过程，发现威胁安全播出的行为，立即予以制止；在播出机房内施工，应与播出运行设施隔离，并加强对播出设备和机房环境的巡视；施工用电应与播出用电分离。 3. 应按项目实施方案、GY/T5006《广播电影电视工程建设项目竣工验收工作规程》的要求组织技术系统的内部验收，并通过审批单位验收后投入使用，确保技术系统运行稳定、可靠，投入运行满足安全播出需要。			
				有线广播电视网	按项目方式进行技术改造与网络优化，过程实施规范。			

				网络广播电视台	施工完成后，应对涉及的设备及软件进行安全播出评估和信息安全测评，经安全主管人员确认后，再上线运行。同时，将新增系统或调整部分的技术资料存档，并对涉及的管理制度、操作规程、责任划分、应急预案等进行相应调整，告知并培训有关运维人员。			
				IPTV	集成播控平台灾难恢复中心应根据统筹规划、资源共享的原则，合理地开展选址及施工工作。应保证数据备份的及时性和有效性、备用数据处理系统和备用网络系统可用性，并具备快速应急响应能力。			
2.5 技术系统维护管理	2.5.1 技术系统预防性维护	2.5.1.1 技术系统维护保养管理		所有专业	1. 安全播出责任单位应策划对技术系统的预防性维护工作，按策划要求予以实施，保留维护保养实施的证据，要求： a) 确定技术系统维护目标，明确维护的责任分工及其范围； b) 依据技术系统配置信息、技术系统维护说明文件以及实际使用情况，科学制订技术系统周期性维护保养计划，内容应包括维护保养的项目、内容、频次、方式、标准，履行审核审批程序； c) 应将维护保养计划传递至相关责任人，做好维护保养的各项准备工作，在维护保养前应确认维护保养条件； d) 技术系统维护保养操作应规范，严格按照维护保养标准的各项要求进行验收。 2. 存在技术系统代维的，对代维单位的管理要求： （1）选择具有相应保障能力的代维单位，签订有效协议，明确			

					双方的责任和义务。 （2）指定专人对代维单位的运行维护质量进行监督、检查和管理；应对代维单位的操作进行规范，在代维单位进行维护操作时，应安排内部人员监督管理；禁止代维单位的远程维护。 （3）设备所在地单位应承担设备运行监测、故障应急处置等代维任务，并与委托方签订有效协议，明确双方的责任和义务；应严格履行协议范围内的相关责任和义务，及时向委托方反馈运行维护情况。 （4）代维单位应指派驻场代维人员并提供详细个人信息，其能力应满足现场代维服务需要。			
				广播中心、电视中心、有线广播电视网、网络广播电视台	应定期对存储介质的完整性、可用性检查，确保数据或软件没有损坏、丢失。			
			2.5.1.2 技术系统检修管理	所有专业	安全播出责任单位应策划技术系统的检修工作，按策划要求予以实施，保留检修实施的证据，要求： a）根据本单位安全播出任务和技术系统实际运行情况，科学制订技术系统检修计划，明确检修事由、项目、程序及其标准，制定检修方案，履行审核审批程序。 b）应将检修方案传递至相关人员，在检修前对检修的条件进行确认。 c）技术系统检修操作应操作规范，严格按照检查标准逐一测试、验收。			

（续表）

			2.5.1.3 工具、仪器仪表管理	所有专业	技术系统维护保养、检修所需的工具、仪器仪表应妥善放置和保管，要求： a) 根据需要对工具、仪器仪表进行检查、维护。 b) 按照相关法律法规及其标准的要求对仪器仪表进行检定、校准，确保其精确度和准确度。			
		2.5.2 技术系统故障性维修	2.5.2.1 技术系统故障性维修管理	所有专业	安全播出责任单位应明确报修信息的接收渠道，落实责任部门、责任人，确定报修响应级别，根据报修的紧急、重要程度按照优先顺序实施报修调度，做到信息传递及时、准确，应保留报修登记、维修调度的证据。要求： a) 维修实施前，根据不同故障信息识别已存在的风险以及因维修活动可能引发新的风险，策划维修程序及过程控制要求，由具备能力的维修人员对维修条件进行确认。 b) 维修实施过程应操作规范，维修结果应得到相关人员的验收。			
			2.5.2.2 备品备件管理	所有专业	安全播出责任单位应科学制订备品备件供应计划，按要求对备品备件进行保管、检查检测、维护，其质量、数量应满足技术系统维修的需求。			
				光缆传输干线网	1. 二级基础网络站点所需重要备件：中心站在4小时内送达，节点站在6小时送达，中断站在10小时内送达。 2. 一级基础网络站点所需重要备件：中心站在2小时送达，节点站在4小时送达，中断站在10小时内送达。			

3. 重要 保障 期保 障能 力	3.1 重要 保障 期前 的管 理	3.1.1 组织和 人员保障	3.1.1.1 组织和 人员保障 条件确认	所有 专业	1. 安全播出责任单位接到重要保障期通知后，按照重要保障期方案要求做好动员部署，确认重要保障期间： a）安全播出相关领导、部门及其岗位的职责。 b）安全播出相关人员的数量及其人员能力。 c）协调外部相关单位做好电力供应、线路传输、通信联络等保障工作。 2. 重要保障期前应提前协调电力供应、线路传输、通信联络、设备生产商、系统集成商等相关单位和部门为广播电视播出、传输、覆盖提供重点保障。			
		3.1.2 技术系统 保障	3.1.2.1 技术系统 全面检查、 测试	所有 专业	安全播出责任单位应在重要保障期前对技术系统进行全面检修、测试，确保性能管理，运行安全可靠。对应急工具、灾备系统进行全面检查，确保满足应急管理的需要。			
			3.1.2.2 备品备件 检查 与补充	所有 专业	对备品备件进行全面检查并及时补充。			
		3.1.3 节目源与 信号源 保障	3.1.3.1 节目源、 信号源安 全确认	所有 专业	安全播出责任单位应对信号源、节目源可能存在的风险进行排查并落实预控措施，确保其安全。			
		3.1.4 业务流程 安全	3.1.4 业务流程 风险预控 确认	所有 专业	安全播出责任单位应对业务流程可能存在的风险进行排查并落实预控措施，确保业务操作规范、安全。			
		3.1.5 工作环境 安全	3.1.5.1 工作条件、 工作环境 确认	所有 专业	安全播出责任单位应对技术系统运行环境、人员工作环境进行确认，确保不影响安全播出。			

	3.2 重要保障期间的管理	3.2.1 重要保障期间业务管理	3.2.1.1 落实重要保障期措施	所有专业	1. 安全播出责任单位应按照重要保障期方案落实各项措施，有效控制和应对各类影响安全播出的风险。 2. 重要节目和重点时段，安全播出主管领导应当现场指挥。		
4. 应急准备和响应能力	4.1 应急准备	4.1.1 应急资源管理	4.1.1.1 应急资源储备	所有专业	安全播出责任单位应按照应急预案、应急处理措施的安排，储备应急物资并定期进行检查，满足应对紧急突发情况的需要。		
			4.1.1.2 应急设备设施测试	所有专业	安全播出责任单位应测试、检测应急设备，验证其应急能力，确保随时可用。		
		4.1.2 应急人员保障	4.1.2.1 应急人员配备及其能力确认	所有专业	安全播出责任单位应按照应急预案的要求，采取适当方式对参与应急的人员进行培训，组织应急演练，验证人员理论与实操能力。		
		4.1.3 应急程序测试	4.1.3.1 应急程序测试情况	所有专业	安全播出责任单位应按照应急预案的安排，设计紧急突发情况场景，组织相关人员测试应急程序，以验证程序的适宜性及其应急响应能力。		
	4.2 应急响应	4.2.1 紧急应对	4.2.1.1 应急措施落实到位	所有专业	1. 一旦发生紧急突发情况，应按程序进行信息沟通与传递，其上报、处置应符合相关法律法规及其相关要求。 2. 紧急情况下，相关人员应迅速反应、及时处置，做到指挥调度有序，处置方法得当，尽可能减少风险对安全播出的影响。 3. 发现紧急突发情况应： （1）发现突发事件时，播出、传输、发射、接收的广播电视节目信号受到侵扰或发现异常信号时，应立即切断异常信号传播，并在可能的情况下倒换正常信号。		

					（2）发现无线信号受到干扰时，应当立即报请所在地人民政府无线电管理部门排查干扰。 （3）发生危及人身安全或设施安全的突发事件时，应当在保证人身安全、设施安全的情况下，采取措施尽快恢复播出；恢复节目信号播出时遵循"先中央、后地方；先公益、后付费"的原则。 （4）紧急状态下，应服从广播影视行政部门对应急资源的统一调配。			
				卫星广播电视地球站	节目加扰流和清流切换应符合专业实施细则规定的要求。		
5.自监*自测自查能力	5.1业务运行指标监测	5.1.1业务质量监督	5.1.1.1业务输出结果的监测	所有专业	1. 安全播出责任单位应科学设置业务指标监测点，明确监测方式、频次、标准，对播出、传输、覆盖的信号质量进行动态监测，随时掌握业务运行水平。 2. 安全播出责任单位通过业务运行指标参数的统计分析，了解业务运行趋势及其质量波动范围，必要时做出调整，确保业务运行指标稳定。 3. 采用录音、录像或者保存技术监测信息等方式对输出节目信号的质量进行记录，异态信息应保存一年以上。		
				光缆传输干线网	在中心站、节点站设立节目监视和监测系统： （1）中心站对全网接收和传送的主要节目图像、声音和TS码流进行监看、监听和监测。 （2）节点站对本站接收和传送的节目图像和声音进行监看和监听。		

（续表）

			广播中心、电视中心	将信号正确分配到各输出端，为发射、传送提供完整的节目信号源。			
			卫星广播电视地球站	应对重要节点信号进行视音频实时监听监看，重要节点信号包括： （1）所有播出节目源信号、上行链路主要播出环节信号、本站节目上行播出天线接收的信号及3米以下（含）小口径天线接收的信号、同转发器电视节目的接收信号； （2）采用录音、录像或者记录码流等方式对信号源、上行自环信号及上行播出天线接收的本站节目信号质量进行记录。			
5.2 技术系统异态监测	5.2.1 技术系统异态监测	5.2.1.1 技术系统运行异态监测	所有专业	1. 安全播出责任单位应监视技术系统运行状态，设置异态监测点，明确监测方式、频次、标准，随时掌握技术系统的运行情况。包括： （1）与广播电视播出、传输、覆盖有关的设备运行的主要技术数据、运行时间和停机时间进行监控；记录设备倒换状态和时间以及主要设备的技术参数信息。 （2）对供配电系统中的主要运行参数和关键设备运行技术参数进行实时监测。 （3）对重点部位进行安防监控。 2. 安全播出责任单位应对技术系统所处的工作环境进行监视，以了解其环境适宜性。 3. 安全播出责任单位通过技术系统异态监测、工作环境数据的统计分析，了解技术系统运行工况及环境的变化，必要时做出调整，确保技术系统运行可靠、稳定。			

			卫星广播电视地球站	应全面监控播出系统设备，实现设备或运行状态异常声光告警、异态数据存储等运行监控功能，并与全国地球站运行监测平台对接，提供相关运行数据。			
5.3 信息安全风险自评	5.3.1 信息安全风险自评	5.3.1.1 信息安全风险自评	所有专业	安全播出责任单位应依据GD/J044《广播电视相关信息系统安全等级保护测评要求》制定测评方案，按方案组织落实对信息系统的测评工作，形成测评报告。			
			网络广播电视台	应定期对网络拓扑进行复核审计，网络拓扑图应和当前实际运行的情况一致，并应当反映出实际的物理位置和物理连接情况，对网络拓扑图以及变更情况文档，应妥善保存；复核审计工作应每半年一次。			
5.4 安全播出保障体系自评	5.4.1 保障体系运行情况自评	5.4.1.1 保障体系运行自评	所有专业	安全播出责任单位应对本单位安全播出保障体系（包括管理类文件、技术类文件及其相关方案、预案）建立与运行情况进行自查，制订检查计划并按计划予以落实，形成自查报告。			
			光缆传输干线网	1. 应按照安全播出检查和考核制度要求，由光缆运营机构定期对各运行维护单位进行检查。2. 应对技术系统和播出管理进行安全播出风险评估。			
5.5 业务关联单位评价	5.5.1 业务上下游单位评价	5.5.1.1 业务上下游单位意见征集	所有专业	安全播出责任单位应确定本单位与单位外部的业务接口，收集业务链上下游单位对本单位安全播出工作的意见和建议及其评价的信息。			
	5.5.2 监测机构评价		所有专业	1. 应向广播电视监测机构主动提供监测信号和相关信息，以利于监测机构掌握安全播出责任单位的安全播出质量。2. 安全播出调度、指挥信息沟通畅通，根据要求能够及时反馈。			

（续表）

				不符合来自：业务运行指标监测、技术系统异态监测、信息系统安全等级保护测评、安全播出保障体系的自查、业务链上下游相关方评价，对不符合应：			
	6.1 检查监测发现的不符合整改	6.1.1 不符合的整改	6.1.1.1 不符合的整改	所有专业	a）评审不符合并分析其原因。 b）制定纠正措施、预防措施，评审纠正措施、预防措施的有效性。 c）落实纠正措施和预防措施并验证其效果。		
6. 持续改进能力	6.2 事故事件调查处理与预防能力	6.2.1 事故事件的调查处理与预防	6.2.1.1 事故事件的调查处理与预防	所有专业	1．安全播出责任单位应对已发生的事故事件组织调查，查明事故事件发生的经过、原因、影响程度，认定事故事件的性质和责任，提出对责任者的处理建议，总结事故事件教训，提出防范和整改措施，提交事故事件调查报告。 2．事故应按照"四不放过"原则进行处理，即：事故原因未查清不放过，事故责任人未受到处理不放过，事故责任人和相关人员未受到教育不放过，事故没有制定切实可行的整改措施不放过。 3．对于已发生的安全播出事故、事件应分析原因，制定行之有效的预防措施，避免事故事件再发生。		
7. 事故／事件管理	7.1 事件	7.1.1 破坏侵扰事件	7.1.1.1 干扰插播	所有专业	1．直播插播： （1）特别重大事件：省级及以上广播电视中心直播中出现被插播的非法画面、声音、文字、图像等。 （2）重大事件：省级以下广播电视中心直播中出现被插播的非法画面、声音、文字、图像等。		

					2. 有线插播： （1）特别重大事件：有线前端信号或系统、线路被非法插播，导致 500 户及以上的用户收视受影响。 （2）重大事件：有线前端信号或系统、线路被非法插播，导致 500 户以下的用户收视受影响。 3. 无线同频插播： （1）特别重大事件：非法播出内容同频发射覆盖半径大于等于 10 公里或覆盖了敏感地区、人口密集地区。 （2）重大事件：非法播出内容同频发射覆盖半径小于 10 公里。 4. 卫星受干扰： （1）特别重大事件：传输广播电视信号的卫星受到非法攻击，导致下行接收节目出现非法画面、声音、文字、图像等。 （2）重大事件：传输广播电视信号的卫星受到非法攻击，导致下行接收节目出现黑屏或马赛克。			
			7.1.1.2 攻击破坏		1. 特别重大事件：造成省级及以上广播电视播出传输设施无法使用 3 小时以上；地市级广播电视播出传输设施无法使用 12 小时以上；县级广播电视播出传输设施无法使用 48 小时以上；财产损失 50 万元以上。 2. 重大事件：造成省级及以上广播电视播出传输设施无法使用；地市级广播电视播出传输设施无法使用 3 小时以上；县级广播电视播出传输设施无法使用 12 小时以上；财产损失 30 万元以上。			

（续表）

					3. 较大事件：造成广播电视播出传输设施无法使用，但尚未达到重大事件标准，或财产损失30万元以下。			
		7.1.2 信息安全 事件			1. 特别重大事件：造成省级及以上安全播出责任单位全台性停播；省级及以上广播电视传输覆盖网内设施无法使用3小时以上；地市级广播电视传输覆盖网内设施无法使用12小时以上；县级广播电视传输覆盖网内设施无法使用48小时以上；利用设备、设施、网络发布、传播非法信息内容；信息被非法删除、窃取、篡改等造成负面影响；财产损失50万元以上。			
					2. 重大事件：造成省级及以上广播电视传输覆盖网内设施无法使用；省级以下安全播出责任单位全台性停播；地市级广播电视传输覆盖网内设施无法使用3小时以上；县级广播电视传输覆盖网内设施无法使用12小时以上；财产损失30万元以上。			
					3. 较大事件：造成重大停播，但尚未达到重大事件标准；财产损失30万元以下。			
		7.1.3 自然灾害 事件			1. 特别重大事件：造成覆盖计划单列市及以上城市的安全播出责任单位停播12小时以上；覆盖其他地市的安全播出责任单位停播48小时以上；覆盖地市以下的安全播出责任单位停播96小时以上。			
					2. 重大事件：造成覆盖计划单列市及以上城市的安全播出责任单位停播6小时以上；覆盖其他地市的安全播出责任单位停播24小时以上；覆盖地市以下的			

（续表）

				安全播出责任单位停播48小时以上。 3. 较大事件：造成安全播出责任单位重大停播，但尚未达到重大事件标准的。			
		7.1.4 技术安全事件		1. 特别重大事件：在技术系统的安装调试及运行维护中发生的人员死亡（含本单位雇用人员）；广播电视设备、设施损毁，经济损失达50万元以上。 2. 重大事件：在技术系统的安装调试及运行维护中发生的人员重伤（含本单位雇用人员）；广播电视设备、设施损毁，经济损失达30万元以上，但不足50万元。 3. 较大事件：在技术系统的安装调试及运行维护中发生的人员受伤（含本单位雇用人员）；广播电视设备、设施损毁，经济损失不足30万元以下。			
7.2 事故	7.2.1 停播事故		广播中心	1. 省级及以上 （1）全台性停播：日常≥1分钟；日常重点时段／重保期≥30秒钟；重保期的重点时段≥15秒钟。 （2）上星广播节目停播（不含付费节目）：日常≥3分钟；日常重点时段／重保期≥30秒钟；重保期的重点时段≥15秒钟。 （3）上星付费广播节目停播：日常≥5分钟；日常重点时段／重保期≥1分钟；重保期的重点时段≥30秒钟。 （4）其他广播节目停播：日常≥10分钟；日常重点时段／重保期≥5分钟；重保期的重点时段≥1分钟。			

（续表）

					2. 地市级 （1）全台性停播：日常 ≥ 10 分钟；日常重点时段／重保期 ≥ 5 分钟；重保期的重点时段 ≥ 1 分钟。 （2）部分节目停播：日常 ≥ 30 分钟；日常重点时段／重保期 ≥ 10 分钟；重保期的重点时段 ≥ 5 分钟。 （3）县级 （1）全台性停播：日常 ≥ 30 分钟；日常重点时段／重保期 ≥ 10 分钟；重保期的重点时段 ≥ 5 分钟。 （2）部分节目停播：1 小时 ≥ 30 分钟；日常重点时段／重保期 ≥ 30 分钟；重保期的重点时段 ≥ 10 分钟。			
				电视中心	1. 省级及以上 (1)全台性停播：日常 ≥ 10 秒钟；日常重点时段／重保期 ≥ 5 秒钟；重保期的重点时段 ≥ 3 秒钟； (2)上星电视频道停播（不含付费频道）：日常 ≥ 30 秒钟；日常重点时段／重保期 ≥ 10 秒钟；重保期的重点时段 ≥ 3 秒钟； (3)上星付费频道停播：日常 ≥ 5 分钟；日常重点时段／重保期 ≥ 3 分钟；重保期的重点时段 ≥ 1 分钟。 (4)其他节目停播：日常 ≥ 5 分钟；日常重点时段／重保期 ≥ 3 分钟；重保期的重点时段 ≥ 1 分钟。 2. 地市级 （1）全台性停播：日常 ≥ 5 分钟；日常重点时段／重保期 ≥ 3 分钟；重保期的重点时段 ≥ 1 分钟。			

（续表）

				3. 县级 （1）全台性停播：日常≥10分钟；日常重点时段／重保期≥5分钟；重保期的重点时段≥3分钟。 （2）部分节目停播：日常≥1小时；日常重点时段／重保期≥30分钟；重保期的重点时段≥10分钟。			
			集成平台	1. 全台性停播：日常≥10秒钟；日常重点时段／重保期≥5秒钟；重保期的重点时段≥3秒钟。 2. 传输星节目源：日常≥30秒钟；日常重点时段／重保期≥10秒钟；重保期的重点时段≥3秒钟。 3. 直播星节目源／走出去节目源：日常≥1分钟；日常重点时段／重保期≥30秒钟；重保期的重点时段≥5秒钟。			
			节目传送中心	1. 全台性停播：日常≥10秒钟；日常重点时段／重保期≥5秒钟；重保期的重点时段≥3秒钟。 2. 卫星节目源停播：日常≥30秒钟；日常重点时段／重保期≥10秒钟；重保期的重点时段≥3秒钟。 3. 其他节目源停播：日常≥5分钟；日常重点时段／重保期≥3分钟；重保期的重点时段≥1分钟。			
			卫星传输	1. 全台性停播：日常≥10秒钟；日常重点时段／重保期≥5秒钟；重保期的重点时段≥3秒钟。 2. 全国覆盖节目停播：日常≥30秒钟；日常重点时段／重保期≥10秒钟；重保期的重点时段≥3秒钟。			

（续表）

					3. 区域性覆盖节目停：日常≥5分钟；日常重点时段／重保期≥3分钟；重保期的重点时段≥1分钟。		
				微波干线	1. 卫星节目源停播：日常≥30秒钟；日常重点时段／重保期≥10秒钟；重保期的重点时段≥3秒钟。 2. 其他节目源停播：日常≥5分钟；日常重点时段／重保期≥3分钟；重保期的重点时段≥1分钟。		
				光缆干线传输	1. 卫星节目源停播：日常≥30秒钟；日常重点时段／重保期≥10秒钟；重保期的重点时段≥3秒钟。 2. 其他节目源停播：日常≥10分钟；日常重点时段／重保期≥5分钟；重保期的重点时段≥3分钟。		
				有线广播电视网	1. 省级、省会城市、计划单列市前端 （1）全台性停播：日常≥5分钟；日常重点时段／重保期≥3分钟；重保期的重点时段≥1分钟。 （2）部分节目停播：日常≥30分钟；日常重点时段／重保期≥10分钟；重保期的重点时段≥5分钟。 2. 其他地市前端含 CMMB 前端 （1）全台性停播：日常≥10分钟；日常重点时段／重保期≥5分钟；重保期的重点时段≥3分钟； （2）部分节目停播：日常≥1小时；日常重点时段／重保期≥30分钟；重保期的重点时段≥10分钟。		

					3. 县级前端（含 CMMB 前端） （1）全台性停播：日常≥2小时；日常重点时段／重保期≥1小时；重保期的重点时段≥30分钟。 （2）部分节目停播：日常≥6小时；日常重点时段／重保期≥3小时；重保期的重点时段≥2小时。 4. 分配网影响用户≥10万户：日常≥1小时；日常重点时段／重保期≥30分钟；重保期的重点时段≥10分钟。 5. 分配网10万＞影响用户≥5万户：日常≥3小时；日常重点时段／重保期≥2小时；重保期的重点时段≥1小时。 6. 分配网1万＜影响用户数＜5万户：日常≥6小时；日常重点时段／重保期≥3小时；重保期的重点时段≥2小时。			
				无线 发射 短波	1. 全台性停播：日常≥1小时；日常重点时段／重保期≥30分钟；重保期的重点时段≥10分钟。 2. 部分节目停播：日常≥2小时；日常重点时段／重保期≥1小时；重保期的重点时段≥30分钟。			
				无线 发射 中波／ 调频／ 电视／ 地面 数字 电视	1. 中央直属和省会、计划单列市发射台 （1）全台性停播：日常≥30分钟；日常重点时段／重保期≥20分钟；重保期的重点时段≥10分钟。 （2）部分节目停播：日常≥1小时；日常重点时段／重保期≥30分钟；重保期的重点时段≥10分钟。			

					2. 其他省直属和地市所属发射台 （1）全台性停播：日常≥2小时；日常重点时段／重保期≥1小时；重保期的重点时段≥30分钟。 （2）部分节目停播：日常≥3小时；日常重点时段／重保期≥2小时；重保期的重点时段≥1小时。 3. 县级发射台 （1）全台性停播：日常≥6小时；日常重点时段／重保期≥3小时；重保期的重点时段≥2小时。 （2）部分节目停播：日常≥10小时；日常重点时段／重保期≥6小时；重保期的重点时段≥3小时。			
				IPTV、手机电视集成平台	1. 全台性停播：日常≥30分钟；日常重点时段／重保期≥20分钟；重保期的重点时段≥10分钟。 2. 直播频道中断：日常≥3小时；日常重点时段／重保期≥1小时；重保期的重点时段≥30分钟。			
				网络广播电视台	1. 全台性停播：日常≥30分钟；日常重点时段／重保期≥20分钟；重保期的重点时段≥10分钟。 2. 直播频道中断：日常≥3小时；日常重点时段／重保期≥1小时；重保期的重点时段≥30分钟。			

附录四 广播电视相关信息系统安全等级保护测评表

广播电视相关信息系统安全等级保护测评主要包括单元测评和整体测评两部分。单元测评是等级测评工作的基本活动，包括物理安全检查、网络安全检查、主机安全检查、应用安全检查、数据安全及备份恢复检查、安全管理制度检查、安全管理机构检查、人员安全管理检查、系统建设管理检查、系统运维管理检查等。整体测评是在单元测评的基础上，从安全控制点间、层面间和区域间进行安全分析和测评。

广播电视相关信息系统安全等级保护测评表

一、信息系统安全等级保护单元测评

（一）物理安全检查

序号	检查项	基本要求	检查记录与问题描述	符合性	整改建议
1	物理位置的选择	a) 机房的位置选择应符合《电子信息系统机房设计规范》（GB50174）的相关规定。			
		b) 机房和办公场地应选择在具有防震、防风和防雨等能力的建筑内。			
		c) 机房场地应避免设在建筑物的高层或地下室，以及用水设备的下层或隔壁，远离产生粉尘、油烟、有害气体以及生产或贮存具有腐蚀性、易燃、易爆物品的工厂、仓库、卖场等。			
2	物理访问控制	a) 机房出入口应安排专人值守或设置电子门禁系统，控制、鉴别和记录进入的人员。			
		b) 需进入机房的来访人员应经过申请和审批流程，并限制和监控其活动范围。			
3	防盗窃和防破坏	a) 应将主要设备放置在机房内；			
		b) 应将设备或主要部件进行固定，并设置明显的不易除去的标记；			
		c) 应将公共区域信号线缆铺设在隐蔽处，可铺设在地下或管道；			
		d) 应对介质分类标识，存储在介质库或档案室中；			
		e) 主机房应安装必要的防盗报警设施，利用光、电等技术设置机房防盗报警系统。			

（续表）

4	防雷击	a）机房建筑应设置避雷装置。			
		b）机房应设置交流电源地线。			
5	防火	机房应设置灭火设备和火灾自动报警系统。			
6	防水和防潮	a）水管安装，不得穿过机房屋顶和活动地板下。			
		b）应采取措施防止雨水通过机房窗户、屋顶和墙壁渗透。			
		c）应采取措施防止机房内水蒸气结露和地下积水的转移与渗透。			
7	防静电	关键设备应采用必要的接地防静电措施。			
8	温湿度控制	机房应设置温、湿度自动调节设施，使机房温、湿度的变化在设备运行所允许的范围之内。			
9	电力供应	a）应在机房供电线路上配置稳压器和过电压防护设备。			
		b）应提供短期的备用电力供应，至少满足关键设备在断电情况下的正常运行要求。			
10	电磁防护	电源线和通信线缆应隔离铺设，避免互相干扰。			
统计		本测评单元包含10个安全技术子项，其中符合项为××项，部分符合项为××项，不符合项为××项。			

（续表）

（二）网络安全检查

序号	检查项	基本要求	检查记录与问题描述	符合性	整改建议
1	结构安全	a）应保证关键网络设备的业务处理能力具备冗余空间，满足业务高峰期需要。			
		b）应保证接入网络和核心网络的带宽满足业务高峰期需要。			
		c）应绘制与当前运行情况相符的网络拓扑结构图。			
		d）应根据各部门的工作职能、重要性和所涉及信息的重要程度等因素，划分不同的子网或网段，并按照方便管理和控制的原则为各子网、网段分配地址段。			
2	访问控制	a）应在网络边界部署访问控制设备，启用访问控制功能。			
		b）应能根据会话状态信息为数据流提供明确的允许/拒绝访问的能力，控制粒度为网段级。			
		c）应按用户和系统之间的允许访问规则，决定允许或拒绝用户对受控系统进行资源访问，控制粒度为单个用户。			
		d）应限制具有拨号访问权限的用户数量。			
3	安全审计	a）应对网络系统中的网络设备运行状况、网络流量、用户行为等进行日志记录；			
		b）审计记录应包括事件的日期和时间、用户、事件类型、事件是否成功及其他与审计相关的信息。			
4	边界完整性检查	应能够对内部网络中出现的内部用户未通过准许私自联到外部网络的行为进行检查。			

（续表）

5	入侵防范	应在网络边界处监视以下攻击行为：端口扫描、强力攻击、木马后门攻击、拒绝服务攻击、缓冲区溢出攻击、IP碎片攻击和网络蠕虫攻击等。			
6	网络设备防护	a）应对登录网络设备的用户进行身份鉴别。			
		b）应对网络设备的管理员登录地址进行限制。			
		c）网络设备用户的标识应唯一。			
		d）身份鉴别信息应具有不易被冒用的特点，口令应有复杂度要求并定期更换。			
		e）应具有登录失败处理功能，可采取结束会话、限制非法登录次数和当网络登录连接超时自动退出等措施。			
		f）当对网络设备进行远程管理时，应采取必要措施防止鉴别信息在网络传输过程中被窃听。			
	统计	本测评单元包含6个安全技术子项，其中符合项为××项，部分符合项为××项，不符合项为××项，不适用项××项。			

（三）主机安全检查

序号	检查项	基本要求	检查记录与问题描述	符合性	整改建议
1	身份鉴别	a）应对登录操作系统和数据库系统的用户进行身份标识和鉴别。			
		b）操作系统和数据库系统管理用户身份标识应具有不易被冒用的特点，口令应有复杂度要求并定期更换。			
		c）应启用登录失败处理功能，可采取结束会话、限制非法登录次数和自动退出等措施。			
		d）当对服务器进行远程管理时，应采取必要措施，防止鉴别信息在网络传输过程中被窃听。			
		e）应为操作系统和数据库系统的不同用户分配不同的用户名，确保用户名具有唯一性。			
2	访问控制	a）应启用访问控制功能，依据安全策略控制用户对资源的访问；			
		b）应实现操作系统和数据库系统特权用户的权限分离；			
		c）应限制默认账户的访问权限，重命名系统默认账户，修改这些账户的默认口令；			
		d）应及时删除多余的、过期的账户，避免共享账户的存在。			
3	安全审计	a）审计范围应覆盖到服务器上的每个操作系统用户和数据库用户。			
		b）审计内容应包括重要用户行为、系统资源的异常使用和重要系统命令的使用等系统内重要的安全相关事件。			

		c）审计记录应包括事件的日期、时间、类型、主体标识、客体标识和结果等。			
		d）应保护审计记录，避免受到未预期的删除、修改或覆盖等。			
4	入侵防范	操作系统应遵循最小安装的原则，仅安装需要的组件和应用程序，并通过设置升级服务器等方式保持系统补丁及时得到更新。			
5	恶意代码防范	a）应安装防恶意代码软件，并及时更新防恶意代码软件版本和恶意代码库。			
		b）应支持防恶意代码软件的统一管理。			
6	资源控制	a）应通过设定终端接入方式、网络地址范围等条件限制终端登录；			
		b）应根据安全策略设置登录终端的操作超时锁定；			
		c）应限制单个用户对系统资源的最大或最小使用限度。			
统计		本测评单元包含6个安全技术子项，其中符合项为××项，部分符合项为××项，不符合项为××项。			

（四）应用安全检查

序号	检查项	基本要求	检查记录与问题描述	符合性	整改建议
1	身份鉴别	a）应提供独立的登录控制模块，或者将登录控制模块集成到统一的门户认证系统中，应对登录应用系统的用户进行身份标识和鉴别，应为不同用户分配不同的用户名，不能多人使用同一用户名。			
		b）应提供用户身份标识唯一和鉴别信息复杂度检查功能，保证应用系统中不存在重复用户身份标识，身份鉴别信息不易被冒用。			
		c）应提供登录失败处理功能，可采取结束会话、限制非法登录次数和自动退出等措施；			
		d）应启用身份鉴别、用户身份标识唯一性检查、用户身份鉴别信息复杂度检查以及登录失败处理功能，并根据安全策略配置相关参数。			
2	访问控制	a）应提供访问控制功能，依据安全策略控制用户对文件、数据库表等客体的访问；			
		b）访问控制的覆盖范围应包括与资源访问相关的主体（信息系统用户）、客体（用户所访问的数据）及它们之间的操作（读、写、修改、删除等）；			
		c）应由授权主体配置访问控制策略，并严格限制默认账户的访问权限；			
		d）应授予不同账户为完成各自承担任务所需的最小权限，并在它们之间形成相互制约的关系。			

（续表）

序号	项目	内容			
3	安全审计	a）应提供覆盖到每个用户的安全审计功能。			
		b）审计内容应包括用户登录、修改配置、核心业务操作等重要安全事件，以及系统资源的异常使用等。			
		c）应保证无法删除、修改或覆盖审计记录。			
		d）审计记录的内容至少应包括事件日期、时间、发起者信息、类型、描述和结果等。			
4	通信完整性	应采用校验码技术保证通信过程中数据的完整性。			
5	通信保密性	a）在通信双方建立连接之前，应用系统应利用密码技术进行会话初始化验证。			
		b）应对通信过程中的敏感信息字段进行加密。			
6	软件容错	a）应提供数据有效性检验功能，保证通过人机接口输入或通过通信接口输入的数据格式或长度符合系统设定要求。			
		b）在故障发生时，应用系统应能够继续提供一部分功能，确保能够实施必要的措施。			
7	资源控制	a）当应用系统的通信双方中的一方在一段时间内未作任何响应，另一方应能够自动结束会话。			
		b）应能够对应用系统的最大并发会话连接数进行限制。			
		c）应能够对单个账户的多重并发会话进行限制。			
	统计	本测评单元包含7个安全技术子项，其中符合项为××项，部分符合项为××项，不符合项为××项。			

（续表）

（五）数据安全及备份恢复检查

序号	检查项	基本要求	检查记录与问题描述	符合性	整改建议
1	数据完整性	应能够检测到鉴别信息和重要业务数据在传输过程中完整性受到破坏。			
2	数据保密性	应采用加密或其他保护措施实现鉴别信息的存储保密性。			
3	备份和恢复	a）应能够对重要信息进行备份和恢复。			
		b）应提供关键网络设备、通信线路和数据处理系统的硬件冗余，保证系统的可用性。			
统计		本测评单元包含3个安全技术子项，其中符合项为××项，部分符合项为××项，不符合项为××项。			

（续表）

（六）安全管理制度检查

序号	检查项	基本要求	检查记录与问题描述	符合性	整改建议
1	管理制度	a）应制定信息安全工作的总体方针和安全策略，说明机构安全工作的总体目标、范围、原则和安全框架等。			
		b）应对安全管理活动中重要的管理内容建立安全管理制度。			
		c）应对安全管理人员或操作人员执行的重要管理操作建立操作规程。			
2	制度的制定和发布	a）应指定或授权专门的部门或人员负责安全管理制度的制定。			
		b）应组织相关人员对制定的安全管理制度进行论证和审定。			
		c）应将安全管理制度以某种方式发布到相关人员手中。			
3	制度的评审和修订	应定期对安全管理制度进行评审，对存在不足或需要改进的安全管理制度进行修订。			
	统计	本测评单元包含3个安全技术子项，其中符合项为××项，部分符合项为××项，不符合项为××项。			

（七）安全管理机构检查

序号	检查项	基本要求	检查记录 与问题描述	符合性	整改建议
1	岗位设置	a）应设立安全主管、安全管理各个方面的负责人岗位，并定义各负责人的职责。			
		b）应设立系统管理员、网络管理员、安全管理员等岗位，并定义各个工作岗位的职责。			
2	人员配备	a）应配备一定数量的系统管理员、网络管理员、安全管理员等。			
		b）安全管理员不能兼任网络管理员、系统管理员、数据库管理员等。			
3	授权和审批	a）应根据各个部门和岗位的职责明确授权审批部门及批准人，对系统投入运行、网络系统接入和重要资源的访问等关键活动进行审批。			
		b）应针对关键活动建立审批流程，并由批准人签字确认。			
4	沟通和合作	a）应加强各类管理人员之间、组织内部机构之间以及信息安全职能部门内部的合作与沟通，定期或不定期召开协调会议，共同协作处理信息安全问题。			
		b）应加强与系统外相关工作单位的合作与沟通，确保信息安全各项工作的顺利开展。			
5	审核和检查	a）安全管理员应负责定期进行安全检查，检查内容包括系统日常运行、系统漏洞和数据备份等情况。			
		b）应定期进行全面信息安全检查，检查内容包括现有安全技术措施的有效性、安全配置与安全策略的一			

（续表）

		致性、安全管理制度的执行情况等。			
		c）信息安全主管部门应制订安全检查表单实施安全检查，汇总安全检查的数据，形成检查报告，并对检查的结果进行汇报。			
	统计	本测评单元包含5个安全技术子项，其中符合项为××项，部分符合项为××项，不符合项为××项。			

（续表）

（八）人员安全管理检查

序号	检查项	基本要求	检查记录与问题描述	符合性	整改建议
1	人员录用	a) 应指定或授权专门的部门或人员负责人员录用。			
		b) 应规范人员录用过程，对被录用人员的身份、背景和专业资格等进行审查，对其所具有的技术技能进行考核。			
		c) 应与从事关键岗位的人员签署保密协议。			
2	人员离岗	a) 应规范人员离岗过程，及时终止离岗员工的所有访问权限。			
		b) 应取回各种身份证件、钥匙、徽章等以及机构提供的软硬件设备。			
		c) 应办理严格的调离手续。			
3	人员考核	应定期对各个岗位的人员进行安全技能及安全认知的考核。			
4	安全意识教育和培训	a) 应对各类人员进行安全意识教育、岗位技能培训和相关安全技术培训。			
		b) 应告知人员相关的安全责任和惩戒措施，并对违反违背安全策略和规定的人员进行惩戒。			
		c) 应制订安全教育和培训计划，对信息安全基础知识、岗位操作规程等进行培训。			
5	外部人员访问管理	a) 应确保在外部人员访问受控区域前得到授权或审批，批准后由专人全程陪同或监督，并登记备案。			
		b) 应对外部人员允许访问的区域、系统、设备、信息等内容进行书面的规定并监督执行。			
统计		本测评单元包含5个安全技术子项，其中符合项为××项，部分符合项为××项，不符合项为××项。			

（续表）

（九）系统建设管理检查

序号	检查项	基本要求	检查记录与问题描述	符合性	整改建议
1	系统定级	a）应明确信息系统的边界和安全保护等级。			
		b）应以书面的形式说明信息系统确定为某个安全保护等级的方法和理由。			
		c）应确保信息系统的定级结果经过相关部门的批准。			
2	安全方案设计	a）应根据系统的安全保护等级选择基本安全措施，依据风险分析的结果补充和调整安全措施。			
		b）应以书面形式描述对系统的安全保护要求、策略和措施等内容，形成系统的安全方案。			
		c）应对安全方案进行细化，形成能指导安全系统建设、安全产品采购和使用的详细设计方案。			
		d）应组织相关部门和有关安全技术专家对安全设计方案的合理性和正确性进行论证和审定，并且经过批准后，才能正式实施。			
3	产品采购和使用	a）应确保安全产品采购和使用符合国家的有关规定。			
		b）采购前应对产品进行选型测试，确定其适用性后方可采购。			
		c）应指定或授权专门的部门负责产品的采购。			
4	自行软件开发	a）应确保开发环境与实际运行环境物理分开。			
		b）应制定软件开发管理制度，明确说明开发过程的控制方法和人员行为准则。			

		c）应确保提供软件设计的相关文档和使用指南，并由专人负责保管。			
5	外包软件开发	a）应根据开发要求检测软件质量。			
		b）应确保提供软件设计的相关文档和使用指南。			
		c）应在软件安装之前检测软件包中可能存在的恶意代码。			
		d）应要求开发单位提供软件源代码，并审查软件中可能存在的后门。			
6	工程实施	a）应指定或授权专门的部门或人员负责工程实施过程的管理。			
		b）应制定详细的工程实施方案，控制工程实施过程，要求工程实施单位严格控制可能产生的风险。			
		c）应制定工程实施方面的管理制度，明确说明实施过程的控制方法和人员行为准则。			
7	测试验收	a）应对系统进行安全性测试验收。			
		b）在测试验收前应根据设计方案或合同要求等制定测试验收方案，在测试验收过程中应详细记录测试验收结果，并形成测试验收报告。			
		c）应组织相关部门和相关人员对系统测试验收报告进行审定，并签字确认。			
8	系统交付	a）应制订系统交付清单，并根据交付清单对所交接的设备、软件和文档等进行清点。			
		b）应对负责系统运行维护的技术人员进行相应的技能培训。			
		c）应确保提供系统建设过程中的文档和指导用户进行系统运行维护的文档。			

（续表）

9	安全服务商 选择	a）应确保安全服务商的选择符合国家的有关规定。			
		b）应与选定的安全服务商签订与安全相关的协议，明确约定相关责任。			
		c）应确保选定的安全服务商提供技术支持和服务承诺，必要的与其签订服务合同。			
	统计	本测评单元包含9个安全技术子项，其中符合项为××项，部分符合项为××项，不符合项为××项，不适用项××项。			

（续表）

（十）系统运维管理检查

序号	检查项	基本要求	检查记录 与问题描述	符合性	整改建议
1	环境管理	a) 应指定专门的部门或人员定期对机房供配电、空调、温湿度控制等设施进行维护管理。			
		b) 应配备机房安全管理人员，对机房的出入、服务器的开机或关机等工作进行管理。			
		c) 应建立机房安全管理制度，对有关机房物理访问，物品带进、带出机房和机房环境安全等方面的管理作出规定。			
		d) 应加强对办公环境的保密性管理，包括工作人员调离办公室应立即交还该办公室钥匙和不在办公区接待来访人员等。			
2	资产管理	a) 应编制与信息系统相关的资产清单，包括资产责任部门、重要程度和所处位置等内容。			
		b) 应建立资产安全管理制度，规定信息系统资产管理的责任人员或责任部门，并规范资产管理和使用的行为。			
		c) 应根据资产的重要程度对资产进行标识管理，并选择相应的管理措施。			
		d) 应对信息分类与标识方法作出规定，并对信息的使用、维护和销毁等实施规范化管理。			
3	介质管理	a) 应确保介质存放在安全的环境中，对各类介质进行控制和保护，并实行存储环境专人管理。			
		b) 应对介质归档和查询等过程进行记录，并根据存档介质的目录清单定期盘点。			

		c) 应对需要送出维修或销毁的介质，首先清除其中的敏感数据，防止信息的非法泄漏。			
		d) 应根据所承载数据和软件的重要程度对介质进行分类和标识管理。			
4	设备管理	a) 应对信息系统相关的各种设备（包括备份和冗余设备）、线路等指定专门的部门或人员定期进行维护管理。			
		b) 应建立基于申报、审批和专人负责的设备安全管理制度，对信息系统的各种软硬件设备的选型、采购、发放和领用等过程进行规范化管理。			
		c) 应对终端计算机、工作站、便携机、系统和网络等设备的操作和使用进行规范化管理，按操作规程实现关键设备（包括备份和冗余设备）的启动／停止、加电／断电等操作。			
		d) 应确保信息处理设备必须经过审批才能带离机房或办公地点。			
5	网络安全管理	a) 应指定人员对网络进行管理，负责运行日志、网络监控记录的日常维护和报警信息分析和处理工作。			
		b) 应建立网络安全管理制度，对网络安全配置、日志保存时间、安全策略、升级与打补丁、口令更新周期等方面作出规定。			
		c) 应根据厂家提供的软件升级版本对网络设备进行更新，并在更新前对现有的重要文件进行备份。			
		d) 应定期对网络系统进行漏洞扫描，对发现的网络系统安全漏洞进行及时的修补。			
		e) 应对网络设备的配置文件进行定期备份。			

（续表）

		f）应保证所有与外部系统的连接均得到授权和批准。			
6	系统安全管理	a）应根据业务需求和系统安全分析确定系统的访问控制策略。			
		b）应定期进行漏洞扫描，对发现的系统安全漏洞及时进行修补。			
		c）应安装系统的最新补丁程序，在安装系统补丁前，应首先在测试环境中测试通过，并对重要文件进行备份后，方可实施系统补丁程序的安装。			
		d）应建立系统安全管理制度，对系统安全策略、安全配置、日志管理和日常操作流程等方面作出规定。			
		e）应依据操作手册对系统进行维护，详细记录操作日志，包括重要的日常操作、运行维护记录、参数的设置和修改等内容，严禁进行未经授权的操作。			
		f）应定期对运行日志和审计数据进行分析，以便及时发现异常行为。			
7	恶意代码防范管理	a）应提高所有用户的防病毒意识，告知及时升级防病毒软件，在读取移动存储设备上的数据以及网络上接收文件或邮件之前，先进行病毒检查，对外来计算机或存储设备接入网络系统之前也应进行病毒检查。			
		b）应指定专人对网络和主机进行恶意代码检测并保存检测记录。			
		c）应对防恶意代码软件的授权使用、恶意代码库升级、定期汇报等作出明确规定。			
8	密码管理	应使用符合国家密码管理规定的密码技术和产品。			

（续表）

9	变更管理	a）应确认系统中要发生的重要变更，并制定相应的变更方案。			
		b）系统发生重要变更前，应向主管领导申请，审批后方可实施变更，并在实施后向相关人员通告。			
10	备份与恢复管理	a）应识别需要定期备份的重要业务信息、系统数据及软件系统等。			
		b）应规定备份信息的备份方式、备份频度、存储介质、保存期等。			
		c）应根据数据的重要性及其对系统运行的影响，制订数据的备份策略和恢复策略，备份策略指明备份数据的放置场所、文件命名规则、介质替换频率和数据离站运输方法。			
		d）应建立控制数据备份和恢复过程的程序，对备份过程实施记录，对所有文件和记录妥善保管。			
11	安全事件处置	a）应报告所发现的安全弱点和可疑事件，但任何情况下用户均不应尝试验证弱点。			
		b）应制定安全事件报告和处置管理制度，明确安全事件类型，规定安全事件的现场处理、事件报告和后期恢复的管理职责。			
		c）应根据国家相关管理部门对计算机安全事件等级划分方法和安全事件对本系统产生的影响，对本系统计算机安全事件进行等级划分。			
		d）应记录并保存所有报告的安全弱点和可疑事件，分析事件原因，监督事态发展，采取措施避免安全事件发生。			

（续表）

12	应急预案管理	a）应在统一的应急预案框架下制定不同事件的应急预案，应急预案框架应包括启动应急预案的条件、应急处理流程、系统恢复流程、事后教育和培训等内容。			
		b）应对系统相关的人员进行应急预案培训，应急预案的培训应至少每年举办一次。			
	统计	本测评单元包含12个安全技术子项，其中符合项为××项，部分符合项为××项，不符合项为××项，不适用××项。			

（续表）

二、测评数据汇总

序号	类别	层面	测评指标	测评结果					合计
				符合	部分符合	不符合	不适用	单项合计	
1	技术要求	物理安全	物理位置选择						
			物理访问控制						
			防盗窃和防破坏						
			防雷击						
			防火						
			防水和防潮						
			防静电						
			温湿度控制						
			电力供应						
			电磁防护						
		网络安全	结构安全						
			访问控制						
			安全审计						
			边界完整性检查						
			入侵防范						
			网络设备防护						
		主机安全	身份鉴定						
			访问控制						
			安全审计						
			入侵防范						
			恶意代码防范						
			资源控制						
		应用安全	身份鉴别						
			访问控制						
			安全审计						
			通信完整性						
			通讯保密性						
			软件容错						
			资源控制						

（续表）

		数据安全及备份恢复	数据完整性						
			数据保密性						
			备份和恢复						
		技术要求结果小结							
2	管理要求	安全管理制度	管理制度						
			制定和发布						
			评审和修订						
		安全管理机构	岗位设置						
			人员配备						
			授权和审批						
			沟通和合作						
			审核和检查						
		人员安全管理	人员录用						
			人员离岗						
			人员考核						
			安全意识教育和培训						
			外部人员访问管理						
		系统建设管理	系统定级						
			安全方案设计						
			产品采购和使用						
			自行软件开发						
			外包软件开发						
			工程实施						
			测试验收						
			系统交付						
			安全服务商选择						
		系统运维管理	环境管理						
			资产管理						
			介质管理						
			设备管理						
			网络安全管理						
			系统安全管理						
			恶意代码防范管理						
			密码管理						

（续表）

			变更管理						
			备份与恢复管理						
			安全事件处置						
			应急预案管理						
			管理要求结果小结						
		总体结果小结							

参考文献

[1] 杨一曼. 广播电视安全播出管理规定实施细则培训教材 [M]. 北京：中国广播电视出版社，2012.

[2] 关亚林. 广播电视监测技术 [M]. 北京：中国传媒大学出版社，2015.

[3] 吴世忠，江常青，林家骏. 信息系统安全保障评估 [M]. 上海：华东理工大学出版社，2014.4.